高校人才培养质量保障体系研究

张宝歌　著

南开大学出版社

天　津

图书在版编目(CIP)数据

高校人才培养质量保障体系研究 / 张宝歌著. —天津：南开大学出版社，2022.12
ISBN 978-7-310-06317-8

Ⅰ.①高… Ⅱ.①张… Ⅲ.①高等学校－人才培养－保障体系－研究－中国 Ⅳ.①G649.2

中国版本图书馆 CIP 数据核字(2022)第 200470 号

高校人才培养质量保障体系研究
GAOXIAO RENCAI PEIYANG ZHILIANG BAOZHANG TIXI YANJIU

南开大学出版社出版发行
出版人：陈　敬
地址：天津市南开区卫津路 94 号　　邮政编码：300071
营销部电话：(022)23508339　营销部传真：(022)23508542
https://nkup.nankai.edu.cn

天津泰宇印务有限公司印刷　全国各地新华书店经销
2022 年 12 月第 1 版　　2022 年 12 月第 1 次印刷
240×170 毫米　16 开本　14.25 印张　2 插页　205 千字
定价：72.00 元

如遇图书印装质量问题，请与本社营销部联系调换，电话：(022)23508339

目　录

第一章　绪论 ………………………………………………………………… 1

第二章　高校质量评价及历史变迁 ……………………………………… 14

　　第一节　高校人才培养质量评价的研究概况 …………………… 14

　　第二节　历史变迁 ……………………………………………… 33

第三章　高校发展理念及动力机制 ……………………………………… 46

　　第一节　高校发展理念 ………………………………………… 46

　　第二节　高校发展动力机制 …………………………………… 90

第四章　高校质量评价及指标体系 ……………………………………… 109

第五章　高校人才培养质量评价体系专题 …………………………… 131

　　专题1：高校以学生为中心本科教学质量保障体系研究 ……………… 132

　　专题2：研究生研讨式课堂教学质量提升策略 …………………… 142

　　专题3：现代职业教育背景下技能型人才培养保障体系研究 ……… 151

　　专题4：产学研合作人才培养质量保障体系研究 ………………… 158

　　专题5：研究生创新思维培养策略及保障体系研究 ……………… 165

　　专题6：师范院校师范专业人才培养质量保障体系的研究 ………… 175

　　专题7：高校学习绩差生培养质量提升策略 …………………… 184

　　专题8：非全日制硕士研究生培养质量的问题及对策研究 ………… 194

　　专题9：扩招背景下硕士研究生质量保障体系研究 ……………… 202

　　专题10：高校研究生培养质量保障体系研究 …………………… 210

第一章　绪论

一、研究背景和核心概念

（一）研究背景

1. 人才供需求关系"错位"，高等教育面临质量"拷问"

随着社会产业结构的调整，人才需求呈现高水平、多样化趋势。然而从当前人才供需情况来看，一方面高水平、创新型人才供给不足，用人单位选择不到可用人才，另一方面大批人才过剩，就业困难，为此，世界各国将目光聚焦到高等教育人才培养质量上。如 1998 年首届世界高等教育大会将"质量"列为 21 世纪高等教育的三大主题之一，世界各国都把高等教育质量的提高放在重要位置，并根据本国国情制定了相应的高等教育质量保障体系。我国 2010 年颁布的《国家中长期教育改革和发展规划纲要（2010—2020 年）》将"提高质量"作为中国高等教育改革发展的核心任务。

2. 教育结构调整，高校人才培养质量观面临"重构"

2014 年 2 月 26 日，国务院常务会议通过《关于加快发展现代职业教育的决定》，提出调整教育结构，发展现代职业技术教育。为此，将 600 多所 1999 年大学扩招后"专升本"的地方本科院校面临转型，转型期的高校，将淡化学科，强化专业，培养工程师、高级技工、高素质劳动者，培养技术技能型人才，必然面临新型人才培养质量观"重构"的震荡期。

3. 世界一流大学建设，推动高校人才培养质量提升

树立中国教育思维，建设中国特色的世界一流大学，是当前中国高等教育的重要任务。如何实现"大众化"教育阶段"精英化"培养，如何实现"扩招后"人才培养质量的提升，成为当前高校人才培养面临的关键问题。为此，建立起高等教育质量保障体系，实现高等教育规模、结构、质量和效益的协调发展，切实办好人民满意的高等教育，是顺应世界潮流、深化高等教育改革的需要。

4. 政府职能转变，高等教育质量监控方式多元化

在我国高等教育质量及其保障一直是政府的责任。1999 年开始实施的《高等教育法》规定："高等学校的办学水平、教育质量，接受教育行政部门的监督和由其组织的评估。"以此为契机，在我国初步建立了以政府为主导的外部质量监控制度和以高校为主体的内部质量保障制度。如教育部主持的"高校水平评估"等，但随着政府职能的转变，政府、"第三方机构"、高校及社会监督成为高等教育质量监控的多元化因素，这促使高校人才培养质量面临多方力量的检验和评价。

（二）研究问题

高校人才培养质量是高校发展的生命线，世界各国都将此任务摆在高校发展的首要位置。为何"高校人才培养质量保障"仍是热点问题和一个世界性的难题？在高校历史变革中，其人才培养质量保障有哪些值得我们传承和反思？当前，高校人才培养保障存在哪些问题，影响或者阻碍了高校人才培养质量的提升？中国应当建立怎样的高校人才培养质量保障体系？这些问题是本课题研究的基础。

1. 高校应当树立怎样的人才培养质量观

从大学起源、大学理念、大学本质、大学功能等方面分析，并未找到我们想要的答案，从质量内涵、质量管理、质量监控、质量评价等探索，也没有明确的回答。这就需要我们回归到大学之间的比较，但世界各国大学之间因国情的差异，似乎也不具备真正意义的可比性，同一国家的大学因其历史原因、地区不同、功能定位的分类，也存在较大差异，从表面上看，高校质量观是一个说不清的问题。但我们如果抛开大学本身，从被培养者的视角分析就可以发现，高校人才培养质量观就是基于人发展的视角，探讨人发展质量和水平的问题，而人的发展因不同高校的培养体系而出现质量和水平的差异。

2. 如何保障高校人才培养质量

世界各国在高校人才培养质量保障方面均采取了诸多措施，如建立大学章程、制定保障制度、加强师资队伍建设、保障经费投入、加强教学内容改革、加强教学质量评价，也取得了显著的成效，尤其是近年来，国家通过各种手段（如设立办学质量标准、专业设置标准、课程标准、教材标准，办学检查与教学工作评估，财政拨款，重点建设，立法等）促进高等学校提高培养质量。那么，在现有的基础上，我们还能为高校人才培养质量做些什么？提供什么创新性的保障？我们基于现有的高校人才培养质量保障体系可以发现，高校的人才培养质量保障体系是建立在高校自身改革和保障的基础上，缺乏行业、企业参与，而实际上行业、企业应当是重要的参与者。

3. 应当建立怎样的高校人才培养质量保障体系

高校人才培养质量保障体系是建立统一的保障体系，还是建立分类质量保障体系，是借鉴国外的质量保障体系，还是建立中国特色的质量保障体系，是政府建、学校建还是"第三方机构"建，谁来监督高校人才培养质量保障体系的实施效果，这些都是本课题需要探索的问题。

（三）核心概念

1. 本书中的高校

本书中的高校分三种类型，一是民办高校，由民间出资主办的高校，主办者为企业（个人），如浙江万里学院；二是地方高校，由地方政府出资主办的普通高校，主办者为地方政府，如宁波大学；三是部属高校，由中央政府出资主办的高校，主办者为中央政府，如浙江大学。

2. 本书中的人才培养质量

本书中的人才培养质量是指高校培养的学生，而形成各类人才水平的质量，既包括高校人才培养水平，也包括培养人才的水平。

3. 本书中的保障体系

本书所指的保障体系是以目标与定位、政策与体制、机构与功能、专业与课程、培养与评价、管理与保障、就业与监测等复杂关系为基础，整合培养模式中政策体制、机构制度、招生考试、方案设计、资源开发、教学实训、评价评估、就业保障、创业支持等多项关键因素而构建的保障体系。

二、理论意义和学术价值

（一）学术价值

1. 梳理高校人才培养质量的理论成果，探索新理论，为高校新时期发展提供理论支撑。通过高校人才培养质量的理论系统研究，可以深入地分析高校质量观、高校人才培养质量标准、高校人才培养模式、高校质量评价等方面的问题，揭示不同时期高校人才培养的新理论和新内涵，同时，进一步探索大学理念、大学本质、大学改革的理论问题，为新时期高校的发展与改革提供基础的理论支撑。

2. 探索人的发展质量问题，为高校人才培养模式改革提供理论指导。基于人的发展视角，探讨高校人才培养质量，可以深入地分析高校人才培养的观念、目标和制度存在的问题，为高校人才培养模式新理论的研究提供有意义的指导。

3. 研究高校人才培养质量保障体系的理论、目标、实施及监督等理论问题。为系统、全面、科学构建高校人才培养质量保障体系奠定理论基础，同时对高校人才培养质量保障体系的实效性进行理性反思，为构建科学的高校人才培养质量评价标准提供理论支持。

（二）应用价值

1. 促使我国高校人才培养质量的提升，培养高水平的创新型人才。高校人才培养质量保障体系可以使不同类型的高校在办学中合理定位，明确培养目标，科学进行办学实践，并按照一定的人才培养质量标准提高自身办学水平，为社会培养更多的高水平创新型人才或高水平技术型人才。

2. 推动高校人才培养模式改革，加强高校自身竞争力。高校人才培养质量保障体系可以促使高校不盲从、不跟风、不攀比、不冒进，脚踏实地地办好每一个学科、每一个专业、每一门课程，扎扎实实地抓好教师队伍建设，稳步提高自身的办学质量、办学水平、办学竞争力。

（三）主要观点

1. 高校质量的增值评价是核心

高校人才培养质量的核心要素是人质量的提升，也就是高校人才培养质量是以人的质量发展为前提，高校人才培养质量标准和保障措施应当以学生质量提升为依据。如大学生三年或四年的教育增值和学习增值情况，是高校人才培养质量的重要评价标准。

2. 高校质量"普及"基础上的"精英"

高校人才培养质量应当以"大众化"背景下的"精英化"培养为其核心质量观，而不是采取两种或者多种培养目标的质量观。人才在其培养过程中，因人的个体差异，会自然形成质量差异，并不是人为地设定有差异的培养目标。

3. 高校质量应当对接"行业标准"

高校人才培养质量应当构建行业标准和行业参与的保障措施，也就是高校的人才培养质量标准应当以行业（职业）标准为依据，高校人才培养质量保障体系必须保障行业的到位，从而构建高校、行业（企业）、政府、社会及家庭参与的保障体系的监督系统。

三、对已有研究的代表性观点述评

质量保障与质量标准息息相关，不同质量观影响着高等教育质量标准的形成。

（一）已有相关研究的代表性观点

1. 质量内涵的相关研究

综合国内外学者质量内涵研究的观点，主要可以概括为以下六个方面：一是从其来源角度理解，质量作为工商业的术语，是指事物的内在规定性、产品优劣的程度或工作优劣的程度；二是质量是相对的、发展的和动态的概念；三是质量指适应目标、达到目标或者满足某些既定标准的程度；四是在很大程度上质量与

"卓越"表意颇近，是"优秀""卓越"或者"一流"的代名词；五是从哲学的角度理解，质量涉及价值论领域与价值判断标准，人们主观上习惯用好和坏、高和低等尺度表述；六是与"自由""公正"等词语类似，质量也是含蓄、不言自明，甚至是晦涩、难以捉摸的概念（Mohammd Sulaiman，2005；A. Valiulis and D. Valiulis 2009）。我国学者针对质量概念的研究，形成了三种主要观点：第一，外适质量。主要是指高校培养的学生能够满足国家、社会和用人部门需求的程度。其特点是以外部满足的程度作为评价教育质量高低的标准，注重外部需要。第二，内适质量。主要指在进行知识传递的过程中，学生知识准备和为以后的"新发现"所提供准备的充分程度；亦指在知识生产过程中的学术价值，即生产一部分知识对生产另一部分知识的意义。第三，人文质量。主要是指学生个体的情感、认知、兴趣、特长、品质和意志等个性的发展程度。强调学生作为个体的自由与独立性、完整性与自我指导性，重视学生自由发展和在学校、老师的帮助下，完成既定阶段自我实现的程度。

2. 高等教育质量的相关研究

联合国教科文组织曾于 1998 年 10 月在巴黎召开了首届世界高等教育大会，本次会议最后通过的宣言中，针对高等教育质量的定义、具体内涵等进行了诸多有益的探讨。与前述对高等教育质量概念进行界定的多元化类似，宣言同样指出高等教育的质量是"一个多层面的概念，包括高等教育的所有功能和活动"，"各种教学与学术计划、研究与学术成就"，与"教学人员、学生、校舍、设施、设备、社区服务和学术环境等"都是其重要的组成部分；关于高等教育质量概念的外延，宣言指出"高等教育的质量还应包括国际交往方面的工作"，包括"知识的交流、互联网交流、教师和学生的交流以及国际研究项目等"，"当然也要注意本民族的文化价值和本国的情况"；针对质量标准的衡量，宣言中也有表述："质量评估是提高高等教育质量的有效途径，但不应只想到财政问题，或那些较适合用数量来表示的质量指标"，而是应当"建立独立的国家评估机构和确定国际公认的可比较的质量标准"，"但对学校、国家和地区的具体情况应予以应有的重视，以考虑多样性和避免用一个统一的尺度来衡量高等教育质量"（Hao V. Le and Kim D. Nguyen，2009）。首届世界高等教育大会对高等教育质量的理解，反映了各国高等教育专家、学者对于高等教育质量概念的共识。因此，多样化的高等教育质量观成为学界对高等教育大众化阶段的共识（Berit Askling，Kirsten Hofgaard Lycke and Ola Stave，2006）。

3. 高等教育质量保障体系的相关研究

高等教育质量保障体系研究是高等教育质量保障研究的核心内容。目前，国内对高等教育质量保障的研究主要集中在对保障体系的研究上，具体体现在高等教育质量保障体系的结构形态和组织体系、体系建构的原则与方法、质量保障的实施模式和保障体系发展研究等方面。比如，《高等教育质量保障体系概论》（陈玉馄，2004）、《高校教学质量保障模式研究》（沈玉顺，1999）、《高等教育质量保障体系研究》（安心，2001）、《高等教育质量保证模式研究》（田恩舜，2005）、《高等教育质量的精细分析》（韩映雄，2005）、《中国研究型大学本科教育质量研究》（李正，2006）等。有代表性的论著主要有《高等学校质量保障的制度性变革》（熊庆祥，2002）、《高等教育质量保障体系国际比较》（许明，2007）、《北美地区高等教育质量保障体系研究》（郑晓齐，2009）、《亚太地区高等教育质量保障体系研究》（雷庆，2010）等。

4. 高等教育分类分层的质量保障体系研究

对不同类型和不同层次的高等教育形态开展质量保障研究是最为生动和具体的研究领域。高等教育按类型可以分为普通高等教育、成人高等教育、远程高等教育和高等职业教育，按不同层次可以分为本科教育、专科教育和研究生教育，按不同功能可以分为人才培养、科学研究和社会服务，按高校的不同层次可以分为重点大学和一般大学，按办学性质和学科结构则分为综合、理工、师范、农林、医学、艺术等。从相关文献可以看出，国内已经开展针对不同类型和不同层次高等教育的质量保障研究，但其研究仍集中在普通高等教育和高职教育质量保障研究方面，对其他类型和层次的质量保障研究还有待深入和加强。

5. 学校内部、外部的质量保障研究

从保障主体的角度来说，高等教育质量保障体系包括高校内部质量保障体系和外部质量保障体系。外部质量保障是指政府机构、社会组织、学生家长等校外主体为确保教学质量而采取的各种保障措施。内部质量保障则是高校自己进行的保证教学质量的一系列活动。钱波、何绍芬的《大众化背景下我国高等教育质量保障体系的构建》一文从质量保障的标准层面探讨了我国高等教育质量保障体系的构建，主要涉及了四个角度：构建高等教育质量保障体系是我国高等教育可持续发展的前提条件；树立科学的人才观是构建我国高等教育质量保障体系的关键；建立新的教育质量评价体系是构建我国高等教育质量保障体系的核心；高等教育国际化是构建我国高等教育质量保障体系的发展方向。相阳、张忠华的《对我国政府主导型高等教育质量保障模式的反思》指出了我国现有的高等教育质量保障模式及其特征，深刻剖析了其中存在的问题，并针对这些问题提出了完善我国高等教育质量保障体系的策略。朱红的《高等教育质量保障机制探寻》指出高等教育的重心应该向质量保障方面转移，提出要建立教学质量的内部保障机制即建立高校教学质量保障系统和外部保障机制即制度化的评估制度。贺祖斌的《高等学校教育质量监控机制的构建与运作》论述了高等学校教学质量监控的目的、意义，提出了教学质量监控的要素并针对存在的问题进行了分析，构建了教学质量的监控机制，提出了监控机制运作措施（别敦荣，2006）。庄芙蓉在《高等教育大众化时期质量保障体系的构建》中对高等教育质量保障体系的历史和概念做了概述，指出了目前我国高等教育质量保障存在的问题，即使用的质量标准单一、质量保证主体单一、质量理论研究落后、质量环境不规范等，还提出了高等教育质量保障体系创新的八个思路：明确高校定位，树立合理的质量观，发展多元质量保障主体，重视理论研究和队伍建设，鼓励社会中介机构的参与等。樊明成、管弦的《我国高等教育质量保障体系形成的特点和问题》同样也指出了在体系形成时的特点以及存在的问题。李巧林、郑治祥、王章豹的《高等教育质量保障体系的研究与探微》指出了高等教育质量保障体系的构建需要建立两个体系：外部质量保障体系和内部质量保障体系，前者包括目标保障系统、投入保障系统、管理保障系统和监督保障系统，后者包括决策指挥系统、教学运行系统、教学评价与诊断系统、教学信息网络系统、教学条件保障系统、教学理论研究系统、教学督导支持系统。

6. 国外高等教育教学质量发展历程的研究

这部分研究主要介绍国外有代表性的国家高等教育管理过程与理念，以及对我国的启示。如张建华译的《新西兰教育质量保障体系》、张加民译的《澳大利亚高等教育国家质量保证体系框架概述》等。罗道全的《美国高等教育评估制度及其对我国的启示》一文阐述了美国高等教育的评估类型、体制和内容，以及这些方面带给我国的启示：高等教育评估制度是推进高等教育体制改革的重要组成部分；积极支持评价中介机构的建立和发展；明确政府、社会团体、高校在教育评估中的作用。

7. 国外高等教育的比较研究

这部分研究将国外不同高等教育进行比较研究，以期对我国高等教育质量保障体系有所借鉴。如洪成文的《北欧高等教育质量评估制度比较研究——寻求高校内外部需求的平衡》和王建成的《中美高等教育认证制度比较分析》。潘懋元、罗丹的《多国高等教育大众化模式比较研究》探讨了教育经费来源和高等教育大众化的关系，根据经费来源的不同，把世界各国高等教育大众化的模式归纳为四种：美国模式、西欧模式、东南亚以及拉丁美洲模式、转型国家模式。通过这四种模式的比较得到以下启示：高等教育入学机会的增加，需要增加经费投入；发展民办高等教育的积极意义，还在于面向市场需求，激活竞争机制，调整高教结构，改革体制，更好地培养适应经济与社会需求的应用型、实用型人才；高等教育质量的下降，与办学体制没有必然联系。房欲飞、董秀华的《高等教育质量保障机制国际化比较研究与启示》对国际上高等教育质量保障机制的运行状况进行了考察，并对我国建立健全高等教育质量保障机制，进而保障高等教育质量大众化高质量地向前推进提出了建议。

8. 国外高等教育质量保障体系的比较研究

对国外高等教育质量保障体系进行比较研究的如张家勇的《英国高等教育质量保证政策评析》和谢安邦、周玲的《美英德日高等教育重点建设政策的比较研究》。张燕、郭峰编译的《欧洲国家高等教育质量保障体系的比较分析》，首先对欧洲国家高等教育质量保障体系做了总体的描述，然后分别对瑞典、爱沙尼亚和荷兰的质量保障体系进行了比较分析。李红玉、王小飞、卢祖询的《中外高等教育质量监控保障体系的比较研究》对国内外高等教育质量监控保障体系发展趋势的比较研究，提出了我国高等教育质量监控保障体系的发展趋势和目前存在的问题，并指出针对存在的问题，应采取政府教育主管部门质量审计、高校质量控制和社会质量评价等高等教育质量监控保障体系的策略，以提高我国高等教育的质量。

（二）对已有研究的主要观点述评

质量保障体系是近年来高教学术界和实践界共同探讨的热点问题之一。但高等教育质量保障体系建设还处于初级阶段，人们对质量保障体系的研究也需要随着时代的发展和实践的需要进一步深入，现有的研究普遍介绍了开展高等教育质量保障体系的背景、质量、质量保障、保障体系等概念，以及影响质量的因素，质量保障体系的目标、内容与结构，国际高等教育质量保障体系的经验与做法，质量保障体系建设的措施等。这些介绍有助于我们认识和把握质量保障体系的本质和内涵，了解高等教育质量保障体系的国际动向和趋势，认清高等教育质量保障体系建设的必要性和紧迫性，并在理论和方法论上为我们提供了更加宽泛的视野。

比较突出的问题是，已有的研究多停留在经验层面上，局限于就事论事或者是事实描述，系统性、科学性、理论性还不强，理解上存在偏差。比如，很多研究只是把高等教育质量保障等同于质量评估，且存在以下问题：一是质量评估只是质量保障的一种方法和手段，不能用质量评估代替质量保障，评估和保障无论在主体、范围还是内容上都有很大的区别；二是高等教育质量保障体系研究还不够深入。具体而言，在宏观层面，面向同一类型与层次的高等院校制定教育质量的最低国家标准，建立高等教育质量认证制度，确保有效监督高等学校的教育质量；在中观层面，各地区应根据实际情况，参照国家标准，分类制定高等教育质量标准准则，落实高等教育质量工程，构建具有区域特色的高等教育质量保障体系；在微观层面，高校要进一步完善各自学校内部的教育质量监控体系，重点对学校教学过程与毕业生质量进行监控和评价，重视针对教育产出质量的评价。

为实现高等教育质的提高与量的增长相同步，抓紧构建高等教育质量保障体系是当务之急。普及化阶段我国高等教育质量保障体系的构建，应从实际情况出发，积极回应新时代高等教育发展面临的机遇与挑战，立足中国本土化的实践探索，借鉴世界高等教育质量保障的新理念，完善高等学校内部质量保障体系，以以专业性教育评估机构为骨干力量，并根据高等教育的层次和类型，制定有针对性、复合型的国家标准，形成国家、区域和高等院校相结合的立体化、全面化的评估监控网络体系。

四、基本内容及研究目标

（一）高校人才培养质量保障体系的内涵

本书的基本内容之一为分析研究高校人才培养质量观的内涵，包括质量标准制定的理论基础、质量监控体系及质量评价方法，研究高校人才培养质量保障体系的内涵、要素、实施范围和目标。具体研究目标包括以下方面：

1. 构建新时期高校人才培养质量观。许多研究者主张，大众化教育阶段应当采取多元质量观，也就是大众化教育阶段的"大众化质量观"，研究认为从人才培养的实质分析，预设性地对学生采取差别教育、差别评价并非真正意义的多元质量观，而是应当树立"精英化"教育下的学生质量层次差别质量观。

2. 构建新时期高校人才培养质量标准。高校人才培养质量标准应当包括学生质量发展增值、学校人才培养质量和职业质量需要三方面，只有将三者统一才能形成新时期高校人才培养质量要素。

3. 构建新时期高校人才培养质量保障要素。高校人才培养质量保障要素包括质量标准、质量监控体系、质量评价体系，标准是保障的依据，监控是保障的过程，评价是保障的结果，三者是统一的整体。

（二）高校人才培养质量保障体系问题及现状

本书的基本内容之二为通过调查研究当前国内外高校人才培养质量现状及质量保障体系建设现状，分析国内外高校人才培养质量保障体系建设存在问题及产生的原因，提出高校人才培养质量保障的制度设计。具体目标包括以下方面：

1. 全面了解当前高校人才培养质量现状。了解面临的社会变革，当前高校在人才培养方面有哪些重要举措，这些改革措施对人才培养质量提升起到什么作用，如何面对和解决当前供需不对称的问题。

2. 全面了解当前国内外高校人才培养质量保障方面的举措、制度及其存在的问题并分析产生的原因，全面审视高校人才培养质量的改革动向。

3. 全面了解政府、高校、企事业、学生在高校人才培养质量方面的作用，以及高校人才培养质量保障对其人才培养模式改革的促进作用。

（三）《高校人才培养质量标准实验方案》的设计和实验

本书的基本内容之三为通过分析研究学生质量发展核心要素、教学管理质量核心要素、职业人才需求核心要素，分层次编制《高校人才培养质量标准实验方案》，通过实验法验证《高校人才培养质量标准实验方案》的科学性和实效性，并对其进行进一步完善和修订。具体研究目标主要包括以下方面：

1. 构建不同类型高校的人才培养质量标准。不同高校差异极大，统一的质量标准毫无意义，因此，构建不同类型高校人才培养质量标准具有重要意义。

2. 构建不同层次学生发展质量标准。学生因自身的原因其质量发展要求存在较大差异，如何真正实现学生自身质量要求的最大化，是学生质量发展标准的重要内容。

3. 构建不同行业职业人才需求标准。不同行业其职业质量需求差异显著，如何通过职业标准指导，对不同职业人才需求标准进行分析，探索人才培养职业选择的路径，提高人才培养的职业选择能力，是此子课题研究要实现的目标。

（四）《高校人才培养质量保障措施及实施方案》的构建和实验

本书的基本内容之四为通过分析不同类型高校的发展目标、培养人才定位、培养环节监控，分类型构建《高校人才培养质量保障体系及实施方案》，通过实验法、访谈法和案例分析法，验证《高校人才培养质量保障体系及实施方案》的可行性和合理性，并对其进行进一步完善和补充。具体目标包括以下方面：

1. 经济转型对职业高质量人才需求的影响。高校人才培养应当与经济社会发展密切联系，建立经济发展需求、职业高质量人才需求主体分析与高校人才培养主体要素分析一体的信息网络。

2. 社会宏观人才需求的预测性分析。通过分析经济转型、社会变革对高校人才培养提出哪些挑战，高校的培养环节和培养保障存在哪些不适应，学校人才培养质量存在哪些问题等，从而进行有针对性的教育教学改革。

3. 实现高校人才培养质量保障目标的主体分析。从分析国家层面、社会层面、学校层面和利益相关者层面的责任，深入到研究人才培养、职业需求、国家监控、个人参与的质量保障的最终目标。

（五）高校人才培养质量保障体系方案的构建

本书的基本内容之五为通过分析高校人才培养目标、培养方案、培养措施、培养制度、培养效果等环节的质量监控效果，结合高校人才培养质量内涵及标准，构建高校人才培养质量保障的目标、内容、方法、制度、反馈及自身实施效果监控一体的完整体系。具体研究目标包括以下方面：

1. 构建高校人才培养综合改革方案，主要包括：政策与体制改革实施方案、培养方式改革实施方案、校企协作方式改革实施方案，实现高质量人才培养的目标，提高学校人才培养质量。

2. 构建高校内部、外部质量保障体系改革实施方案，主要包括：国家高等教育质量保障战略转型的培养机构功能定位、工作方式的调整方案，招生考试制度、就业创业制度、经费投入体制、教师培养制度、质量评价制度等改革实施方案，民办高校、地方高校、部属高校不同类型、层次人才培养特色、专业与产业对接等实施方案。

第二章　高校质量评价及历史变迁

大学评价的历史起源，可追溯到大学研究史的起点，综合大学评价 30 多年的研究，主要表现在大学评价的内涵、体制、内容、模式和指标等方面。如弗拉克斯纳（Flexner）1910 年根据研究生院的质量评估而制成的大学名次表，1913年大学和中等学校北方中央协会开展的大学认定活动等都在大学评估历史中占有重要地位（刘树范，1993）。现代大学评价起源于 20 世纪 60 年代后半期美国社会对高等教育社会效果进行的研究，1983 年《美国新闻与世界报道》开始对美国高校进行评估排名，每两年一次，1987 年后改为每年一次，并由本科生教育扩展到研究生教育。自此之后，英国、德国、加拿大、俄罗斯、日本、韩国等纷纷进行大学评价研究并推出大学排名。我国自 1987 年中国管理科学研究院推出第一个大学排名起，开始进行了中国大学评价的研究和实践（刘创，2013）。

第一节　高校人才培养质量评价的研究概况

一、高校人才培养质量评价的研究

（一）高校评价的内涵研究

1. 高校评价是为决策提供情报的过程。如贝克（Berk）认为评估就是为决策提供情报的过程，德莱塞尔（Dressel）认为教育评估不仅要重视严密的科学知识，还必须强调为实现教育目标和社会目标而追求最有效利用人和物的资源。

2. 高校评价是价值测定（判断）过程。如刘树范（1993）认为大学评估是在以科学手段收集信息、资料的基础上，对构成高等教育各种活动的机能、意义的价值进行测定的过程。丁妍（2003）认为大学评价就是对构成大学组织体的一切活动的功能、意义、价值，以尽可能的手段和方法做出合乎判断的过程。

3. 高校评价是用指标体系进行价值测定的活动。如张庆文、马苓（2009）认为大学评估是由特定的评估主体运用一定的指标体系，并通过科学的评估方法对大学组织的办学目标、发展优势、运行效能、内部满意度和办学业绩所实施的价值测评活动。

（二）高校评价的体制研究

1. 政府评价为主，引入第三方评价。如英国以高教拨款委员会和高等教育质量委员会组织的评估为主，俄罗斯由院校评估国家检察总局组织的鉴定委员会组织的评估为主。澳大利亚的高等教育评估委员会，则由大学自愿参加评估，根据各大学的表现、业绩及被评估等级，学校可获得额外奖励基金（康世联，1997）。1984 年创建的法国国家评估委员会，是一个独立于政府的第三方评价机构，帮助政府评价拨款产生的效益，进而调整对大学拨款额度（杨秀文，2004）。我国大学评价开始于 20 世纪 90 年代初，由各级行政主管部门为评价主体。

2. 大学自评为主，结合第三方评价。如日本大学自我评价的主体是大学自身，日本大学的外部评价，即第三方评价机构，主要有三大机构——大学基准协会（财团法人）和大学评价与学位授予机构（独立行政法人）主要以国立和公立大学为评价对象，日本高等教育评价机构（财团法人）则以私立大学为评价对象（天野郁夫，2005）。

3. 以第三方评价为主，结合企业、研究机构和政府评价。如美国大学评价以独立的传媒组织为主，包括公司、研究机构甚至联邦教育部，体现了美国大学排行评价主体的社会化取向、多元化格局和"独立第三方"居主导地位，以及大学评价领域的多元共治特征（陈金圣，2017）。

（三）高校评价的模式研究

1. 主观评价与客观评价。强调主观评价的认为大学评价不是纯技术性工作，也不是对现象的客观叙述（张竟忠，2012），而是建立在一定的事实判断基础上的价值判断。美国大学联合会常务副主席约翰·冯（John Vaugh）认为，单从量化指标评价一所大学是不全面的，对大学的领导力、大学走势等整体状况的了解需要以质性判断才能加以评价（王晓阳、刘宝存等，2010）。菲尔·巴提（Phil Baty，2015）认为"大学的真实水平是不能通过简单的量化指标来衡量的，还需要参考大量定性的因素，比如高等教育对学生人生的改变等，所以我们把学校的科研成果转化率、对业界和社会的影响力等因素都纳入进来，并将继续创新研究"。在英国《泰晤士报高等教育增刊》（THES）世界大学评价、《美国新闻与世界报道》（U.S. News & World Report，USNWR）大学评价的早期发展中，定性评价占据相当比例。2007年，美国有线电视新闻网（Cable News Network，CNN）、《纽约时报》《今日美国报》等对《美国新闻与世界报道》大学评价排名产生了强烈的反对，很多大学也纷纷质疑排名的有效性和准确性，批判的焦点主要集中在那些定性和主观评价方面。我国更关注客观评价，认为高等教育在多大程度上满足国家和社会的需要是进行外部评价的重要依据（史秋衡、闫飞龙，2008），强调对教育目标和成果的评价，尤其关注那些较为直观的量化结果。如我国的早期的评价指标中，师生比、就业率、科研项目、科研获奖、发表论文数量等占较大比例（黄岚，2016）。

2. 统一评价与分类评价。统一评价是运用一个评价标准，对所有大学进行评价，而分类评价是根据不同类型的学校特点，运用不同的标准进行评价。目前的大学评价主要采取的是分类评价。《泰晤士报高等教育专刊》主编菲尔·巴提认为："通过我们的评价体系，哪怕是规模并不大的大学，也能够因为它的特点脱颖而出。"（王晓阳、刘宝存等，2010）具有代表性的是英国《泰晤士报高等教育增刊》评价，在设计的规模、专业、地域排名中，对大学进行分类，并通过数据处理，使得学校规模的大小、学科范围的大小与科研能力的高低在各个等级之间不存在优劣，超大型的学校并不一定比小型的学校在排名上具有优势。2009年发布的高校排名以 2006 年版卡内基高校分类为基础，将全国高校分为四种主要类别：全国性大学、文理学院、地区性硕士学位大学和学士学位学院。在指标体系设计过程中，如何兼顾统一性与均衡性是个难题。现行的国际大学评价试图通过"统一标准"，对全世界一流的大学进行排名。这些"统一标准"的设计直接关系到不同大学的位序。然而，不同国家、不同类型的大学是否能用统一标准来衡量，这一点引起了学术界的质疑（徐小洲、梅伟惠，2006）。

3. 综合评价与专项评价。综合评价如《美国新闻与世界报道》的最佳大学排名，英国《泰晤士报高等教育增刊》的高校排名，我国的教育部本科教学评估，武书连、网大、中国校友会网的"中国大学评价"等。比较分类理论认为，无论从时间的纵向维度，抑或不同学科、学院的横向维度，科学评价的前提都是"可比性"。因而，大学评价体系逐渐从"面面俱到"的总量评价转向注重以关键指标评价大学特色，重视分类评价和同类比较。在对大学综合实力和水平评价的演变过程中，逐渐出现各类单项评价，如我国的全国学科评估（2012 年第三轮，2016年第四轮），美国的博士点评估（李明磊、王铭，2012）。

（四）关于高校评价的内容研究

1. 强调学生发展因素的评价。持这种观点的研究者强调个人接受教育的需要，认为教育评价的终极价值在于促进人的全面发展，关注影响教育功能发挥的内部因素及教学过程，侧重于对学生情况和感受的调查、学术同行与雇主的认同与评价。如 THES 评价体系在 1994 年的 15 项指标中，有 10 项是与学生情况有关的，2008 年的 8 项指标体系中 7 项都是和学生相关的。2012 年，USNWR 首次加入了高中升学顾问对大学的评价指标，权重为 7.5%。加拿大的《麦克林杂志》评选标准中学生评估指标占总分的 21%到 22%（主要是入学新生的高中成绩）。我国教育部 2012 年启动的审核评估指标中包括学生发展指标（主要包括招生及生源情况、学生指导与服务、学风与学习效果、就业与发展四个因素）。

2. 重视本科教学因素的评价。美国 USNWR 大学评价 2014 年的教学环境评价的权重占比达到 30%，这种导向旨在促使大学重视教学工作；印第安纳大学乔治·库（George Kuh）教授指出："如果仅根据资源和声誉评价大学的质量，就遗漏了大学教学最主要的方面，这才是大学和学生真正做的。"从 2005 年开始，"中国大学评价"增加了本科生质量指标，体现了对学生发展、教育质量和学术声望的关注。我国教育部还单独设立高等教育本科评估，针对本科教学进行全面评估（1998 年合格评估，2008 年水平评估，2012 年审核评估）。

3. 强调学校特色因素的评价。克拉克·科尔（Clark Kerr）曾系统分析过近80 年间美国大学的声誉排名状况。他认为学校声誉是一个相对稳定且又十分客观的概念，它反映的是一所大学的历史地位和影响。中国校友会网的大学评价不断强化声誉指标，综合声誉指标从 2006 年的 6.65%增长到 2015 年（社会影响）的16.80%。加拿大的《麦克林杂志》评选标准中，声望占总分的 20%（主要通过对从事教育工作或是与教育行业有密切联系的专业人士和领导进行民意测验得出）。

4. 强调投入效益因素的评价。持此观点的人认为，高等教育目标是一定教育资源投入、转换、产出的结果。合理的投入产出比是衡量大学评价科学性和客观性的基本依据。2010 年，THES 大学评价加强了有关教育投入的指标，如学科门类齐全度、师均学校收入、研究经费、国际教员比例等。2012 年，USNWR 美国大学评价既包含了产出标准，又包含了投入标准，诸如教师资源、教学投入、生均经费资源等指标占比较大。"中国大学评价"近两年引入了科技投入指标。中国校友会网排名则突出了学科建设、创新基地建设等指标。对教育投入指标的增加主要指向三个方面：（1）强调对学科投入和产出的分析；（2）强调对教师资源的评价，如各类杰出人才、国际教员的比例等；（3）强调对经费投入的评价，如科研经费、教学经费、教师薪水等。

5. 强调多元价值因素的评价。现代大学作为社会的"动力站"，"它是一种多元的机构：它有若干个目标，它为若干种顾客服务，它不是单一的、统一的社群，它标志着许多真、善、美的幻想以及许多通向这些幻想的道路；它标志着为多种市场服务和关心大众。"（Kerr C.，1993）2010 年，THES 大学评价加强了学术研究和社会服务等产出指标的权重。2012 年，USNWR 指标体系中的校友捐赠率、教师薪酬、经费资源、全职教师比例、学生教师比等与"经济"直接挂钩的指标调整后权重超过了 50%。从 2005 年开始，"中国大学评价"增加了本科生质量指标，体现了对学生发展、教育质量和学术声望的关注。2015 年，中国校友会网加大了对教学水平、杰出师资、学科建设、办学层次等教育要素的评价。

（五）高校评价的指标研究

1. 评价指标的范围。通过对我国教育部的教学评估，USNWR 排名、网大排名、德国高等教育中心（Center for Higher Education，CHE），U.S.NEWS 和排名的指标分配范围的分析发现，涵盖的指标集中在"人才培养""科学研究""教师资源""物质资源""财政资源""声誉""国际化"和"学生情况"等 12 个指标上（杨天平、任永灿，2014）。出现频率最高的指标当属"人才培养"，其他 11 个指标体系都有涉及，"科学研究"出现了 9 次，"教师资源"出现了 8 次，"声誉"出现了 6 次，"物质资源""教学水平"和"财政资源"各出现了 5 次，"国际化"出现了 3 次，"学生情况"出现了 4 次，其他的指标各出现 1 次。可见，评价指标范围涵盖了多个层面，大学评价标准的多样化日益突出（高飞，2012）。

2. 投入产出指标。投入指标反映教育投入的指标，可用人力、物力和财力来衡量，强调投入的资源。过程指标强调将在教育活动中所投入的资源转化为教学、科研成果以及为社会服务程度的运作机制。产出指标则指产出的成果指标以及反映学校办学成果的效益指标（宣小红等，2007）。按照教育评价家斯坦弗尔比姆（Stuffbeam）提出的决策导向（或称改良导向）模式（CIPP 模式）对 11 个大学排名指标体系的二级指标进行划分，共得到 141 个指标。从整体上看，投入指标有 54 个，占总指标比重的 38%，过程指标有 23 个，占 16%的比重，产出指标有 64 个，占 45%的比重。可以看出，产出指标的比重最高，投入指标次之，过程指标最低。产出指标个数几乎是过程指标个数的 2 倍。学科评估、校友会排名和上海交通大学学术排名的产出指标个数要明显高于其投入与过程指标的个数。中国高校综合竞争力排行、网大排名产出指标个数则少于投入指标个数。国外各个大学排名指标体系投入与产出指标个数相对较为均衡。

3. 绝对量指标与相对量指标。绝对量指标主要指与规模有关的指标，表现学校当时的发展规模与数量情况的综合指标（谢亚兰，2010）。相对量指标则指与学校规模无关的指标，反映的是大学的运行效率，院校对社会资源的使用状况。对 12 个指标体系的末级指标进行归类分析发现，网大、THES、欧盟、USNWR 和 CHE 排名的相对量指标个数占总指标个数的比例分别为：66%、64%、50%、76%和 52%。学科评估、中国大学评价、中国高校综合竞争力排行和上海交通大学学术排名的绝对量指标个数占总指标个数的比例分别为：90%、81%、70%和 83%，绝对量指标与相对量指标分配相对较为均衡的为《麦克林杂志》排名与欧盟排名，《麦克林杂志》的相对量指标所占比例为 46%，绝对量指标所占比例为 46%，其他指标所占比例为 8%（杨天平、任永灿，2014）。

4. 教学指标与科研指标。教学与科研是大学的基本功能，二者的具体权重问题根据大学的不同层次、不同发展阶段，也会发生变化（裴云，2003）。中国大学评价、网大排名、校友会排名、USNWR 排名和《麦克林杂志》排名的教学指标权重分别为 57.95%、43%、42.37%、77.5%和 80%，其教学指标的权重高于科研指标权重，USNWR 排名与《麦克林杂志》排名的教学指标权重设置得非常高。中国高校综合竞争力排行、上海交通大学学术排名和泰晤士高等教育世界大学排行的科研指标权重相对较大，分别为 45.31%、60%和 60%，USNWR 排名与《麦克林杂志》排名的科研指标权重都为 0，对科研指标并没有赋予权重。

5. 大学国际化指标。大学的国际化程度决定着大学的国际竞争力，对大学未来的发展具有重要意义，并且正逐渐反映在大学排名指标体系中，从我国教育部的教学评估、USNWR 排名、网大排名、德国 CHE 排名、《麦克林杂志》排名可以看出，体现国际化程度的指标主要集中在"收录国外 SCI、SSCI 和 EI 的论文数、被引次数"，其次为"国际学生与国际教员的比例"和"参加国际性比赛获奖情况"。各个大学排名指标体系在指标设计以及结果呈现上都强化了国际化意识，但国际化指标的内涵过于狭窄。

（六）高校评价的问题研究

1. 高校评价属于"硬"管理，不是所有的东西都可以量化。西蒙·马金森（Simon Marginson，2007）指出，任何一个大学排名系统都是目的驱动的，建立在比较和测量基础上的假设和价值塑造了排名结果，由此所有的排名系统在描述高等教育现实上都是不完整的。《科学》杂志载文批判现代大学排行的各种问题，认为"不是所有可以量化的东西都是重要的，也不是所有重要的东西都可以量化"。

2. 高校评价体系的指标缺乏特色、不完善。如杨天平、任永灿（2014）等提出，当前的大学评价体系存在排名指标体系缺乏特色、声誉调查的方式有待完善、大学分类不明确、评价指标不完善等问题。

3. 高校评价呈现无序和不规范的状态。如陈伟、裴旭（2003）等认为目前对大学的排序正呈现一种无序、不规范的状态，偏离了大学评价的本意，并存在大学排名不在同一"起跑线"上进行、掩盖了大学的办学特色、排名"政出多门"、没有得到官方认可等诸多弊端。

4. 高校评价体系孤立、指标绝对化、数据失真。有些学者提出大学评价体系存在评估主体单一、孤立，评估标准绝对化，评级指标体系和权重比例不均衡，学术声誉比重过低，评估数据源失真等问题（彭灿，2000；邱均平、宋恩梅，2003；兰云、蔡言厚，2003；颜丙峰、吕朝晖、彭灿，2004）。

二、世界一流大学评价体系研究

（一）关于"什么是世界一流大学"的研究

1. 国外学者关于世界一流大学的特征或要素研究。菲利普·奥特巴赫（Altbach P. G.，2004）认为："一所世界一流大学应具备科研卓越、学术自由、治理灵活、设施完备以及资金充足五个特征。"凯瑟琳·莫尔曼（Kathryn Mohrman，2009）归纳了世界一流大学的八大要素，即"具有全球使命感、科研力度强、教授角色新、基金多元化、招聘全球化、复杂度递增、新型政府－企业－学校关系以及合作全球化"。世界银行高等教育原主管贾米勒·萨尔米博士（Jamil Salmi，2009）认为：人才汇聚（包括汇聚一流学生、教师和研究人员）、资源丰富（拥有充足的公共预算、捐赠与资助、学费收入和研究基金）、有效治理（优秀的领导团队、追求一流的战略愿景、公平的学术环境、学术自由以及追求卓越的文化等）是世界一流大学三大要素。

2. 我国学者关于世界一流大学的概念或定义研究。如邱均平等（2016）将世界一流大学界定为主要利用公共经费，在基础性和跨学科知识的基础上，研究长期的全球性基本问题（如全球变暖、人类健康和清洁能源等），创新性地培养全球领导者，非营利性地解决全球性问题的大学。眭依凡（2016）认为，世界一流大学指拥有一些世界一流学科和一流专业，聚集了一群世界一流学者，吸引了一大群世界一流学生，以世界一流的办学治校育人理念和世界一流办学条件，构建了世界一流大学制度和世界一流大学文化，能够培养世界一流专业人才和研究创造世界一流水平新知识的大学。谢维和（2017）认为"世界"是具体概念，不是抽象概念，"一流"是水平概念，不是层次概念，只要一所大学能够在某个特定的区域具有很强的影响力和话语权，能够成为这个区域的优秀青年人和大学生向往的大学，它就是世界一流大学。还有一些学者在世界一流大学的要素、特征和条件等方面进行了研究（袁祖望，2008；韩立文等，2006；王义遒，2011；常娜等，2017）。

（二）关于"如何建设世界一流大学"的研究

1. 国家政策层面对建设"双一流"大学的重视程度。各国都把建设"世界一流大学"看成建设科技强国的重要任务，主要表现在各国出台的世界一流大学建设计划方面。如 2005 年、2012 年德国的大学"卓越计划"，2012 年、2013 年"俄罗斯一流大学提高国际竞争力措施实施计划"和"5—100 计划"，2010 年法国启动的"卓越大学计划"，2008 年韩国在"面向 21 世纪的智力韩国计划（BK21 工程）"的基础上推行的"建设世界一流大学计划（WCU 工程）"，2002 年、2007 年日本启动的"21 世纪 COE 计划"与"全球 COE 计划"，1997 年、2013 年印度启动的"卓越潜力大学计划"和"创新大学计划"（刘宝存、张伟，2016）。我国在"985 工程""211 工程"的基础上，国务院 2015 年出台"统筹推进世界一流大学和一流学科建设总体方案"，明确提出了我国建设"双一流"的目标、任务和改革方案。

2. 理论界对建设"双一流"大学的思考。钟秉林（2016）认为，建设世界一流大学，需要政府的指导扶持和社会的理解支持，而基础和关键在于大学自身认真抓好内涵建设和综合改革，增强国际视野，在办学理念和治理能力、人才培养和学科建设、队伍建设和文化建设等方面有所突破。吴康宁（2016）认为世界一流大学建设应当放眼世界，促使大学引领世界进步，激励大学赢得世界公认，推动大学面向世界开放。李文婷等（2017）通过对俄罗斯世界一流大学建设研究归纳了"完善大学管理体系，重视全员参与，提升人才培养质量，推进高等教育国际化，打造产学研合作平台，推进技术转化"等策略。赵俊芳、安泽会（2016）通过对韩国世界一流大学建设研究，总结了"结构性引进各类国际杰出人才，培育创新型研究者，开展基础学科中颇具前景的新领域、交叉领域研究"等策略。沈红（2017）提出我国"双一流"建设之初最重要的是建立起"世界一流大学和一流学科建设的制度"。王义道（2011）认为世界一流大学建设应坚守大学的文化定位，通过教学、科研和社会服务培养建设未来社会的领导者，在思想观念和科学技术上引领社会，并将其服务的国家推向世界一流行列。

（三）关于"世界一流大学如何评价"的研究

关于大学评价的研究比较多，对大学排名的指标也比较丰富，从全世界的研究看，目前最具有权威的、大家比较公认的大学评价主要 USNWR、THES、QS（Quacquarelli Symonds）等评价体系。

1. USNWR 评价体系。USNWR 世界一流大学 2015 年综合排名指标体系，包括：声誉指标（全球研究声誉 12.5%，地区研究声誉 12.5%）、文献计量学指标（论文数 10%，专著数 2.5%，会议论文数 2.5%）、归一引用影响（NCI）指标（归一引用影响 10%）、总引用数指标（总引用 7.5%）、绝对数（前 10%高被引论文数

12.5%）、相对数（前 10%高被引论文百分比 10%）、国际合作论文数系数（国际合作 10%）、学校层面的指标（授予博士学位数 5%，平均每一学术人员授予博士学位数 5%）。

2. THES 评价体系。THES 世界大学 2014 年综合排名的评价指标体系包括：教学（与教学有关的声誉调查 15%，博士学位授予数 6%，生师比 4.5%，博士与硕士学位授予比 2.25%，师均收入 2.25%）、研究（与研究有关的声誉调查 18%，研究收入 6%，师均学术论文 6%）、论文引用（按学科标准化后的论文被引次数 30%）、国际化程度（国际国内教师比 2.5%，国际国内学生比 2.5%，国际合作研究论文比 2.5%）、工业来源收入（师均工业来源研究收入 2.5%）。

3. QS 评价体系。QS 世界大学 2015 年排名指标体系有 5 个一级指标、6 个二级指标，包括教学（生师比权重 20%）、研究（学术声誉权重 40%）、科研质量（篇均引用次数，师均引用率权重 20%）、国际化（国际教师比例权重 5%，国际学生比例权重 5%）、毕业生质量（雇主声誉权重 10%）。

（四）关于"世界一流大学建设质疑"的研究

1. 世界一流大学建设导致高等教育区域不均衡。如维罗妮可·苏尔（Veronique Soul，2012）认为"卓越大学计划"是对大学自治模式的挑战，伴随着对公立高等教育服务的腐蚀性破坏，结果是区域性不均衡，对法国南部和北部高等教育的忽视，某种程度是对法国大学自治法的违背。

2. 世界一流大学建设导致中间高校被不必要地削弱。如芭芭拉·凯姆（Barbara M. Kehm，2013）认为处于相对均衡发展格局中的德国高校没有优劣，而只有专业上的强弱，让少数已经获得较多资源的大学享有明显特权，将会导致一些中间高校被不必要地削弱。

3. 世界一流大学建设导致资源分配不公或资源浪费。有韩国学者对"WCU工程"提出质疑，认为该计划盲目聘请国际知名人士来韩任教是徒有其表的面子工程，忽视了本土学者的培养与发展，尤其是该计划导致资源分配不公或资源浪费（赵俊芳、安泽会，2016）。

4. 世界一流大学建设不利于不同类型、不同特色高水平大学的建设。维德·普拉卡什（Ved Prakash，2013）认为印度创建的世界一流大学政策不资助私立大学，削弱私立大学参与的积极性，不利于吸纳社会资源。参与这两项计划的大学高度重合，不利于不同类型、不同特色高水平大学的建设，资助对象区域间分布不均衡，资助项目明显向自然科学研究倾斜，忽视了其他学科和研究领域的发展。

（五）关于我国"双一流"建设高校评价体系研究

1. "双一流"建设的评价要求研究。世界各国在制定本国的"世界一流大学"发展计划的同时，相应出台系列建设要求。我国一直重视"世界一流大学和一流学科"建设，正因如此，我国的高等教育不仅实现了大众化的发展，更是有一批具有国际水平的大学和学科涌现。近年来，我国出台了系列政策，极大地推动了"一流大学和一流学科"建设，2015 年国家在"211 工程""985 工程""优势学科创新平台""特色重点学科项目"建设的基础上，出台"统筹推进世界一流大学和一流学科建设方案"（双一流），方案坚持以一流为目标、以学科为基础、以绩效为杠杆、以改革为动力的四大原则，提出建设一流师资队伍、培养拔尖创新人才、提升科学研究水平、传承创新优秀文化、着力推进成果转化五大任务（国务院公报，2015）。方案明确提出了我国"双一流"建设的评价体系改革的要求，即"构建完善中国特色的世界一流大学和一流学科评价体系，充分激发高校内生动力和发展活力，引导高校不断提升办学水平"。十九大报告中再次提出了"加快一流大学和一流学科建设，实现高等教育内涵式发展"的目标，在此目标之下，我国高等教育全面进入内涵发展的阶段，并在此基础上建设具有中国特色的一流大学和一流学科。

2. "双一流"建设的校长标准研究。别敦荣、张征（2010）认为，世界一流大学教育理念是大学历史发展的积淀，具有内在统一性，契合大学的发展定位。陈学飞（2016）认为，建设世界一流大学在导向上，应当回归和坚守大学的学术本位，以探求真理、培育人才为方向。世界一流大学建设关键是大学校长，许多学者通过世界一流大学校长遴选过程、选拔机制等方面的研究，提出推进我国大学校长选拔制度改革，更有效地发挥教师和学生的作用，完善大学校长任职标准，提高选人用人质量和效率（叶桂芹、袁本涛，2008；钟秉林、周海涛，2011；熊万曦，2014）。

3. "双一流"建设的国际比较研究。陈其荣（2010）认为，与世界一流大学相比，中国的重点大学所存在的差距并不仅仅体现在一些国际通行的可比性指标上，如拥有诺贝尔奖获得者数、年均发表的论文数、论文被引用数、科研经费数、师生比例等，还表现在教师中享誉国际的一流学者和学术大师稀缺、特色和优势学科不鲜明、鲜有高水平的原创性成果以及培养的学生难以适应经济社会发展的需要等方面，更突出地反映在学校的办学理念、办学机制和管理模式上，如办学理念的缺失或失守、角色定位的单一化、管理模式的行政化及办学自主权的缺乏等。王英杰等（2008）认为我国现在与世界一流大学的差距，或许主要不在于具体的评价指标方面，比如经费、课题、文章发表、生师比等，最主要的差距"可能是在理念上、制度上的差距"，比如批判的精神、创新的空气、自由探索的保障、鼓励追求真理的制度、平等的学术争鸣的氛围等。

4. "双一流"建设的学生选拔研究。徐宁汉等（2015）提出，我国应当借鉴世界一流大学本科生选拔体系，结合我国基础教育的发展特点，创造性地实现符合我国高等教育发展的分类考试、综合评价、多元录取的招生选拔机制。刘彭芝（2016）则提出，中学是大学的基础，我们要有世界一流中学。

5. "双一流"建设的中国标准研究。吴合文（2017）提出：没有标准的"世界一流"是难以遴选和评估的，在"双一流"建设的机构遴选、建设标准、激励措施和评估监督上，政府需要设定更为多元的指标体系，理性使用大学排名，促进区域均衡发展，建立中国一流标准，特别是构建研究话语体系。还有许多学者针对世界一流大学的中国特色等问题、创新引才用才机制、一流师资建设、薪酬体系、大学治理、国际化等方面进行了研究（田原、喻恺，2013；常桐善、杜瑞军，2013；顾来红、孔捷，2014；柯文进、姜金秋，2014；王雪双，2015）。

关于一流大学和一流学科的研究，一致受到学界足够的重视。到了 20 世纪 80 年代后期，相关的研究不断增加，根据中国知网（CNKI）数据统计，1979 年以来，关于"一流大学""一流学科""世界一流大学""世界一流学科"的研究数量呈直线上升趋势，特别是 1995 年以后，数量迅速扩张。这一时期，各国政府将"双一流"建设列为国家战略，极大地推动了此课题的研究，其主要特征如下。

1. 基础理论研究日益深入

随着社会的变革、经济的迅速发展，大学功能不断完善，对大学本质的认知不断深入，促使"双一流"的研究不断探索"理念、内涵、概念、特征"等基础理论，理清"大学的本质""双一流的内涵"，对于相关概念、内涵达到一定共识，有利于政策的制定、制度的出台，更是推动建设的有效保障。当前的研究主要理清了三方面问题：一是大学对于国家创新发展的重要意义，高等教育对于强国建设的重大作用；二是大学对于经济发展的巨大推动作用，高等教育创新能力对于经济发展的重大价值；三是国家必须将"双一流"建设作为国家重大发展战略。在此基础上，关于"双一流"的内涵、机制、内容、模式、指标、制度等方面的研究成果，都为"如何建设"和"如何建成"提供了丰富的理论支撑。

2. 政策研究和制定更加科学

理论研究的日益深入，推动了科学政策的出台，在总结历史经验、借鉴国外经验、分析现状的基础上，关于"双一流"政策的研究不断深入，推动了科学有效的政策出台。而政策为"双一流"建设提供"刚性保障"，结束了讨论、争议、反思和商议的阶段，使当前理论研究走向新的阶段和层次，政策的研究和制定主要解决了三方面问题：一是"双一流"建设在发展中研究，在研究中建设，而不是仅停留在某一个阶段的争论和讨论；二是明确了建设方向、目标、原则，同时也规划了理论研究的范围和场域，有些问题继续争议，而有些问题目前已经不必争议；三是明确了相关主体的责任、义务和权利，提出了具体的要求，规划了建设任务。为"双一流"建设提供了有效的制度依据。

3. 应用领域的研究更加广泛

当前的关于"评价指标、社会服务水平、中国特色的质量标准"等方面的研究，都紧密结合"双一流"建设的应用领域，而且应用领域越来越广泛，大学功能得到了拓展。这些应用领域的研究，一方面促进了大学功能的再认识，同时又提升了大学应用的深刻领会，另一方面为如何建设和建设成什么样等问题提供了参考，这其中主要涉及：一是怎么建设，从哪入手、做什么、做到什么程度；二是建成什么样，有哪些指标需要近期达成，哪些指标需要长期建设；三是如何检验建设成果，即"谁验收，谁承认"，如何证明建设成果的地位等问题。相关的研究为解释这些问题提供了实践的探索。

已有代表性研究成果的拓展空间及发展趋向主要表现为以下方面：

1. "双一流"建设和社会、政府、大学相关主体评价的研究有很大空间

综合当前的研究看，学界普遍认为"双一流"建设的主体是大学，建设"双一流"主要责任主体是大学，大学本身的改革与建设是其建设的成功与否的关键。这种观点和认识是正确的，但是"双一流"建设如果仅靠大学自身，是否能"破茧成蝶"，实现自我飞跃？这显然夸大了大学的"能力"，更不符合了大学发展的内在规律，要实现跨越式发展，仅靠大学的内力远远不够，必须借助外力的强大推动，也就是说，作为国家战略的"双一流"建设，相关责任主体一定是多方面的，特别是社会、政府等相关责任主体的研究不深入，缺乏系统性思考和具体责任分析。据此，还可以进行拓展研究的方面主要有：一是政府在"双一流"大学建设中的责任到底有哪些？政府哪些部门参与"双一流"建设？如何评价政府功能和职责的发挥？二是社会如何参与"双一流"建设？社会什么机构积极参与，什么机构一般参与，什么机构服务性参与？如何评价社会对"双一流"建设的作用？

2. "双一流"建设和横向、纵向、内部组织体系评价的研究有很大空间

"双一流"的研究主要精力集中在一流大学和一流学科，突出了研究核心目标，但是"双一流"建设显然不是大学建设的全部，更不是仅突出一流大学和一

流学科这两个核心要素就可以实现的。大学不是孤立地存在，而是受到各方面因素的制约和影响，横向组织分析有政府、社会和各层次学校等因素；纵向组织分析有大学、中学和小学等因素；内部组织分析有大学、院系、学科、专业、课程等因素；如果只评价"一流大学和一流学科"，难免会忽略其他重要因素，不利于全面分析和总结存在的问题及其成因，使政策、制度和策略因缺乏针对性而丧失有效性。对此，可以进行拓展研究的方面主要有：一是小学、中学对于"双一流"建设的支撑作用研究，如何实现大、中、小学校在"双一流"建设中的一体化建设和评价方面的研究突破；二是大学院系在"双一流"建设中的作用研究，如何实现"大学、院系、学科、专业和课程"一体化建设和评价的研究突破。

3. "双一流"建设的理论、政策、方法一体化的研究有很大空间

相关的研究更多的是解读"双一流"政策的合理性，包括政策中的相关问题的重要意义、理论研究、政策目标和实施方法的不统一，特别是关注了一些核心要素的研究，如"国际化问题""中国特色问题""一流成果""一流师资"等问题，关注这些核心问题十分必要，但是如何解决这些问题的研究更有意义，尽管对有些问题的认识并不统一，但是探索研究实践策略、方法并不影响理论的深入探讨。因此，此论题的拓展空间主要表现在：一是理论的研究应当结合政策进行，但不能变成政策的"传声筒"，而是应当拓展、完善政策研究，为寻找更恰当的实施办法提供参考；二是政策的研究应当力求探索有效的方法、措施和途径，为实现政策目标而进行一体的研究。因此，理论研究、政策研究和方法研究应当结合，不能各说各话。

4. "双一流"建设的指标、成果、推广相结合的研究有很大空间

目前的研究更多的是讨论构建什么指标、指标的合理性、指标包括的内容，同时强调大学排名的研究，而在指标体系、建设成果和宣传推广相结合等方面的研究明显不足。如各类大学排名、各类评价体系都关注于指标的本身，而缺乏对指标所指向的成果，以及成果的宣传推广方面的研究。关注指标本身确实具有重要意义，但对于"双一流"建设的评价来说，跟踪问效、推动成果建设和广泛宣

传是"双一流"建设的重要内容。因此，此论题的拓展空间表现在：一是构建相对合理的指标体系，完善评价制度，探索评价模式是"双一流"建设的首要任务；二是以成果建设和宣传为核心，构建有效的监测制度是"双一流"建设长期坚持不懈的任务。

综合分析，新时期关于"高校人才培养质量评价体系"研究的独到学术价值、应用价值和社会意义主要表现为以下方面：

1. 坚持教育优先发展理论，构建新型"大学、社会、政府"协同创新体系

"双一流"建设本身就是一个社会协同创新的过程，离不开各要素的支持与合作。社会服务是大学功能，大学必须为社会发展、经济建设和科技创新服务，同样，大学的发展离不开社会的支持，需要社会各要素为大学服务。十九大报告中明确提出"教育优先发展"的国家发展理念，就现实而言，教育对于政府和社会来说，还没有真正实现教育优先发展，"双一流"建设还只停留在指导、监督和参与层面，并没有真正服务于大学，并没有真正融入世界一流大学实质建设中。因此，本课题拓展政府、社会和学校关系的理论研究，促进经典学术理论在大学评价体系改革中的应用。通过拓展世界一流高校的评价对象，深入政府、社会和学校之间内在的逻辑关系，探索政府、社会、学校在"双一流"协同建设的评价机制，并以我国高校评价体系改革为样本，验证和发展系统整体理论，教育供求理论和复合系统协同理论在本土得到深化。

2. 坚持协调发展理论，探索横向、纵向和交叉三位一体协调发展模式

"双一流"建设不单是"双一流"本身的建设，更关乎中国教育全面提升的发展，也关乎社会的进步和经济的繁荣。十九大报告中明确提出了"坚定实施科教兴国战略、人才强国战略、创新驱动发展战略、区域协调发展战略、可持续发展战略"等，"双一流"建设融合于中国社会发展的方方面面。就现实而言，国家协调发展还需要进一步完善，教育也还未真正实现协调发展。"一流的大学"建设离不开"一流基础教育"支撑，"一流学科"离不开"一流专业"支撑，因此，本课题研究基于"双一流"建设必须坚持协调发展理论，深入探索"双一流"建设

和评价的横向、纵向和交叉发展的"立交桥"，形成"三位一体"发展的新模式。

3. 坚持内涵发展理论，探索质量、特色和创新层次性阶梯发展新思路

"双一流"建设的实质就是推动高等教育内涵发展，在提高质量的基础上凝练特色，在特色发展的基础上实现创新，可见"质量、特色和创新"呈现层次性阶梯发展。十九大报告中明确提出"加快一流大学和一流学科建设，实现高等教育内涵式发展"。当前，受功利主义思想的冲击，高等教育"大跃进"现象是存在的，不仅忽视了高等教育发展规律，更是以牺牲"质量"为代价的"拔高式"建设。"双一流"建设必须坚持内涵发展，"稳中求快"，不能"根基不实"、急功近利，盲目地凝练特色，急出成果、急着创新，使"双一流"建设成为一种"现象"。本课题坚持内涵发展理论，探索高等教育质量、特色和创新层次性阶梯发展新思路，为突破"双一流"大学发展和评价的现有理论体系奠定学理支撑。

4. 为大学内涵发展的研究提供启示

政府、社会和学校就其职责功能分析，具有互融和共生的关系，大学、社会和政府在相互服务中共同发展。研究"双一流"建设仅讨论大学本身的建设标准和监测制度，会出现由于"政府和社会"支持的缺位，使大学发展陷入因矛盾无法调和、体制机制改革不畅而形成的发展瓶颈。只有解决"社会、政府、大学"共同建设、共同评价的问题，才能使"双一流"建设趋于良性发展。就目前的国内外研究看，各类评价和监控仅针对"大学"，并没有将"政府和社会"纳入评价体系中，相关的研究也比较缺乏。因此，本课题的研究基于"双一流"建设相关主体的任务和责任，研究"双一流"建设基本标准和监测制度，就是要对政府、社会和学校在一体化建设中发挥的作用和取得的成果进行评价，实现"共生—共建—共评"机制，为如何加快建设"双一流"提供实践指导。

5. 比较研究基础上的国外经验梳理与借鉴

国外很早就重视"双一流"的建设标准和监测制度研究，形成了许多国际公认的大学评价指标，同时，世界各国也较早建立了相关的监测或者保障制度。随着评价研究的深入，各类评价指标体系不断完善，近年出现了各种分类评价体系，

如学科评价、院系评价。本课题将对国外公认的评价标准和监测制度进行系统化梳理。同时，与比较研究国际社会和西方发达国家的具体评价实践，分析其中的制度机制形成与演进的政治、经济与社会文化背景。在此基础上，评判我国对之借鉴的可能性与限度，为寻求适合我国本土实际的"双一流"建设和评价结构、体系与路径。

6. 探索"世界一流院系"建设和评价，构建"三位一体"的评价组织体系

公认的世界一流大学背后，都有一个或几个世界一流的院系支撑。大学的院系既支撑一流大学建设的任务，又承担一流学科建设的任务，没有一流的院系保障，"双一流"建设很难实现。如斯坦福大学商学院、宾夕法尼亚大学沃顿商学院、耶鲁大学法学院、牛津大学法学院等，正是这些世界著名的院系，成就了这些世界一流大学。从"双一流"建设结果看，是一流大学和一流学科，但从过程看，一流院系建设和评价是"双一流"建设和评价的支撑点，院系通过对物资、师资、制度的组织运行，实现本院的一流学科建设，同时通过院系平台合理地支配资源，优质的师生群体推进一流大学建设，可以说，一流院系建设和评价，是"双一流"建设和评价的主要突破口。本课题以"一流院系"建设和评价为切入口，通过院系建设标准和监测制度，建设一批一流学科，实现一批一流大学，推动学科和大学的建设和评价，最终构建一流大学、一流院系和一流学科"三位一体"的评价组织体系。

7. 探索制定中国"双一流"大学评价指标体系

就"一流大学"和"一流学科"的评价体系问题，国内外已有许多成功的经验。然而，不同的社会发展阶段、不同经济发展的时期，随着社会矛盾的变化，相关问题所面临的政治、经济、文化、社会背景和人民需求发生了根本性改变，要求也随之提高。就高等教育而言，逐步从高等教育大国向高等教育强国迈进，扎根中国大地，遵循高等教育规律，创造性地传承中华民族优秀传统文化，探索中国的高教强国之路成为当前首要任务。在十八大提出的"全面深化改革"及十九大提出的"全面实现现代化"指导下，探索制定中国"双一流"大学评价指标

体系具有重要的时代意义。本课题力求全面分析当前的时代特征，全面总结高等教育发展经验，全面提炼高等教育发展本质规律，系统分析"双一流"建设影响因素，探索制定中国的"双一流"指标体系，为正在建设中的"双一流"提供最有价值的参考。

8. 提升公众的认知水平，促进全社会共建意识的形成

公众对于高等教育关注度极高，认知水平却很低。这主要是因为高等教育与公众利益密切相关，而公众对高等教育缺乏深入了解。这与大学缺乏有效的自我宣传和大众传媒缺乏对大学的深入报道有直接关系。无疑，建设"双一流"、宣传"双一流"是全社会的责任，建立社会共建机制，提升公众的认知水平是促使公众参与"双一流"建设的目标之一，这无疑也是"双一流"建设和评价社会意义的深化。国务院《统筹推进世界一流大学和一流学科建设总体方案》（2015）中强调"高校要不断拓宽筹资渠道，积极吸引社会捐资，扩大社会合作，健全社会支持长效机制，多渠道汇聚资源，增强自我发展能力"。就目前的现实看，我国"双一流"建设发展中对社会资本的引入和利用与国外一流大学相比是相当有限的，我国一直处于穷国办大教育的境地，随着我国经济的快速发展，优先发展教育被列入国家战略，国家加大了教育的资金投入，但这并不能解决大学科技创新和"双一流"建设发展的资源需求，因此，探索"引入社会资本"途径，推动社会积极参与"双一流"建设，是本课题要阐述的深层社会意义。

第二节　历史变迁

一、国内高校人才培养质量评价发展

（一）评价制度

1. 关于评价制度时间阶段划分的研究。我国教育评价制度发展起步较晚，各学者对其时间阶段的划分有不同的见解。陈玉琨等（2000）以我国教育评价理论

研究发展的客观过程和标志为依据，将我国教育评价理论研究的发展分为三个阶段：间续发展阶段（1900—1977 年），在此阶段受西方教育测量运动的影响，我国逐步形成具有中国特色的教育测量运动；理论积累阶段（1977—1985 年），受教育改革的需求与国外教育评价实践和理论发展的影响，教育评价理论的表现形式向多样化发展；持续发展阶段（1985 年至今），我国采取了多项措施促进教育评价理论的本土化进程，例如举办了大量的教育评价学术会议，也出版了一批具有特色和影响的教育评价著作，极大地促进了教育评价工作制度化的发展①。

吴钢（2000）从我国社会发展的大背景出发，将教育评价的发展划分为四个阶段：恢复和兴起阶段（1977—1983 年），在这个阶段，我国教育界加强了同世界各国教育界的联系和交流，引进并介绍了国外教育评价的理论、技术和实践经验，恢复了教育统计、教育测量、教育管理等学科，为评价的恢复和兴起奠定了理论和技术基础；真正起步阶段（1984—1985 年），在这个阶段，我国教育评价工作初步有组织地展开，评价实践种类也逐渐增多，全国最高教育行政领导机构也有组织地召开了全国教育评价学术研讨会；全面研究和试点工作阶段（1986—1989 年），在这个阶段，我国的教育评价研究加大交流会议力度，涌现出大量成果，创办了第一本教育评价的专业杂志——《中国高等教育评估》；正规化开展阶段（1990 年至今），在这个阶段，我国初步建立了教育评价制度，为全国正规开展评价工作提供了制度保证，建立了全国性的评价研究组织，为全国进行评价研究和实践提供了平台②。

此外，陈瑞生（2010）认为教育评价的发展时期从 1949 年以来，经历了五个阶段：停滞阶段（1949—1976 年），在这个阶段，我国的教育评价工作未能引入国外先进的教育评价实践，自身的独立研究又处于停滞状态，导致教育评价理论本土化的进程处于停滞状态；重建阶段（1977—1984 年），在这个阶段，我国

---

① 陈玉琨，李如海. 我国教育评价发展的世纪回顾与未来展望[J]. 华东师范大学学报（教育科学版），2000（01）：1-12.

② 吴钢. 我国教育评价发展的回顾与展望[J]. 教育研究，2000（8）：27-32.

开始开展教育评价工作的相关研究，积极引进并借鉴外国教育评价理论的最新研究成果；起步阶段（1985—1990 年），在这个阶段，我国教育评价研究加强了与国外学者之间的交流，开始着手翻译并出版了诸多外国教育评价理论著作；成型阶段（1991—2000 年），在这个阶段，我国加强了教育评价理论研究，出版了许多本土著作，同时完善了教育评价的制度化，先后颁布了《教育督导暂行规定》和《中国教育改革和发展纲要》等纲领性文件；发展阶段（2001 年至今），我国教育评价进入快速发展时期，教育评价理论和实践研究快速发展，陆续翻译并出版了大量的外国教育评价理论研究的最新成果，教育评价研究的领域逐渐加深[①]。

2. 关于高校教学质量评价制度的研究。我国高校教学质量评价制度的研究可分为三个阶段：起步阶段（1984—1990 年）、正规化开展阶段（1991—1995 年）和深入发展阶段（1996 年至今）。在起步阶段，高校教师教学评价的理论研究工作明显落后于评价实践工作，其特点主要是"以课程评估为主，教师教学质量评价为辅，评价内容都是依据高校教学管理人员的教学管理经验确定"。在课程评价基础上确定评价指标，主要包括教学态度、教学内容、教学方法、教学效果等[②]；在正规化开展阶段，我国高校教师教学评价的特点是理论研究与评价实践并重，各高校开始以教师教学的有效行为特征作为评价指标进行正规化的教师教学评价工作[③]；在深入发展阶段，我国把教师教学评价纳入高校教学质量保障体系，逐步建立了以教师教学质量评价为中心的教学质量保障体系，很多高校采用了"学生评教""同行评价""专家评价"等多维评价角度来评定教师教学质量。

3. 关于评价制度内涵的研究。评估过程必须要考虑各方面环境因素的影响，既要顺应外部变化进行自我改变，也要促进评估主体和客体间在功能、属性上的一致性等，同时也指评估要适应自身潜在发展态势而不断完善自我[④]。许茂祖等

---

① 陈瑞生. 建国以来我国学者对教育评价学学科建设的探索[J]. 高校发展与评估，2010（5）：1-10.

② 邓毅. 高校构建发展性教师教学评价模式的个案研究[D]. 重庆：西南大学，2008.

③ 李颂明. 我国高校建立发展性教师教学评价制度的探索[D]. 长沙：湖南农业大学，2005.

④ 朱明. 论高教评估领域开展适应性研究的必要性[J]. 内蒙古师范大学学报（教育科学版），2006（05）：108-111.

（1997）认为高校教学评价属于教育评价的范畴，"要解决的问题不是客观地描述评价客体即被评价者自身，而是解决客体与主体之间的关系——客体满足主体需要的程度"①。陈广桐（2005）认为，"评价就是根据高等教育教学目标，运用有效可行的手段，对高等学校教育教学活动有关因素进行系统描述，并在此基础上对其状态和价值做出判断，从而推动教学活动不断优化的过程"②。朱明（2006）提出了评估的"适应性"概念，即评估的主体根据未来的要求和社会发展趋势，适时、主动地顺应外部条件的变化，及时、有针对性地对自身的特性、功能等加以改变，从而增强适应外部各方面要求和变动的能力。戚业国等（2006）则认为"发展性评估是指高校在专家的协助下，自主地对高校发展的价值和优缺点做出判断，以期认识高校发展的过程与状态、诊断分析高校发展问题和提供高校发展决策参谋信息，同时建立高校发展评估常驻机制，达到高校发展价值增值和掌握高校发展未来的目标"③。

综上所述，我国高校人才培养质量评价制度得到了深入发展，并一步步地走向规范化与科学化。学界逐渐关注教师教学质量对人才培养质量的影响，希望通过人才培养质量对教师教学质量进行评价。目前，我国教学质量评价结果主要用于奖惩性的目的，有许多学者提出教师教学评价应关注教师通过评价在教学上的改进与提高。还有观点认为教师教学评价应以发展性评价为主，奖惩性评价为辅，发挥教学评价的多重作用。

（一）主要评价指标

主要评价指标来源于国内具有广泛影响力的武书连、网大、校友会、中评榜四个大学排行榜。

1. 武书连排行榜的发展沿革。1993 年，武书连课题组发布了第一个中国大学排行榜，是从投入和产出的角度进行大学评价，下设 28 个二级指标，其中投入

---

① 许茂祖，张桂花. 高等教育评价理论与方法[M]. 北京：中国铁道出版社，1997：19.

② 陈广桐. 高等学校教育教学评估[M]. 济南：山东大学出版社，2005：29.

③ 戚业国，王斌林. 大学发展评估的性质与功能[J]. 江苏高教，2006（03）：42-44.

类指标有 3 个，产出类指标有 25 个。一直到 1999 年，指标都没有太大变化。2002 年发布的《中国大学评价》二级指标有较大改动，增加了高校对社会的贡献这一二级指标。2002 年，指标体系和指标权重有以下变动：没有引文的论文减半计分，认为引文反映了作者在学术研究上的承续关系，表明作者对他人劳动成果的尊重；暂时取消专著指标，直到专著的数量能够在检索的程序体现，并且专著的质量应当经过专门的认证机构认定以后，才能恢复其原本的专著指标（武书连，2002）[①]。2006 年，该榜不再将中国科学引文数据库（CSCD）和中文社会科学引文索引（CSSCI）里面的数据作为论文、引文数据。具体指标见表 2-1：

表 2-1　2010 年武书连中国大学排名评价指标体系[②]

一级指标	二级指标	三级指标	
人才培养（57.95%）	本科生培养（35.25%）	本科毕业生就业率	入学新生录取分数线
		本科教育教学评估结果	全校师生比
		本科毕业生数量	教师平均学术水平
		双语教学示范课程	教学团队质量
		特色专业数量	实验教学示范中心
		规划教材	本科教学成果奖
		本科数学建模竞赛奖	挑战杯本科生学术竞赛奖
	研究生培养（22.7%）	毕业研究生平均学术水平	硕士毕业生数
		博士毕业生数量	研究生教学成果奖
		优秀博士论文数量	挑战杯研究生学术竞赛奖
科学研究（42.05%）	自然科学（31.58%）	国内引文数据库论文及引用量	国外引文数据库论文及引用量
		学术著作引用量	艺术作品数量
		专利授权数	科学与技术奖
		国家大学科技园	入选科技部国家大学科技园名单
	社会科学研究（10.46%）	国内引文数据库论文及引用量	国外引文数据库论文及引用量
		学术著作引用量	艺术作品数量
		专利授权数	人文社会科学奖项

2. 网大榜的发展沿革。1999 年，网大公司发布了《1999 年中国大学排行榜》，

---

① 武书连，吕嘉，郭石林. 2002 中国大学评价[J]. 科学学与科学技术管理，2002（05）：42-51.

② 武书连，吕嘉，郭石林. 2010 中国大学评价[J]. 科学学与科学技术管理，2010，31（04）：5-13.

其参照《美国新闻与世界报道》的评价指标体系设置了最初的指标体系。当时一级指标有 4 个，分别是"学术""新生质量""师资""科研经费"；2000 年，网大一级指标由之前的 4 个增加到了 6 个，且按照"重点大学"与"非重点大学"推出两种排行榜；2002 年，将一级指标中的"学术地位"改为"学术资源"；2003 年，又将一级指标中的"学术声誉"改为"声誉"；直到 2013 年，网大综合排行榜一级指标没有发生变化。具体指标见表 2-2：

表 2-2 2013 年网大中国大学排名评价指标体系

一级指标	权重	二级指标	权重
声誉	15	两院院士、知名学者、专家、大学校长和中学校长调查结果	15
学术资源	20	博士点数（对本科学位点比例）	4.4
		硕士点数（对本科学位点比例）	2.4
		国家重点学科（对本科学位点比例）	4.6
		国家级实验室及工程中心数（对本科学位点比例）	4.4
		国家人文社科重点研究基地数（对本科学位点比例）	4.4
学术成果	22	科学引文索引 SCI（总量和人均）	8.1
		工程索引 EI（总量和人均）	5.5
		社会科学引文索引 SSCI（总量和人均）	6.2
		中国社科引文索引 CSSCI（总量和人均）	2.2
学生情况	12	录取新生质量（高考成绩）	5.9
		全校学生中研究生的比例	6.1
教师资源	19	专任教师中副高级以上人员的比例	8.00
		两院院士人数	5.00
		长江学者特聘教授人数	4.00
		师生比（专任教师数/学生人数）	2.00
物资	12	科研经费总量及专任教师和科研机构人员人均科研经费	6.00
		图书总量和生均图书总量	3.00
		校舍面积和生均校舍面积	3.00

3. 校友会排行榜的发展沿革。2003 年 8 月，中国校友会网推出了中国第一个网络评选产生的大学排行榜。该榜年采用两级评价指标体系，确定的一级指标有 6 个，包括人才培养、科研实力、师资力量等，二级指标有 23 个。2004 年二级指标由 23 个发展成 35 个，评价指标参数数据发展至 91

个。2005 年摒弃了 2003 年的两级评价指标体系，采用三级评价指标体系（蒙玛琳、张丽、李冲，2015）①，指标体系有了很大变化，其中一级指标缩减为 3 个，变为"科学研究""人才培养""综合声誉"。2005—2019 年一级指标"人才培养"和"科学研究"没有发生任何变化，"综合声誉"指标也仅是对名称进行变化② （黄伟，2019）。具体指标见表 2-3：

表 2-3　校友会 2020 中国大学排名评价指标及权重

一级指标	权重	二级指标	权重	三级指标	权重
人才培养	54%	教学质量	32%	杰出校友	20%
				教学水平	6%
				思政教育	3%
				创新创业教育	3%
		高端人才	13%	杰出师资	13%
		优势学科专业	9%	优势学科	6%
				优势专业	3%
科学研究	31%	高端科研成果	21%	高端科研成果	21%
		科研基地	5%	科研基地	5%
		科研项目	5%	科研项目	2%
				科研经费	3%
社会影响	15%	办学层次	5%	国家定位	5%
		社会声誉	6%	生源竞争力	3%
				媒体影响	2%
				社会捐赠	1%
		国际影响	4%	国际化办学	2%
				国际声誉	2%

4. 中评榜的发展沿革。中评榜根据高校办学条件将大学分为重点性大学和一般性大学两个层次；按照高校科研竞争力来分，则可分为综合性大学、师范类院校、农林类院校、医药类大学等八种类型，并对这些院校进行排序。2004 年发布的中国高校综合竞争力评价（重点大学排行榜）中采用"办学资源""教学水平"

① 蒙玛琳，张丽，李冲. 中国校友会大学排行榜指标体系的演变及建议[J]. 煤炭高等教育，2015，33（02）：122-125.
② 黄伟. 国内大学排行榜评价指标体系的比较分析[D]. 桂林：广西师范大学，2019.

"科学研究""学生声誉"四个指标作为一级指标，至 2019 年该评论指标体系做出较大调整。具体指标见表 2-4：

表 2-4　2019 年中国高校综合竞争力评价指标体系

一级指标	一级权重	二级指标	三级指标
办学能力	0.15	教师队伍	杰出人才（院士、长江、千人计划等）
			研究生导师数
			专任教师数
			师生比
		教育经费	教育经费总额
			生均教育经费
		项目平台	学位点数
			国家级科研基地
			国家自然基金项目数
			国家社科基金项目数
			教育部文化部等科研项目数
科教产出	0.35	学生数量	本科毕业生数
			研究生毕业生数
			留学生毕业生数
			杰出校友数
		学生获奖	国际性全国性竞赛获奖
		科研成果	发表论文数
			发明专利数
			高被引著作数（社科）
			高被引论文数
		效率与效益	师均科研产出率
质量与水平	0.35	学生质量与水平	新生入学平均分数
			毕业生就业率
		教学质量与水平	教学成果奖
			课程及教材
		科研质量与水平	国家级省部级科技奖励
			论文被引数
			ESI 全球前 1% 学科数
		学科质量与水平	优势学科数
学校影响力	0.15	学术影响力	国家双一流计划
		社会影响力	学校网络声誉

二、国外高校人才培养质量评价的发展

（一）评价制度

1. 关于评价制度时间阶段划分的研究。美国教育评价研究居于世界领先地位，国外的教育评价研究大多以美国为参照。现代教育评价开始于美国 20 世纪 30 年代，第二次世界大战和苏联卫星发射成功是推动美国教育快速发展的重要因素，也是促使美国教育评价的发展和研究转向的重要事件①。斯塔弗尔比姆（2000）作为美国著名的教育评价专家，将教育评价的发展划分为七个时期：变革时期、效率与测验时期、泰勒时期、萌芽时期、发展时期、专业化时期、扩展与整合时期②；古巴和林肯（Guba G. Egon，Lincoln S. Yvonna）将教育评价划分为四个时代，分别为：以测量理论的形成和大量运用为标志的"测量时代"（1900—1930年），以泰勒教育评价理论为标志、以对测量结果的描述为特征的"描述时代"（1930—1940 年），以"价值判断"为评价特征的"判断时代"（1940—1970 年），认为教育评价本质上就是"协商—回应—建构"的"建构阶段"（20 世纪 70 年代至今）（翟思卿，2014）③。

2. 关于高校人才培养质量评价制度目的的研究。美国学者克拉克·科尔在考察了美国教育和社会变革对高等教育目的影响后，提出了高等教育的 5 个主要目的：（1）为学生个人的教育和发展成长提供建设性环境；（2）在社会化过程中促进人的能力；（3）为中学后适龄群体提供平等的教育机会；（4）提倡纯粹的学习，支持智力的创造化；（5）通过个人思考对社会更新进行评价（胡四能，2006）④。英国学者格林在《什么是高等教育的质量》一书中，把人们对教育质量持有的各种观点归纳为五类：（1）独有的、优秀的；（2）与预定的规格和标准相一致，对

---

① 任艳红. 高校教学评价制度的反思与重构[D]. 西安：陕西师范大学，2011.

② G. F. Madaus, D. L. Stufflebeam, T. Kellaghan. Evaluation Models: Viewpoints on Educational and Human Services Evaluation[M]. Boston: Kluwer Academic Publishers, 2000: 27.

③ 翟思卿. 近十五年来我国教育评价研究的演进分析[D]. 郑州：河南大学，2014.

④ 胡四能. 21 世纪高等教育的使命和目的——克拉克·科尔的高等教育目的观述评[J]. 五邑大学学报（社会科学版），2006（01）：79-82.

不同类型、不同层次的院校制定不同的标准，使所有高校都能达到其应有的质量；（3）制定适用性的目标；（4）实现制定的目标，高质量的学校必须明确实现了所设定的目标；（5）符合消费者明确规定的和潜在设定的需求（Green D.，1994）[1]。

3. 关于高校人才培养质量评价制度内容的研究。霍达威探讨了人才培养质量的含义，认为人才培养质量是对人才的教育达到预期目标的程度，关于人才质量的测量应该从多方面进行，质量的评定标准不唯一，评价主体应包括教育所涉及的利益相关人，包括教师、学生、企业以及政府等（Holdaway E.A.，1997）[2]。贝赫对英国高等教育质量评价活动做了详细介绍，指出英国高等教育的评价主体主要包括所有的研究委员会，评价结果还会采纳来自学术界和工业界代表的评价，以确保评价效果的准确性（Becher T.，1994）[3]。

综上所述，通过梳理国外关于人才培养质量评价的理论研究和实践探索的历程可以发现，早期的人才培养质量评价比较单一，强调的是达到预期目标的程度，随着教育评价研究的发展，质量评价逐渐变得丰富和多元，教师、学生、企业以及政府等多方主体都被纳入评价体系当中。

（二）主要评价指标

本节选取《泰晤士报高等教育增刊》世界大学排行榜（THE）、Quacquarelli Symonds 世界大学排行榜（QS）和《美国新闻与世界报道》世界大学排行榜（USNWR）。

1. THE。THE 世界大学排行始于 2010 年，它设立了 13 个标准化的评价指标来提供最综合全面的比较。一级排名指标划分为五个类别：教学（包括学习环境）、研究（数量、收入和声誉）、引用（研究影响）、国际视野（员工、学生和研究）、行业收入（知识转化）。二级指标包括 13 个，自产生以来一直延续与之前一致的

---

① Green D. What is quality in higher education? [C]. Buckingham: Social Research into Higher Education and Open University Press, 1994: 3-20.

② Holdaway E.A. A factor-analytic approach to school effectiveness[J]. Educational Research Quarterly, 1997, 20(4): 15-36.

③ Becher T. The state and the university curriculum in Britain[J]. European Journal of Education, 1994, 29(3): 231.

指标体系框架。具体指标见表 2-5：

表 2-5 THE 大学排名评价指标体系及其权重

一级指标	权重	二级指标	权重
教学（包括学习环境）	30%	声誉调查	15%
		师生比	4.5%
		博士与学士比	2.25%
		博士占科研人数比	6%
		高校收入	2.25%
研究（数量、收入和声誉）	30%	声誉调查	18%
		科研收入	6%
		科研产量	6%
引用（研究影响）	30%	—	—
国际视野（员工、学生和研究）	7.5%	国际生与国内生之比	2.5%
		国际教师与国内教师之比	2.5%
		国际合作	2.5%
行业收入（知识转化）	2.5%	—	—

2. QS。2004 年 QS 与 THE 合作共同推出《THE-QS 世界大学排名》，自 2010 年开始 QS 采用原有排名的方式独立推出《QS 世界大学排名》，是世界影响范围较广的排名之一。在指标的设置上，该排行榜设立了 6 个二级指标：包括学术声誉、雇主声誉、师生比例、国际教师比例、国际学生比例、单位教职论文引用数。2017 年，该排行榜为了更加强调雇主的观点，调整了雇主反应的权重，并延长了引文用于研究的期限。具体指标见表 2-6：

表 2-6 QS 世界大学排名评价指标体系及其权重

指标	权重
学术声誉	40%
雇主声誉	10%
师生比例	20%
单位教职论文引用	20%

指标	权重
国际教师比例	5%
国际学生比例	5%

3. 美国新闻与世界报道世界大学排名榜（US Nwes）。US News 世界大学排行榜始于 2014 年，设立了包括"声誉影响""科研产量""科研影响" 3 个一级指标及一级指标下的 13 个二级指标。排行榜依据卡内基教学促进基金会公布的高等学校分类法对大学进行分类，然后对同类大学进行评比，选取的指标包括学术声誉、出版物、书籍、学术会议、标准化论文影响力、出版物总引用次数、出版物被引数前 10%、出版物被引比例前 10%、高被引论文数前 1%、高被引出版物前 1%和国际合作等 12 项（邱均平等，2018）[1]。具体指标见表 2-7：

表 2-7　USNWR 大学排名评价指标体系及其权重[2]

一级指标	权重	二级指标	权重
声誉指标	25%	全球研究声誉	12.5%
		区域研究声誉	12.5%
科研产量	65%	出版物	10%
		书籍	2.5%
		学术会议	2.5%
		标准化论文影响力	10%
		出版物总引用次数	7.5%
		出版物被引数前 10%	12.5%
		出版物被引比例前 10%	10%
		高被引论文数前 1%	5%
		高被引出版物前 1%	5%
科研影响	10%	国际合作	5%
		国际合作出版物占比	5%

---

[1] 邱均平，董西露. 五种世界大学排行榜比较研究[J]. 评价与管理，2018，16（03）：1-6.
[2] 王蕊. 四大世界大学排行的比较研究[D]. 长沙：湖南大学，2018.

　　综上所述，通过对比发现国内外大学排行榜指标体系研究的侧重点不同。由于选取的对象和研究目的有所差异，国内外大学排行指标体系的构建也有所区别。国内大学排行榜指标体系研究主要集中在基础理论方面、存在问题方面和改进对策方面；国外大学排行榜指标体系的研究更加注重实证方面，强调大学排行榜的实际作用①。

---

　　① 韩延明. 理念、教育理念及大学理念探析[J]. 教育研究，2003（09）：50-56.

第三章　高校发展理念及动力机制

高校发展理念是高校人才培养质量保障的前提，而高校发展动力机制则是高校人才培养质量的保障，因此，梳理高校发展理念的脉络是探究高校人才培养质量保障的基础，也是构建高校人才培养质量评价及保障的指导要素，而分析高校发展的动力机制则是高校人才培养质量评价及保障的核心支撑要素。

第一节　高校发展理念

大学理念是人们对大学的总的看法，包括对大学是什么，它具有什么使命、发挥什么作用，以及如何履行使命、发挥作用等这样一些有关大学的基本问题的认识。大学之理念在根本上是大学之目的，是大学之内在逻辑，是大学存在之最终理由。大学理念属于观念和思想的范畴，但又不同于一般的观念和思想，它更多地表现为一种"纯粹理性的概念"之观念和思想，显然更具有理性色彩，因而其内涵更加深刻。应当注意的是，理念之体现于外总是不完全的，从这一意义上说，理念与特定时期的文化和制度的关系又是一种理想和现实的关系。谈论大学"理念"，也就是谈论一种与现实有相当差距，我们可以用来衡量现实、批判现实的"理想"。①

---

① 金耀基. 金耀基自选集[M]. 上海：上海教育出版社，2002：301.

一、大学理念的内涵及特点

"理念"一词来源于希腊文 idea 和 eidos，后在德文和英文里分别用 die idle 和 idea 表示。这一词源学的简单考察更能提醒人们注意其哲学背景，尤其是古希腊柏拉图（Plato）的理念论及德国古典哲学的背景。正如杜威（John Dewey）所说，哲学是教育的普遍原理，教育是哲学的实验室。对于什么是"大学理念"的解答，费希特（J. G. Fichte）、谢林（Schelling）、黑格尔（Hegel）都曾做出过重要贡献。在这些古典哲学家看来，有形的文化作品和社会建制是无形的理念的外在表现，文化和制度离开了内在的理念就仅仅成了一具僵尸。洪堡（Von Humboldt）和柏林大学的其他精神之父们所阐发的大学理念，曾为柏林大学灌注了独特的生命，使之成为真正的现代大学的鼻祖。① 之后，大学理念或大学之为大学的讨论就一直保持旺盛的生命力，同时大学理念也呈现出多样性，虽非人言人殊，但绝非异口同调。比如，纽曼（John H. New）的《大学的理念》（*The Idea of a University*）中所阐明的大学理念与弗莱克斯纳（A. Flexner）的《大学：美国、英国、德国》（*Universities American，English，German*）所推崇的大学理念就大异其趣；而赫钦斯（Robert M. Hutchins）的《人文社会》（*The Learning Society*）所列举的大学理想与克拉克·科尔的《大学之功用》（*The Uses of the University*）所赞同的大学理念则几乎针锋相对。应当说，之所以存在这些差异，与其所处时代及其哲学背景等因素无不相关。

（一）大学理念的内涵

大学是一个具有多项社会功能和组织目标、倡导文化传承与学术创新的进行高等教育的场所，广义的大学是指所有从事高等教育的高校，狭义的大学是指研究型大学、教学研究型大学、教学型大学、专科型大学等。理念是人们经过长期的理性思考及实践所形成理论化、系统化了的具有相对稳定性和延续性的认识、理想和观念体系，而关于大学理念，不同的学者有不同的阐述。学者王英杰认为

---

① John Dewey. Democracy and Education: An Introduction to the Philosophy of Education[M]. New York: The Macmillan Company, 1937.

大学理念是人们对大学精神、性质、功能和使命的基本认识，是对大学与外部世界诸元素之间关系的规定以及内部管理及运转的哲学基础①。睦依凡认为大学理念是人们对大学世界的总体看法，是人们关于大学世界的基本观念，它包括人们对大学是什么、它具有什么使命、发挥什么作用这样一些大学基本问题的价值判断和识别，即大学理念是人们对大学这一本体所持有的基本看法和对大学本身的理性认识，它是大学各种教育理念中最基本的理念，是引发或构建其他教育理念的基础理念或元理念②。王冀生认为大学理念试图回答大学是做什么的、什么是大学、怎样办大学和办一个什么样的大学这样一些基本问题③，等等。简言之，大学理念是人们对大学自身的理性认识、理想追求及其教育观念。其中理性认识是对大学本质及其功能的基本看法，主要是有关大学是什么、大学能做什么方面的内容，包括大学的含义、大学的宗旨、大学的使命、大学的职能等，是对大学的基本看法和理性审视；理想追求主要是有关大学应该是什么、大学应该做什么方面的内容，包括大学的理想、大学的信念、大学的精神、大学的目标、大学的责任、大学的变革与走向等，是对大学发展的构想、追求和展望；教育观念主要是有关大学需要坚持什么、大学应该把握什么方面的内容，包括大学教育改革观、大学教育发展观、大学教育价值观、大学教育质量观、大学教育效益观等，是大学教育变革、发展与创新的指导思想、基本原则或理论基础④。大学理念是大学发展的认识论基础。大学理念反映了一所大学在长期办学中思想精华的积累和提炼，是教育思想在实践中对基本规律的认识；大学理念是一种教育的理想和目标，具有前瞻性与超前意识；大学理念是一种文化的积淀，同办学历史、传承观念、学术风格、学科门类、学生类别有着密切的关系；大学理念是一种哲学观点，可以使教育者睿智、明辨，也是阐述教育基本理论的重要途径⑤。

---

① 王英杰. 规律与启示：关于建设世界一流大学的若干思考[J]. 比较教育研究，2001.
② 睦依凡. 大学使命：大学的定位理念及实践意义[J]. 教育发展研究，2000（9）.
③ 王冀生. 中国大学理念研究[J]. 高教探索，2002（4）.
④ 韩延明. 大学理念论纲[M]. 北京：人民教育出版社，2003.
⑤ 王振华. 大学理念的形成、特征和作用[J]. 长安大学学报（社会科学版），2002（3）.

（二）大学理念的特征

1. 共性特征。由于大学共同承担着社会赋予的特殊使命，所以大学理念是有共性的，即有着"大学之所以为大学"的一套核心观念体系，这些核心观念具有永恒的意义。大学理念的共性特征主要包括：大学是传授知识和发展知识的地方；大学的开放性，通过相互切磋、相互交流，让知识有了更新的力量，让大学成为活泼的、极具生命力的、可以绵延不息的江河；学术的独立和自由，使大学成为知识创新、发展和丰富的摇篮；大学具有崇高的使命感，大学应是社会的良心和智慧之所在，应当服务于人类社会的整体利益，服务于国家，服务于民族的进步、社会的进步。大学应该是主流价值观传播的地方，是先进文化传承、创造和弘扬的地方，是先进生活方式的倡导者和传播者。

2. 个性特征。不同的大学在其发展中受其自身传统的影响，它从历史积淀和校风传统中汲取营养，同时又得益于校长匠心独具的教育思想和管理创新，因此会形成不同的院校特色和不同的办学理念①。比如从学校类型来看，有的学校是研究型大学，有的学校是教学型大学；从学科特点来看，有的学校以理工科见长，有的学校以人文社会科学见长，有的学校则有很强的综合性大学的特点。由于每所大学在教育体系中的定位、价值取向、学科结构、历史传统并不完全相同，所以每所大学的理念有其个性特征，而个性和特色也往往是一所学校的优势之所在。对于整个高等教育来说，正是由于大学个性的存在，不同的大学风格、大学精神相映成辉，才形成了高等教育的繁荣景象。

3. 时代性与前瞻性特征。大学理念具有历史延续性，同时又具有鲜明的时代性，它总是伴随着时代的发展、社会的进步而发展，不断深化和完善，不同的时代赋予大学理念不同的内涵，因此具有强烈的时代特征。大学理念是人们对大学的理性认识、理想追求及其教育观念，其本质是人们对大学的一种展望、追求和向往，是一种面向未来的设计与构想，它引导大学发展的航向。

4. 社会性与本土性特征。随着人类社会的进步，大学职能在增加，由育人到

---

① 田恩舜. 建构我国大学理念的三条原则[J]. 科技导报，2002（11）.

科研，再到服务社会、引领社会发展、国际交流等，而相应的大学理念也不断产生，如科学研究、服务社会、引领社会发展、国际交流等。除此以外，大学理念受特定文化传统的影响，大学的理念就是其国家、社会和民族文化精神最集中的表达[①]。大学理念属于价值观范畴，不同国家和不同民族有着不同的文化价值取向，各国和各民族不同的文化价值取向必然使各国和各民族对大学理念形成不同的认识，从而形成特色不同的大学理念。

（三）大学理念的功能

1. 导向功能。大学理念是在长期的发展中浓缩出来的带有发展指向性的整体教育观，指导大学的发展思路，判断价值的走向以及贴近现实的目标，在某种意义上还对制约教育目标的确定、教育内容的选择以及教育管理的取向等起着决定性的作用。它是一所大学的教育精神和价值取向，反映了一所大学长期的文化积淀，反映一所大学的历史特征、学科特色和办学追求。它以一种文化氛围、一种精神力量、一种价值期待、一种理性目标的形式陶冶学校的教师和学生。实际上，教育理念不仅具有激励人的功能，也具有教育人、塑造人、规范人、指导人的作用。它支配高等教育生存与发展并体现高等教育规律的观念体系，有什么样的大学理念，就有什么样的办学结果。

2. 调节与激励功能。大学理念作为一种理论化、系统化的大学观，可以成为衡量大学教育实践的标尺，从而有助于人们发现实践的偏差、采取纠偏措施，保证大学教育健康有序地向前发展；同时大学理念推动着大学运作，包含着人们对心目中理想大学的构想与追求，时刻鞭策着、激励着、引导着人们的大学实践活动。

3. 塑造大学精神。大学精神是大学理念的高度概括，是大学的核心部分。大学精神一经形成，对外它是整体的、统一的象征，代表了大学的一种价值追求、品格特征，是一种魅力，是一面旗帜；对内它决定大学的发展方向，是一种凝聚力，在这种精神激励的整合下，大学所有成员致力于共同目标的奋斗，并集合各

---

① 黄厚明. 大学新发展呼唤大学新理念[J]. 交通高教研究，2003（2）.

种力量，实现其价值观，塑造优秀文化，使大学充满活力，符合时代要求。①

4. 引领社会发展。通过精神的引领、思想的引导、人才的输送、科学技术的传播、规则的示范、决策的参与、文明的联结、文化的融合、价值的选择、批判精神的弘扬、信息的反馈与交流、文化的创新等，从更高的层次上引导、规范社会的变化与发展。

（四）大学理念的形成

1. 理性主义大学理念主导时期。从现代意义上的大学——中世纪大学诞生至19世纪末20世纪初，这是理性主义的教育目的观占据主导地位的时期。理性主义是作为一个哲学流派出现的，最早可追溯到柏拉图和亚里斯多德（Aristotle）等人。而这一哲学流派的代表人物则是 16 世纪末至 18 世纪初的笛卡儿（D. Descartes）、斯宾诺莎（B. Spinoza）、莱布尼茨（G. W. Leibniz）等人。它主要是以"理性"为核心，把理性作为神的属性和人的本性来看待，认为凡是合乎自然、人性的就是理性。人的本质就是人的理性，而且人的传统本性超越时间和地域，在任何时候、任何地点都是一样的。

在理性主义大学理念里，人永远是教育对象，追求知识和智能本身就是教育的目的。教育必须培养人的理性，人的个性发展和传播理性知识，始终是大学教育的最高原则。它主张在教育过程中实现人的自我完善，教育是为生活做准备，而不是为职业做准备。所以必须抛弃教育中的实用性与职业性。同时，它强调对永恒真理的追求，甚至为了维护这一追求的纯洁性而极力主张知识与市场和政治分离，而实现这种分离的有效途径之一就是把大学作为"象牙塔"。

理性主义大学理念的代表人物有洪堡（Alexandervon Humboldt）、纽曼（John Henry Newman）、怀特海（Alfred N. Whitehead）等。洪堡是德国现代教育的奠基人，他和柏林大学的其他精神之父们所阐明的大学理念主要包括：一是大学活动的非政治性与大学建制的国立地位的统一。从一开始柏林大学的办校宗旨就表明服务国家利益，但为国家利益服务不等于放弃大学自由和学术自由，而恰恰是这

---

① 王振华. 大学理念的形成、特征和作用[J]. 长安大学学报（社会科学版），2002（3）.

种大学自由和学术自由才更符合普鲁士作为一个文化国家的根本利益。二是科学体系内在完整性和科学对整个文化和社会的批判和启蒙意义的统一。大学必须真正是"大"学，不仅学校规模大，而且学科范围广。只有以科学为核心的大学，才能培养出具有"全面人格"的人才，才能成为全民精神文化生活的典范和中心。三是教学和研究的统一。强调教学与研究并重，重点在于研究。人才是在新知识的创造过程中培养出来的，这样的人才从一开始就不仅仅知道如何掌握已有知识，而且也知道如何去探索未来领域。

纽曼则是系统阐述理性主义的大学理念的第一人。① 他指出，大学是传授普遍知识的场所，知识本身即为目的，教育是为了理智的训练。他不赞同在大学中进行科学研究活动，他认为大学的职能是教学，而不是科研，大学是为传授知识而设。大学应该提供博雅教育，而博雅教育存在于文化之中。大学通过传授知识，培养或造就有智慧、有哲理、有修养的绅士。

怀特海主张智力训练，用"智慧统率知识"，把教育从死的知识和无活力的概念中解放出来。他认为，大学既是教育机构，也是研究机构，但它存在的根本原因在"富于想象"地探讨学问中把青年人和老年人联合起来。大学的目标是培养学生的想象力，大学的任务就是要把想象力与经验融合为一体，培养智慧的力量。他还认为，由积极想象所产生的激动气氛转化了知识，在这种气氛中，一件事实就不再是一件事实，而是被赋予了不可言状的潜力。大学的理念，与其说是知识，不如说是力量。大学的任务在于把一个孩子的知识转变为一个成人的力量。

2. 实用主义的大学理念盛行时期。20 世纪初至 50 年代是实用主义的大学理念开始盛行的时期，但这并不意味着理性主义的大学理念让出自己的阵地。这两大流派的矛盾、冲突与统一是这一时期大学理念发展最基本的特征。实用主义是由美国三个哲学家皮尔斯（Charles Peirce）、詹姆士（William James）和杜威（John Dewey）开创的一个哲学传统，思想渊源可溯至康德（Immanuel Kant）的"实践

---

① ［英］纽曼. 大学的理想［M］. 徐辉等译. 杭州：浙江教育出版社，2001：13-26.

理性"和叔本华（Schopenhauer）① 的"意志升华"，达尔文（Charles Robert Darwin）的"适者生存论"，功利主义的"有用即是善"，以及美国独特的环境影响。它承认人具有理性，但认为理性本身不是目的，而是解决问题的手段和工具。它是一种推崇主观经验，强调行动的实际效果，主张用实际效果评价一切和检验一切的思想或观念。这种哲学在美国的影响尤为广泛和深刻。②

实用主义者认为教育不要努力使人完善，而是要努力使人舒适。大学不应该成为远离社会的"象牙塔"，大学有责任用自己的知识为社会提供服务，人们追求知识主要是手段，而不是目的。大学应适应环境的需要，为社会提供各种服务，并与社会形成合作关系，成为社会大学（Communiversity）。正如德鲁克（P. Drucker）在描述美国的大学时所说，大学现在不仅是美国教育的中心，而且是美国生活的中心，它仅次于政府，成为社会的主要服务者和社会变革的主要工具——它是新思想的源泉、倡导者、推动者和交流中心。③

20 世纪初，实用主义大学理念的代表是威斯康星大学校长查理斯·范海斯（Charles R. Vanhise）提出的"威斯康星理念"（Wisconsin Idea），即赋予威斯康星大学两项重大使命——帮助州政府在全州各个领域开展技术推广和函授教育。范海斯认为，教学、科研和服务都是大学的主要职能。更重要的是，作为一所州立大学，它必须考虑每一项社会职能的实际价值。换句话说，它的教学、科研、服务都应考虑到州的实际需要。大学为社会，州立大学为州的经济发展服务。范海斯的理念和业绩引起了美国高等教育学界的普遍重视，也遭到坚守理性主义大学理念的学者的激烈批判。④

首先对实用主义大学理念做出哲学批判的是弗莱克斯纳（A.Flexner）。弗莱克斯纳 1908 年出版了《美国的学院：一种批判的观点》（*The American College: A*

---

① 施晓光. 美国大学思想论纲[M]. 北京：北京师范大学出版社，2001：56，66-69.
② [美]布鲁贝克. 高等教育哲学[M]. 王承绪等译. 杭州：浙江教育出版社，2001：141.
③ 肖海涛. 大学理念[M]. 武汉：华中科技大学出版社，2001：155-156.
④ 刘同放. 实用主义评述[M]. 天津：天津人民出版社，1983：25.

Criticism），1930 年又总结自己的思想出版了《大学：美国、英国、德国》。① 他把自己的大学理念称为"现代大学的理念"。他认为大学不是一个温度计，对社会每一流行风尚都要做出反应。大学必须经常给予社会一些东西，这些东西并不是社会所想要的（want），而是社会所必需的（need）。他还认为，不管社会如何变化，大学的主要任务都不会有太多的变化。学者和科学家应主要关注四大目标：知识和思想的保存；知识和思想的解释；寻求真理；训练青年学人成为将来继起的工作者。维布伦（T. Veblen）是另一位对实用主义大学理念提出批评的人。1918年他出版了《美国的高深学问》（*The Higher Learning in America*），提出大学尤其是研究型大学不应受某种价值的约束，更不能允许"工业巨头"的腐蚀破坏，从而勇敢地维护了理性主义大学理念。赫钦斯（Robert Maynard Hutchins）是 20 世纪理性主义大学理念的代表人物和集大成者，永恒主义教育哲学的主要代表，反对实用主义的最坚定的战士。他在 1936 年出版的《美国高等教育》（*The Higher Education in America*）一书对美国大学实用主义倾向予以了深刻的批判。他认为真理是永恒的，教育就是要传播永恒的真理，设计永恒的课程，永恒的课程主要体现在"名著"之中；大学应该提供博雅教育，为培养永恒的人性服务；大学应该是理智的共同体，大学应帮助人类学会自己思考，发挥理智的领导作用；放弃大学作为研究高深学问的传统，只会屈从于社会的功利主义目的。赫钦斯的大学理念对实用主义大学理念的发展是一个遏止，并在一定程度上为战后理性主义与实用主义大学理念的融合奠定了思想基础。②

3. 大学理念呈现出多样化时期。二战后，结构主义、工具主义、存在主义、新保守主义和国家主义等各种哲学思想流派异彩纷呈，以至于这一时期出现了大学理念流派"丛林"现象。其中国家主义是统摄大学理念的根本力量，其大学理念主要体现在战后兴起的要素主义的大学理念中，代表人物有科南特（J. B. Canant）、里科弗（H. Rickover）和贝斯特（A. Bestor）。他们认为，教育的政治、

① A. Flexner. Universities: American, English, German[M]. New York: Oxford University Press, 1968.
② R.罗蒂. 实用主义：过去与现在[J]. 张金言译. 国外社会科学，2000（4）.

经济功能是第一位的，文化功能是第二位的；教育的社会功能是第一位的，个人发展功能是第二位的。存在主义是对哲学的全面改造，它承认人有理性，但认为不能过分夸大理性的作用。人（man）是一个人（person），即人的存在（personhood）是具体的、个别的，不是抽象的、共相的，人的存在不等于理性。人还有想象、直觉和感情。在大学理念的阐发中，另一位思想大师雅斯贝斯（K. Jaspers）的大学理念很具有代表性，他强调大学自由与学术自由，认为自由是大学之生命的首要原则，即学生学的自由和教师教研的自由。他仍然主张哲学在大学理念中具有中心地位。最值得注意的是，他谈到大学理念和大学建制的关系：大学理念是要由相应的建制来保障的。

这一时期最具影响的还是工具（实用）主义大学理念。工具主义是与实用主义一脉相承的。胡克（S. Hook）曾指出：可以把实用主义、工具主义或实验主义这三个名词当作同一语。工具主义大学理念的核心主张是把高等教育视为促进国家发展、服务于国家需要的最有效的工具。代表人物有克拉克·科尔（Clark Kerr）和德里克·博克（Derek Bok）等。

科尔是一个典型的工具主义者或实用主义者。他认为，当代大学已不同于纽曼时代的牛津大学、洪堡时代的柏林大学，也不同于弗莱克斯纳的高级研究组织，而是一种新型的机构、一种多元化的巨型大学（multiversity）。① 现代大学具有生产功能、消费功能和公民素质培养功能。大学作为知识的生产者、批发商和零售商，不可避免地要为社会提供服务，知识也为每个人服务。在大学与政府的关系上，科尔认为随着大学功能的转变，两者之间的关系日趋紧密。一方面，政府出于自身利益的考虑，越来越多地卷入大学事务，并从外部对大学施加影响；另一方面，大学出于生存的需要和自己的利益，也越来越主动地对外部集团的愿望和需求做出反应。

博克是20世纪70年代活跃在美国高教界最杰出的教育家和活动家之一。他先后出版了《走出象牙塔：现代大学的社会责任》（*Beyond the Ivory Tower: Social*

---

① ［美］Clark kerr. 大学的功用［M］. 陈学飞等译. 南昌：江西教育出版社，1993：1-4.

Responsibicity of the Modern University，1982)、《美国高等教育》（1986）、《大学与美国的未来》（1990）。[①] 他认为，大学应走出封闭的象牙塔，现代大学已从 19 世纪的单纯封闭性机构，变成现在的沟通社会各界、身兼多重职能的超级复合机构，其规模与威望将同社会对它的需求和干预同步增长。大学应严格区分社会长远利益和近期需要，一方面为社会提供现实服务，另一方面又不失自己的根本使命，如基础研究、远景预测和道德传统教育。他还认为，二战以来，大学在社会中的地位日益重要，国家越来越依靠三个要素：新的发明创造、训练有素的人才以及专业知识。在美国，大学基本上承担了前两种要素的任务，并且是第三种要素的主要源泉。总之，大学应扩展其业绩，满足社会的需求和美国提高竞争力的需要，以及提高美国生活质量的需要。

许多国际组织对现代大学理念的形成和发展也发挥了特殊的作用。尤其是 20 世纪 90 年代以来，世界正面临"两极"现象的困扰，即一极是文盲、辍学失学、男女受教育机会不平等、环境恶化、人口激增、社会排斥、战争暴力等，使人们对人类社会的未来陷入了迷茫和困惑；另一极是高科技、信息化、知识经济等，使人们在享受人类文明成果的同时，感受到前所未有的压力和挑战。一些国际组织十分关注在这一发展背景下大学的角色定位、性质与目的、职能与使命等问题。联合国教科文组织致力于推动关于高等教育的作用、趋势及所面临挑战的全球性探讨，特别是 1998 年 10 月在巴黎召开的首届世界高等教育大会，发表了《21 世纪的高等教育：展望和行动世界宣言》，该宣言蕴含了非常丰富的现代高等教育发展理念，被誉为"'地球村'新大学的'思想实验室'"。[②]

（五）大学理念的发展

现代大学直接起源于 12、13 世纪的欧洲中世纪大学。17 世纪以后，大学越来越远离社会现实的需求，成为落后保守的机构。19 世纪经典的大学理念正是在这一背景下应运而生的。

① Derek Bok. Universities and the Future of America[M]. Durham, NC: Duke University Press, 1990.
② 卢晓中. 社会变革视野下高等教育发展理论创新[J]. 教书育人：高教论坛，2012（6）：5.

1. 纽曼的大学理念。19 世纪中叶，作为工业革命发祥地的英国已成为世界首屈一指的工业强国。然而有着悠久的古典主义教育传统的大学，却无力回应和满足工业发展对大量实用技术人才的需求，结果导致了新型高等教育机构的诞生，如 1828 年创办的伦敦大学学院和 1829 年创办的国王学院，两所学校后来合并为伦敦大学，到 1851 年全英国附属伦敦大学的普通学院有 29 所，医学院有 60 所，这些大学和学院除开设古典学科外，还开设一些实用学科，如工程学、数学、自然科学、经济学等，办学取向和课程设置有着明显的回应和满足工业社会需求的实用性倾向，并且英国议会于 19 世纪 50 年代对牛津大学、剑桥大学进行了改革，促使他们向不信奉国教者和新兴资产阶级开放。这一些变革在当时引起了广泛的争议。在这种背景下，担任爱尔兰都柏林新天主教大学校长的约翰·纽曼于 1852 年出版了《大学的理念》①，在大学产生几百年之后，他对大学理念做了第一次比较系统性的概括总结。

他认为大学是一个提供博雅教育、培育绅士的地方，大学的主要目的是教学、传授学问，大学是传授普遍性知识的场所，是一切知识和科学、事实和原理、探索和发现、实验和思索的高级保护力量。他强调大学传授的不应该是实用的技术知识，而应提供以文理科知识为主的博雅教育；大学是训练和培养人的智慧的机构，大学讲授的知识不应该是对具体事实的获得或实际操作技能的发展，而是一种状态或理性（心灵）的训练。他提出的"大学是传授普通性知识的场所，大学的任务是提供博雅教育和从事智力训练，大学教育的目的是训练良好的社会成员，提升社会格调"的大学理念，直至今天仍然是留给大学教育的一项重要遗产。其不仅影响着英国后来的大学发展模式，而且对德国、美国等各国大学发展也产生了深远的影响。

2. 洪堡的大学理念。18 世纪末叶以后，德国的社会发展水平远逊于英、法，但大学改革较之两国成功得多，直接原因是德国思想家的大学理念走在了社会政

---

① John Henry Newman. The Idea of a University Defined and Illustrated[M]. Chicago: Loyala University Press, 1987.

治、经济发展的前头。德国理性主义和新人文主义在大学教育领域汇流而击荡出的思想浪花使德国著名的教育家威廉·玛·洪堡等人① 首先摆脱中世纪的学术传统，标举大学的新理念。洪堡在 1809—1810 年担任教育大臣期间，提出大学应具有相对独立性和学术自由、大学的教学与研究具有统一性以及学与术分家的大学理念，以此构建的大学赢得了世界大学模式的荣誉。

他倡导大学的独立性原则，大学师生具有学术和教学的自由；教学与学术相统一的原则，教师的首要任务是从事"创造性的学问"，而不是"传授"知识。"大学应使科学为一尚未完全解答的问题，因而始终处于探索之中"。大学应"唯科学是重"。大学的意义在于"在中学和步入生活之间，在聚集有许多教师和学生的地方，把数年的岁月完全用于科学地思考"。洪堡认为，"学与术应分家"，大学是从事纯科学研究的机构，其目的在于探求真理，而不是为了满足社会的实际需要。他认为"当科学似乎多少忘记生活时，它常常才会为生活带来至善的福祉"。由他倡导创办的柏林大学，提出大学自治、学术自治，追求教学和科学研究相统一，使得科学研究职能在大学中得以确立。这种以科研为导向的办学观对研究型大学的发展无疑具有重大的意义。洪堡等人的大学理念促使德国率先建立起一个现代大学体系，对 19 世纪德国所取得的巨大科技进步起了极大的推动作用，为德意志民族的复兴创造了条件，也使 19 世纪和 20 世纪初的德国大学成为世界大学的中心，柏林大学的影响波及全球。这种大学模式在许多国家生根发芽，现在闻名于世的美国研究型大学就受到过洪堡大学理念的影响，洪堡所推动的大学教育改革深刻地改变了德国和世界大学的面貌，他的大学理念至今仍是人们认识大学本质特征的一个重要出发点，仍是世界一流大学办学理念的重要基础。

3. 弗莱克斯纳的大学理念。洪堡的大学理念在美国教育家弗莱克斯纳的"现代大学理念"中获得系统性的阐述。弗莱克斯纳（Abrahan Flexne，1866—1959）是美国现代大学的先驱者，以创办普林斯顿高级研究院而闻名。他在《美国的、

---

① Dwight Culler. The Imperial Intellect: A Study of Cardinal Newman's Educational Ideal[M]. New Haven: Yale University Press, 1955.

英国的、德国的大学》① 一书中，系统性地阐扬了他心目中的大学。他在此书中
开宗明义地标举出现代大学的理念：大学是有意识地献身学术、寻求知识、解决
问题的机构。大学的存在，不仅表明人类的历史值得保存，也表明人类可以按自
己的意愿去创造文化。大学应与社会保持一定的距离，不应随俗而流。大学基于
一定的价值体系，对社会风尚保持适当的批判性，有助于社会的清明与理性。大
学应该成为科学家、思想家的家园和绿荫，使他们免于俗务的纷扰，在最适宜的
环境中，专心致志地研究各种物理的、社会的、美学的、哲学的、宗教的现象，
去研究各种与之关联的事物。大学必须经常给予社会一些社会所需要的东西。弗
莱克斯纳肯定"研究"对大学之重要性，肯定"发展知识"是大学的重大功能之
一，同时他没有轻视大学之"教学"功能。他说成功的研究中心不能代替大学。
在他心目中，大学之目的不止在发展知识、研究学术，同时也在培育人才。美国
大学兼容了英、德二者的大学理念，一方面汲取了德国大学重研究之传统，另一
方面也承继了英国大学重教学之传统，出现了美国大学的研究院与大学本科的二
重结构，这个设计也已成为今日世界各国大学的模式。虽然弗莱克斯纳对大学的
社会服务职能缺少关注和敏感，但他在美国首次将高层次的教学与研究结合在一
起，对美国研究型大学的发展产生过很大的影响。

　　4. 威斯康星思想。范海斯极力倡导大学为社会服务的理念，并在担任美国威
斯康星大学校长期间将其付诸实践，产生了深远的影响。范海斯认为大学要积极
主动地为地方经济发展服务；大学要成为向社会传播知识的重要场所，大学的任
务应是培养学生成为有知识、有专长的公民；发展知识；把知识传播到人民群众
中去；这就是著名的威斯康星思想。1952 年，美国第 33 任总统杜鲁门指出威斯
康星思想是美国 20 世纪最有创造性的思想之一② ③，为此范海斯确立了大学必须
为社会或社区服务的理念，认为教学、科研和服务都是大学的主要职能。他认为

---

① A. Flexner. Universities: American, English, Geman[M]. New York: Oxford University Press, 1930.
② 韩延明. 大学教育现代化[M]. 济南：山东教育出版社，1999.
③ 沈国经. 中外著名教育家事典[M]. 沈阳：辽宁教育出版社，1995.

大学有知识和人才的优势，所以以直接为社会服务为出发点，将大学的教学、科研和服务这三项职能有机地统一起来，使得大学与社会、政府的关系异常密切，适应社会的现实需求成为大学发展的重要取向。

在威斯康星思想的影响下，斯坦福大学创办的"硅谷"，成为大学直接服务社会的世界杰作。社会服务的大学理念也跨过大洋传播到欧洲、亚洲和世界各地，成为一种有影响的大学理念。在"硅谷"效应的影响下，世界各国纷纷仿效，依托大学，建立相应的科学园区。美国大学直接服务于社会的成功经验，使大学的功能得到了充分的发挥，大学也越来越为整个社会所关注，从而确立了大学在推动经济社会发展中的中心地位[①]。

5. 哈佛校长博克的大学理念。美国当代著名高等教育家、哈佛大学第 25 任校长德里克·博克是西方大学理念发展史上一个新的代表性人物，是一位具有独到观点和深邃思想的教育理论家。他于 1982 年出版的专著《走出象牙塔：现代大学的社会责任》[②] 是西方论述现代大学的社会责任（服务与引领社会责任）的经典之作，它进一步明确地表述了大学在人类社会发展中的历史地位。西方的大学长期处于"象牙塔"内，具有一种超凡脱俗的精神贵族气息，高居于社会顶层，一直以来都是远离世俗社会的一座城堡和圣地。随着社会的快速发展，当美国大学逐步融入社会之后，大学日益面临如何应对现代社会经济科技迅速发展的不同层次需求的同时，又面临如何坚持大学应有的基本理性和学术价值的挑战。在这个问题上，博克敏锐地意识到现代大学不能仅仅作为一种高高在上的学术组织和社会的装饰物，而应该为整个社会前进指明方向，做社会的航灯。于是他强烈呼吁现代大学应走出象牙塔，超越象牙塔，为社会服务，自觉地以其新思想、新知识和新文化引导社会前行，确立了大学引导社会发展的理念。同时大学在服务社会的过程中，又要坚守自己的学术理念和学术价值，坚持大学应有的高品位。博

---

① 石正义，李立珍. 论现代大学理念[J]. 湖北师范学院学报（哲学社会科学版），2002（3）.

② Derek Bok. Beyond the Ivory Tower: Social Responsibility of the Modern University [M]. Cambridge, MA: Cambridge University Press, 1982.

克大学理念在当代美国产生了重要影响，对新时期美国大学的转向和发展奠定了理论基础①，同时也对当代世界各国大学发展产生了深远的影响。②

6. 新时期大学理念发展。联合国教科文组织经过酝酿、整合，于 1995 年提出了一份关于高等教育变革与发展的政策性文件，提出了现代大学的三大理念：高等教育的针对性、高等教育的质量观和高等教育的国际化③。这三个理念为 1998 年 10 月联合国教科文组织通过的《21 世纪的高等教育：展望与行动宣言》和《高等教育变革与发展优先行动框架》中关于 21 世纪高等教育发展的三个核心概念④⑤⑥。

一是高等教育的针对性。主要是指高等教育整个体制以及每一所高校对社会所起的作用与社会期望的符合程度，即其在社会上的作用与地位、其教学与研究的职能和后续服务，以及它在广义上与职业界的联系、与国家及公共资助的关系和与其他级别和形式的教育之间的相互作用，应以高等院校的作为是否符合社会的期望来衡量。这需要有伦理标准、政治公正和批判能力，同时需要在实现社会目标与满足社会需求，包括尊重文化与保护环境这一长期方针的基础上，更好地解决社会问题并更紧密地与就业相结合。即高等教育的发展既要适应、切合社会政治、经济和文化等方面的长期目标和需求，为社会发展做贡献，又要发展学生的各种能力，为学生的充分就业和以后的学习、生活等奠定基础，同时高等学校作为终身教育的传承、创造基地，又要考虑自身的发展需要，走教学、科研、服务等相结合的道路⑦。

二是高等教育的质量观。它是一个多层面的概念，包括高等教育的所有功能和活动；教学与学术计划、研究与学术成就、教学人员、学生、校舍、设施设备、

① Derek Bok. Universities and the Future of America [M]. Durham, NC: Duke University Press, 1990.
② 蒙有华. 哈佛校长的大学理念[J]. 教育，2008（32）.
③ 联合国教科文组织. 关于高等教育的变革与发展的政策性文件[Z]. 巴黎，1995.
④ 联合国教科文组织. 21 世纪的高等教育：展望与行动宣言[Z]. 巴黎，1998.
⑤ 联合国教科文组织. 高等教育变革与发展优先行动框架[Z]. 巴黎，1998.
⑥ 杨李娜. 用现代大学理念引导现代大学制度的建立[J]. 现代大学教育，2001（3）.
⑦ 肖建芳. 国际视野中高等教育针对性的发展研究[J]. 黑龙江高教研究，2006（9）.

社会服务和学术环境等；还包括国际交往工作、知识交流、相互联网、教师和学生流动、国际研究项目等，当然要注意本民族的文化价值和本国的情况；除了自我评估外，由专家尤其是有国际经验的专家进行外部审查非常重要。应建立独立的国家机构和确定国际公认的质量标准。从加强研究、国际合作、质量评估及教育大体系中各系统的相互联系和衔接等方面着手来确保高等教育的质量。它要求既要建立独立的社会评估机构和确定国际公认的可比的质量标准，同时也对学校和学科的具体情况予以应有的重视，以考虑多样性和避免用统一的尺度来衡量。应当建立、健全大学的教育质量保障体系，以大学内部的教学质量保障为基础，同时接受政府和社会对大学教育质量的外部监督。

三是高等教育的国际化。这是指一个国家的大学教育或某所具体的大学在国际意识、开放观念指导下，通过开展国际性的多边交流、合作与援助等活动而不断促进国际社会理解、提高国际学术地位、参与国际教育事务、促进世界高等教育改革与发展的动态发展过程或趋势，即各国大学教育立足国内、面向世界的相互交流、合作与援助的一种发展过程或趋势。

不同的大学理念均是不同时代的产物。从中世纪大学的发端，从纽曼到洪堡，再到美国的弗莱克斯纳、范海斯、博克等，大学的理念不断得到发展完善，大学理念从最初仅着眼于注重礼乐和培养绅士的"博雅"教育；发展到注重"教学与科研并重"，即人才培养与科学研究相统一的理念；随着大学从经济社会的边缘逐步走向经济社会的中心，又出现了"服务社会"及"引领社会"的大学理念；在经济全球化的发展趋势下，"国际交往"的理念又被提出。大学在功能上经过了教学功能、教学科研功能、教学科研服务社会功能、教学科研服务社会引领社会功能几个阶段，在类别上，有教学型大学、教学研究型大学、研究型大学等，在学科类型上也相应有单科型专门学院、多科型大学、综合型大学等。大学是从事社会高级智力活动的有机组织体系，从历史上看，培养社会高级专门人才是其原生功能，而发展文化科学技术和直接为社会服务等是在时代前进中逐步派生出来的功能。功能的扩展给大学理念注入了新的根本的活力①。

　　大学理念是随着历史的演进而不断发展变化的，其中传统文化是大学理念形成的基础，科学的进步是大学理念不竭的源泉，时代的前进是造就大学理念的根本。历史的演进不仅改变大学，也改变大学教育家和管理家的大学理念。大学随着时代的发展不断升华，从某种意义上说，一部大学发展史就是一部大学理念的创新史。

二、中国大学理念的变革与发展

　　从世界一流大学的成长来看，大学发展史同时就是大学理念的演变史，一所大学的发展历程也就是人们追求理想、践行理念的过程。党的十七大明确提出要建设人力资源强国，高等教育担负着培养各类高素质创新人才，创造高水平科研成果，提供一流社会服务的重任，要建设人力资源强国，就必须建设高等教育强国。大学作为承担高等教育的主要载体，其发展好坏直接决定着高等教育强国建设之成败。

　　（一）中国大学理念的演变历程

　　法国社会学家涂尔干（Emile Durkheim）提出："教育的转型始终是社会转型的结果与征候，要从社会转型的角度入手来说明教育的转型。"② 教育的转型同时意味着教育理念的转型，反映在高等教育领域就是大学理念的转型。百年来中国社会发生的几次重大转型，可以分为五个时期：1898—1911 年的清末时期；1912—1927 年的民国政府前期；1928—1949 年的民国政府时期；1949—1977 年中华人民共和国成立到改革开放前期；1978 年至今的改革开放时期。

　　1. 忠孝为本，经世致用。清末，中国高等教育在外力冲击和内力驱动下走上了变革之路，引进西方大学制度。这一时期以京师大学堂、北洋大学堂、山西大学堂等为代表的一批近代大学开始建立。1903 年，清政府开始实施新学制，新学

---

① 季诚均. 关于大学理念发展的历史考察[J]. 高等师范教育研究，2003（2）.
② ［法］涂尔干. 教育思想的演进[M]. 李康译. 上海：上海人民出版社，2003：231-232.

制从形式上看效仿日本，但究其实质，仍带有浓厚的封建色彩，其人才培养的理念仍是培养能够为封建统治服务的卫道之士，使其自觉地遵守圣教之伦纪，既无离经叛道之言，又无犯上作乱之事。诚如张白熙、荣庆、张之洞在《重订学堂章程折》中所言："无论何种学堂，均以忠孝为本，以中国经史之学为基，俾学生心术壹归于存正，而后以西学瀹其智识，练其艺能，务期他日成材，各适实用，以仰副国家造就通才，慎防流弊之意。"①

在具体的实施过程中，从课程设置上来看，虽有物理、法律、化学、理财等现代西方课程，但经学、史学、掌故等旧式课程仍占相当大比重，对儒家经典的学习丝毫没有放松。从毕业生的出路来看，学校对毕业生的奖励与科举无异，如高等学堂毕业生为举人，可授内阁中书、各部司务、知州、知县等官职；分科大学毕业生为进士，可授编修等职，培养目标仍是行政官吏。甚至毕业典礼都烙上了浓厚的忠孝色彩，以京师大学堂招收的第一批速成科学生为例，1907 年期满毕业时，在毕业典礼上，全体师生在总监督的率领下分别向"万岁牌"和"圣人位"行三跪九叩礼，毕业证书上还印有光绪皇帝的"整理学风上谕"。

"忠孝为本，经世致用"这一大学教育理念是在中国社会由传统向现代转型的过程中，在千年封建教育人才培养目标的基础上，结合新政时期对实用人才的现实需求所提出。忠孝是实施教育之根本，礼法是教育和训练之准则，西学则是致用治生之工具。这一理念达到了统治者维护"三纲五常"之目的，也满足了传统知识分子"修得文武艺，卖于帝王家"之愿望，在当时的中国被作为中西文化结合的方式而为许多人所接受。它在某种程度上顺应了当时西学东渐的文化趋势，具有一定的进步意义。

2. 通识为本，协调发展。南京国民政府成立以后，开始着手加强对大学的控制，先后颁布了一系列的法规政策，并提出了具体的实施原则和方针，从国民政府对高等教育的培养目标来看，以培养专门人才和技术人才为主，如在 1929 年 4月通过的《中华民国教育宗旨及其实施方针》中第四点明确规定："大学及专门教

---

① 璩鑫圭，唐良炎. 中国近代教育史资料[M]. 上海：上海教育出版社，1991：289.

育，必须注重实用科学，充实学科内容，养成专门知识技能，并切实陶冶为国家社会服务之健全品格。"① 专才教育固然重要，它能够迅速为国民经济发展培养实用人才，但片面狭窄的课程设置，则导致学生的知识结构严重失调，违背了高等教育发展的基本规律，教育的目的是育人而非制器。正如曾两次出任国民政府教育部长的朱家骅所指出："一个大学的功能齐全所以要各科系的打通，注重基本的功课，要使大学毕业生具有普通的常识，了解基本的理论。……大学为研究学术之所，其所研究之学科，必须由基础而专门，作有系统之研究，倘轻重倒置，先后失序，轻于基础而重于专门，先于基础而后于专门，则学生先已毛其门径，研究学术，安得有济。专门学术之研究，就体系而言，决非大学四年之教育所能为功，必待学生于毕业后继续不断作专门之研究，方得有济。"②

无独有偶，自 1931 年始，担任清华大学校长长达 17 年之久的梅贻琦也是通才教育的积极倡导者，他在理论与实践中都坚持大学生的通才教育。他认为，通才大于专才，大学应承担培养通才的任务，而培养专才的任务应由大学中的研究院、各级高中级专门学校以及社会事业本身来承担。在具体的办学过程中，梅贻琦"要求学生具有广泛的知识，而'不贵乎有专技之长'，即使是学工程的，对'政治、经济、历史、地理、社会都得知道一点'，否则他只能做一个'高等匠人'，而不能做一个'完人'。就会完全变成一个极能干的工人，而不配称大学生，大学生应该有极完美的常识"。③ 1938 年，陈立夫出任教育部部长，开始通过改革课程设置来推行通识教育理念，课程调整原则第二条规定："先注意于广博基础的培养，文理法各科的基本科目，定为共同必修，然后专精一科，以求合于由博反约之道，使学生不因专门研究而有偏固之弊。"④ 在具体的实施中，大学各学院第一学年注重基本科目，不分学系，第二学年起分系，第三、四学年视各院系性质酌设实用科目，以为出校后就业的准备。通识教育的实施，对于人文科学、社会科

---

① 高奇. 中国高等教育思想史[M]. 北京：人民教育出版社，2001：320.

② 王聿钧，孙斌. 朱家骅先生言论集[G]. 北京：中央研究院近代史研究所，1977.

③ 清华大学校史编写组. 清华大学校史稿[M]. 北京：中华书局，1981：255-256.

④ 郑登云. 中国高等教育史[M]. 上海：华东师范大学出版社，1992：249.

学、自然科学三方面都有所兼顾，使得大学生的知识不至于狭隘，综合素质得以提高。

3. 术德兼修，文武合一。教育要培养什么样的人，这是任何一个阶级、任何一个政党都不能不认真思考的问题。蒋介石把持国民政府以后，就始终把培养具有封建道德品行、政治上能维护国民党统治的人作为教育的首要任务。在"九一八"事变之后，外强入侵使得国民党要员们深感重视文武合一、术德兼修之重要。蒋介石指出："现在的教育，忘掉了这个最紧要的道理，文武完全分途，文人不学艺事，武人不知文事，甚至养成重文轻武的习惯，结果各个人最多也只知道一半的道理，因此，也就没有完全的学问，也就没有完全的人格，不能完全尽到他做人的责任。"① 具体实施过程主要是通过在学校中恢复"礼义廉耻"等固有社会之道德教育，以培养健全之人格。蒋介石还进一步指出，无论为学做人，还是要挽救国家、复兴民族，都要首先发扬民族精神，提高国民道德。因此，在教育中，应以养成学生之健全人格为第一要义。陈立夫指出文武合一的教育目标，文使人人笃行主义，武使人具备能力。在推行过程中，最为明显的是在学校中大力推行训育制度与军事化管理，将学生按军队编制进行组织，学校每周三学时进行军事教育课程，每年暑假集中三星期进行严格的军训。

"术德兼修，文武合一"的教育理念在抗日战争中对动员国民共赴国难、灌输国防观念、养成健壮之体魄很有必要，但利用儒家传统道德宣扬封建思想，托古改制，借助军队训练方法以期管制学生言行，大肆宣扬要使青年学生的"全部生活都合乎礼义廉耻"，要有"忠孝仁爱信义和平"品德，实则是要实现国民党"一个党，一个主义，一个领袖"的专制统治，使这一教育理念又带有一定的虚伪性和反动性。

4. 工具理性，培养专才。中华人民共和国成立以后，在高等教育领域开始全面接管和整顿，力图使之更好地为社会主义政治和经济建设服务。随着冷战的升级以及对朝鲜战争的介入，中国与苏联这一时期的关系越来越密切。在教育领域，

---

① 董宝良，周洪宇. 中国近现代教育思潮与流派[M]. 北京：人民教育出版社，1997：194.

大批专家担任着国家各部委的顾问，并从事着学校的具体教学工作及研究工作。在高等教育方面，以培养专业人才为目的大学理念开始指导我国高校的发展，具体表现在院系调整、专业设置及课程设置等方面。

1952 年下半年，教育部根据苏联大学体制，以建设单科性专门学院为主，削减原有的综合性大学，改为文理科大学或多科性工科大学，增加工科和师范的比重，取消大学中的学院建制，改为校系两级管理。这次调整发展了高等工业学校，新设了钢铁、地质、矿冶、水利等 12 个工业专门学院。至 1953 年底，全国高等学校共有 182 所，其中综合大学 14 所，工业院校 38 所，师范院校 31 所，农林院校 29 所，医药学院 29 所，财经院校 6 所，政法院校 4 所，语文院校 8 所，艺术院校 15 所，体育院校 4 所，少数民族院校 3 所，其他院校 1 所。至此，全国高校基本上完成了院系调整，走上了适应国家建设需要、培养专业技术人才的道路。从专业设置来看，则具有一味地追求专而细的特征，1955 年大学中确立了 249 种专业，到 1962 年达到了 627 种，80 年代则达到了 1000 多种。[①] 而从课程设置来看，此次调整采取了自上而下的改革方式，收回了学院一级在课程设置和管理上的权力，统一使用从苏联翻译的教学大纲和教科书，"这使得许多大学失去了由历史积淀而来的体现于课程设置中的精神气质"。[②]

在这一理念的指导下，学习苏联模式，减少综合大学，增加单科的专门学院，极大地增强了工科院校的培养能力，为社会主义建设培养了大批专业人才。但在专业设置上一味地追求专而细，使得高等学校毕业生知识面过于狭窄，不能适应新科技的发展需要，同时，这种突出技术教育的极端做法加剧了人文教育的衰落。

5. 通专结合，育人为本。改革开放后，在邓小平理论的指导下，我国开始对高等教育的路线、方针、政策进行全面的拨乱反正。在高等教育的人才培养方面，过于精细的专业设置的弊端开始凸显，他们走向工作岗位以后可以成为一流的专

---

① 中华人民共和国教育部计划财务司编. 中国教育成就（统计资料 1949—1983）[M]. 北京：人民教育出版社，1985：53.

② 许美德. 中国大学 1895—1995[M]. 北京：教育科学出版社，2000：109.

家，但是却成不了大师。过窄的专业教育、过少的人文素养、过强的功利导向导致学生片面发展。这些现象在以培养应用型、技术型人才为主的院校中表现得更加明显，他们对学生的培养过于重视职业教育，忽视了通识教育，强调教育的"制器"功用而没有抓住教育"育人"的本质。正如爱因斯坦在《伦理教育的需要》一文中所指出："仅仅用专业知识教育人是不够的。通过专业教育，他可以成为一种有用的机器，但是不能成为一个和谐发展的人。要使学生对价值有所理解并且产生热烈的感情，那是最基本的。他必须获得对美和道德上的善有鲜明的辨别力。否则，他连同他的专业知识就更像一只受过很好训练的狗，而不像一个和谐发展的人。"

在实践方面，国家开始对专业进行调整和改革，解决部分专业过细及专业结构不合理的问题，经过十几年的努力，本科专业数目由原来的 1400 多个缩减到了249 个。同时，在部分大学开始试行学分制或学年学分制，促进了学生个性和兴趣特长充分发展。面对本科教育培养目标狭窄，大学生综合素质欠缺，尤其是缺乏基本文化素养的现状，以华中理工大学为代表的一批高校率先倡导加强大学生的人文素质教育，受到国家教育行政部门的肯定。1999 年 6 月《中共中央国务院关于深化教育改革全面推进素质教育的决定》提出："普遍提高大学生的人文素养和科学素养。"对在全国实施素质教育发出总动员，自此，文化素质教育推向一个新阶段。面对当前高校中重科研轻教学的现象，国家启动了本科教学质量工程，强调教授必须要上讲台，重申了高等学校中教学的重要地位，育人是高等学校的第一使命。

（二）新时期中国大学理念定位

大学理念关系到大学的兴衰存亡。一所大学的理念是这所大学的思想、精神和灵魂，它决定这所大学的思维方式和发展方向，而且 21 世纪是知识经济的世纪，又是高等教育的世纪，当前中国又正处于一个重要的发展战略机遇期，现代大学的地位与作用已发生了深刻的变化。所以，对高等学校来说，结合时代的特征与已有的大学传统，建构新时期的大学理念，以此来引导大学的改革与发展，并促进与引领社会的发展，具有重要的现实意义。

1. 正确定位，办出特色。首先，在国家教育方针和政策的指导下，根据社会发展的要求和学校的实际，正确而合理地定位（包括服务区域、学科性质、办学类型与层次、特色、发展目标等定位），选择适合自身的发展空间和方向，确定正确的发展目标，这关系到学校能否实现可持续发展。因此，如何找准定位，求得发展，这是每一个大学校长不能不高度重视的问题。一般来说，大学的定位包括三个层面，即大学教育在社会大环境中的定位、大学在高等教育系统中的定位、大学内各因素在学校中的定位。在给大学定位时，应考虑以下三个因素：一是社会政治、经济、文化发展对学校的要求。必须了解我国产业结构和就业结构调整、变化的状况，办学类型，办学层次和学科专业要与此相适应。每一所大学都处在某一区域，学校定位时应充分考虑该区域的状况和需求。二是要了解国内其他高等学校的发展状况，发挥自己的相对优势。三是要了解自己学校的历史，展其所长。

其次，办出自身特色。特色是在长期办学过程中积淀形成的、本校特有的、优于其他学校的独特优质风貌，它在优化人才培养过程、提高教学质量方面作用大，效果显著，有一定的稳定性并应在社会上有一定影响且得到公认。办学特色可以从办学思想特色、办学目标特色、学科专业特色、人才培养特色等不同层面着手。大学的办学特色是一所大学赖以生存与发展的生命线，是一所大学的优势所在。凡是有成就的大学都会把培育办学特色作为孜孜以求的目标。一所高校要增强办学实力和竞争能力，就要正确定位，找到自己生存发展的各种优势，使其充分发挥作用，办出水平，以显示办学特色，并以特色求生存和发展，以特色求质量和效益。这是大学校长在推进学校的改革和发展时所面临的重要课题。

2. 树立大学教育的可持续发展观。可持续发展指的是不损害资源环境的经济与社会的持续、协调和综合发展，其思想是迄今为止人类对发展认识所能达到的最高境界，它既尊重人的权利，又尊重自然的权利，强调人与社会、人与自然的协调发展。依据可持续发展的理念，大学教育的可持续发展观主要包括：一是大学教育的发展要与整个社会乃至人类的经济、政治、文化、教育、科技等领域的可持续发展相衔接、相协调，并不断优化结构。共同发展既要"瞻前"又要"顾后"。所谓瞻前，是指发展要面向现代化、面向未来，具有远见和前瞻性，通过不断对新出现的社会、经济、文化和政治趋势进行分析，加强批判力和前瞻力，成为预测、警报和预防的中心。所谓顾后，是指发展应功在当代、利及后人，既要满足当代人的需要，又要给后代人留下可持续发展的充裕资源和充分空间。二是大学教育的发展应使社会的每一个成员尽可能公平地接受教育，得到全面的、持续的发展，不断满足人们日益增长的文化教育需求，并不断提高教育质量和办学效益。要确立"以人为本"的观念，充分发挥大学培养人才、发展科学、服务社会与引领社会发展的职能，重视人的全面发展和个性发展。三是大学教育的发展要把科学教育与人文教育有机地结合起来，注重引导大学生去理解和把握人生的目的、意义、价值，追求人的健全和完善，为子孙后代留下丰蕴的精神财富，并注意构建终身教育体系，促进大学教育的可持续发展。四是从可持续发展的角度出发，注重专业的不断调整与改造以及学科之间的相互渗透与融合，并使教学内容与课程结构充分体现社会、人、自然之间的全面、协调发展。要重视大学教育资源（包括师资、生源、经费、学科、专业、设备、物理环境等）的保护和使用，用开放、开阔的战略眼光来规划、发展学校。尤其要克服办学功利化与大而全等倾向，强调规模、结构、质量、效益的协调发展，牢固树立可持续发展观。

3. 坚持大学的综合功能观。树立大学综合功能（教学、研究、服务与引领、交往功能）观，即从只重视大学的教学功能或只重视大学的教学、科研功能，转变为重视发挥大学培养人才、发展科学、直接为社会服务并引领社会发展以及国际交往的综合功能。

一是教学育人。即以人为本，创造一切条件，依靠学术造诣深的学者、专家及广大教师培养具有高度社会责任感、高尚的思想品德和职业道德、具有创新精神和实践能力、能够活跃于信息时代、适应市场经济竞争环境和善于终身学习的高素质人才；重视培养学生批判性思维的能力，培养学生的创业技能，使学生基础宽、素质高、有特长、适应广，使学生不仅仅是求职者，而首先成为工作岗位的创造者。

二是学术研究。即创设宽松、浓厚的学术氛围，突出学术自由与独立，追求真理，发展科学，加强学科建设，产出高水平的学术成果，坚持基础研究和应用、开发研究并重；以探索和发现未知世界为目标的基础研究是现代科技发展的基础，加强产学研合作，推动科技成果产业化。

三是服务社会。即为社会培养各层次、各种类型的专门人才，利用大学人力资源和科学技术方面的优势进行高科技产业开发，为社会上的企业提供各种技术咨询与服务，解决经济生产部门在技术革新、设备改造、产品更新、科学管理等方面的问题，提高经济效益；承担国家和地方政府下达的重大科研项目或重大工程项目，通过科学研究为国家或地方政府提供政策和决策咨询；通过人才培训为最广泛的人进行知识的传递和推广，为终身教育、继续教育等发挥作用；全面参与经济建设和社会发展。

四是引领社会发展。即着眼未来，通过培养杰出的人才取得创造性的学术成果，运用自己拥有的思想、知识、文化的力量，特别是着眼未来的批判精神，为经济和社会发展提供正确的价值导向，引领社会前进。

五是国际交往。即自觉地发挥文化和文明"交往"的功能，建立不同国家（地区）间、不同国家高等院校间教育、科技的国际合作与交流以及援助计划，进一步推动学者和学生的国际交流；加强为人类文化的交往、沟通与合作，与各行各业的海内外朋友团结互助，共创未来，促进高等教育自身的发展，而且带来科学技术和国家经济的进步，促进世界的和平与发展。尤其需要强调的是，不同的大学应根据自己的定位，有所侧重地实施其大学的功能。大学理念无法一统，也不必硬通，各个大学完全可以按照自己的历史传统和类型性质，发展出自己独家的大学理念和评价标准。

经济日益全球化、人才和人力跨国界的流动和配置，给我国高等教育的改革带来一系列的新课题。走出去，面向世界，迎接挑战，创新发展，这是现代大学新的历史使命。我们的高等教育有责任把经济全球化提出的各种问题纳入教学、研究和开发的视野之中，在迎接挑战中开拓进取，在抓住机遇中创新发展，化解风险，为国家现代化和中华民族的伟大复兴做出新的贡献。面对 21 世纪的严峻挑战和日益发展的知识经济社会，现代大学经历着从社会边缘进入社会中心的最深刻的变化。未来的大学将不仅是高级专门人才培养的基地，而且是知识传递、应用、融合和创新的知识产业，并将成为经济和社会发展的中心以及国际文化融合的桥梁。现代大学理念倡导促进人类的可持续发展，注重知识的传承与创新，强调大学的使命感和道德功能。它能够立于时代潮头、站在时代前列，引领时代潮流，这就是大学理念的时代精神。

（三）中国大学理念的创新发展

百年中国大学的发展历程，向我们展示了一幅现代意义之大学在中国从建立到逐步变强的画面，百年大学史同时亦是百年大学理念的演变史，在这期间有过颠覆和倒退，但总体还是朝着一个更加理性和符合社会需求的方向发展。

今天，整个社会已经进入知识经济时代，中国高等教育发展今非昔比，已经迈入高等教育大国的行列，因此，党中央适时提出要建设高等教育强国，使我国由人口大国转变成为人力资源强国。在这一过程中，大学理念的创新是先导，理念创新可以通过两条途径进行，一是横向移植，借鉴欧美；二是纵向比较，取法历史。有时候历史的比较会更有效，正如北京大学陈平原所言："今天谈论大学改革者，缺的不是'国际视野'，而是对'传统中国'以及'现代中国'的理解与尊重。在我看来，大学需要国际视野，同样需要本土情怀，作为整体的大学如此，作为个体的学者同样也不例外。可以这么说，'中国经验'，尤其是百年中国大学史，是我理解'大学之道'的关键。"

1. 宽松的社会环境是理念产生之根本前提。高等教育隶属于文化领域，大学所遵循的应该是一种文化的、知识的逻辑，这种逻辑是一种自主的逻辑，也就是涂又光先生所说的"理"的逻辑，理有自身的演进规律，而最重要的一条就是保持相当的自治与自由。也正因为如此，高等教育的历史也可以说是大学争取自治的历史。

近代大学的发展历程告诉我们，当大学发展的政策环境宽松时，大学理念就会呈现出绚丽多彩的局面；当国家控制过强时，大学的理念就整齐划一，毫无特色。清末时期，清政府试图极力挽救社会危亡，大学理念就仅仅是国家意识形态的体现；民国前期，内外交困，缺乏强有力的中央政府，军阀混战，对大学的发展也就无暇顾及，正是在这种情况下，大学理念在无序型社会中开始多元发展，如学术自由、教育独立等理念蓬勃而发；到国民政府时期，开始加强中央集权，政府重新控制大学，大学理念便烙上了强烈的一元革命性思维，培养术德兼修、文武合一的为国民党统治服务的学生的三民主义教育思想一统天下；1949 年以后，全面模仿苏联，大学教育重新走入了国家的封闭体制，大学培养什么样的人完全由国家决定，传统大学理念被颠覆；而随着改革开放的逐步深入，大学发展逐步借鉴国外大学的成功经验，多样的大学理念层出不穷，开始走多元发展之路。

2. 适应与超越是理念创新之基本路径。剑桥大学前校长阿什比爵士（E. Ashby）曾说："任何类型的大学都是遗传和环境的产物，同样任何教育思想都不能离开实践活动而独立存在，它是应付教育环境的一种工具。"① 对于教育理念来讲更是如此，各种教育理念都是解决当前教育问题的工具，某时代有某种教育理念是那时社会上的种种需要所诱发的，至于这种理念在实际上是否产生效果，其效果如何，又各受其环境的种种限制。因此，适应社会需求是理念产生之诱发因素。但从世界高等教育的发展历程来看，仅仅适应社会还远远不能实现创新的需要。

当纽曼还在指责大学"如果它的目标是科学的或哲学的发现，我不明白为什么一所大学要有学生"的时候，洪堡已悄然开始了对柏林大学的改革，教学与科研相统一的理念极大地促进了德国大学的发展，并一跃取代英国牛津大学的地位，成为世界高等教育的中心。当德国大学遵循着修养、科学、自由、寂寞的古典大学传统而发展演进之时，大洋彼岸的美国却已不再满足于高等学校仅仅具备人才

---

① ［美］爱因斯坦. 伦理教育的需要［G］. 爱因斯坦文集：第三卷. 许良英等编. 北京：商务印书馆，1976：310.

培养与科学研究之功能，以康奈尔、范海斯为代表的一批卓有远见的教育家开启了大学为社会服务之门，使得美国大学取代德国大学的中心地位，成为引领世界高等教育发展的航标。

我国现代大学的发展已走过了百年历程，不断借鉴国外的大学理念又不断地推倒重来，过分强调高等教育的社会功能而忽视了高等教育的本质属性，使得大学的发展与政治经济结合得过于紧密，在社会需求的后面亦步亦趋。但大学不是风向标，不能社会需要什么就迎合什么。大学发展要适当地超越社会，大学理念要引领高等教育的发展。只有在适应社会需求基础上实现自我的超越，才能催生出具备中国特色的本土化大学理念。

3. 信仰坚定的大学校长是理念践行之关键。任何一所一流大学的发展总是与其著名校长联系在一起的，正如哈佛大学前校长德里克·博克所指出的："大学要在现代社会的多重挑战面前取得成功和进步，最关键的一环就在于大学校长能发挥有效的领导作用。"[1] 从组织学角度看，组织的权力构成影响其作为系统的活动，以及所发生的变革类型和所贯彻的价值观念，如剑桥大学前校长阿什比爵士所言："大学的兴旺与否取决于其内部由谁控制。"[2] 在大学的发展史上，发挥关键作用的校长往往能够审时度势，准确把握时代的脉搏，顺应社会发展的要求，恰当地提出大学发展的目标，引导大学向前发展。

纵观百年中国大学发展史，一个成功的大学校长必定是一个能够坚守大学理念信仰的人。蔡元培先生在北京大学任职的 10 年间，为了维护学术自由之理念，反对政府对大学的粗暴干涉，曾 7 次辞去北大校长一职。其后的继任者蒋梦麟先生亦坚定地坚守学术自由之原则，他曾经在晚年自评曰："著者大半光阴，在北京大学度过，在职之年，但知谨守蔡校长余绪，把学术自由的风气，维持不变。"[3] 清华终身校长梅贻琦先生更是执掌学校 17 载，使通才教育、教授治校等理念深入

---

① Derek Bok. Universities and the Future of America[M]. Durham, NC: Duke University Press, 1990.

② ［英］阿什比著. 科技发达时代的大学教育 [M]. 滕大春，滕大生译. 北京：人民教育出版社，1983：59-62.

③ 蒋梦麟. 西潮 [M]. 台北：大夏出版社，1994：9.

人心。正是在上述一系列对大学理念有着执着信仰的大学校长的努力下，我国大学发展达到了巅峰水平，名校林立、大师云集，若干所大学已步入国际知名学校行列。1949 年以后也不乏对大学理念有着执着追求的大学校长，朱九思先生执掌华中科技大学 30 年，形成了"敢于竞争、善于转化"的理念；曲钦岳院士任南京大学校长 13 载，在强化争第一意识的信念下，创造出了 SCI 七连冠的佳绩；张楚廷教授更是在管理湖南师范大学校政的 18 年里，坚守成功的大学一定要自信的办学理念，将湖南师范大学这样一所名不见经传的普通省属师范学院办成了全国"211"工程重点大学。

成功的大学校长需要具备很多素质，但对大学理念的坚定信仰无疑是最关键的，它是在各种复杂环境中推动学校发展的动力之源。加利福尼亚大学前校长科尔曾说，20 世纪 30 年代芝加哥大学校长赫钦斯是大学校长的最后一个巨人，大学领导人的英雄时代俱往矣。[①] 实则不然，在大学发展急剧扩张的今天，更是需要一流的大学校长，他是学校发展之魂，是将大学理念转变为大学实践的最关键一环，没有践行的大学理念，其蓝图设计再美好也只能是束之高阁的标语与口号。

三、大学理念的定位与重构

社会文化变迁，经济飞速发展，高等教育发展呈空前态势，在政治、经济、文化等方面贡献巨大，同时，也引起了社会对大学发展的关注。特别是大学在其与社会互动中暴露的问题，引发全社会的深切关心和苛刻评价。经济全球化背景下，大学发展面临重大挑战，一方面苦苦坚守的"理性主义大学理念"逐渐衰弱，另一方面"实用主义大学理念"不断变异，功利化使大学在反抗中接受，在痛苦中适应，功利主义大学理念的日益呈现和人性化大学理念的缺失，不断拷问大学本质，使大学陷入迷茫。摆在面前的问题是：守望和传承大学精神，变革和创新大学使命，已经无法为"精神围墙"日益坍塌的大学指明发展方向，大学何去何从，大学路在何方，大学如何实现其价值和使命，大学理念如何重新定位，成为

---

① 黄俊杰. 大学理念与校长遴选[M]. 台北：台北通识教育学会，1997.

当前学界"彷徨"后的"呐喊"。

（一）大学理念的变革与发展

大学理念与大学的形成相伴而生，在大学的发展中如影随形。美国高等教育家弗莱克斯纳认为："大学是由相同的理念或理想，而非行政力量，所形成的富有生命力的有机体。"① 柏拉图的学园被认为是西方最早的、既体现社会功用性又体现人文性的大学，它将"学生培养成好公民和社会中能干的政治家"作为终极目标，尽管这时期"大学理念"一词并没有出现，但大学理念却蕴藏在大学发展中。这说明大学是基于某种理念产生，而这种理念就是大学理念，大学的根本职能是培养人，因此，人才培养成为大学理念的永恒主题，从这个意义上说，大学不能没有理念，关键是大学理念能否发挥引领大学完成其使命的功能和价值。

1. 以"人才培养"为核心的大学理念。纽曼的大学理念是传统大学理念的代表，其1852年出版的《大学的理念》一书，被认为系统论述大学理念的著作，也是以"人才培养"为核心的大学理念的代表。他认为大学是传授知识、训练良好的社会成员、提升社会格调的场所② 。纽曼认为："大学应为知识而知识，反对知识以外的功利性的教学，大学必须进行普遍知识的传授，而不在发展知识或从事科学研究。"纽曼的大学理念主要表现三个特点：一是"人才培养"是大学的核心目的，传授知识是其主要任务；二是大学应当提供博雅教育和从事智力训练，其根本目的是训练良好的社会成员和提升社会格调；三是不提倡知识的创新和科学研究。纽曼的大学理念与柏拉图的学园和古希腊哲学精神一脉相承，不单单是一个"大学理念"概念的出现，更是对大学理念内涵进行的完整梳理，在世界大学发展中产生深远影响。

2. 以"科学研究"为核心的大学理念。洪堡提出了"大学是研究中心的理念"，认为"大学应具有相对独立性和学术自由，大学的教学与研究具有统一性，学与术分家"，强调大学应当"唯科学是重"，教师的首要任务是自由地从事于"创造

---

① 刘存宝. 大学理念的传统与变革[M]. 北京：教育科学出版社，2004：44.

② Fergal McGrath. Newman's University: Idea and Reality[M]. London: Longmans, Green And Co, 1951.

性的学问"，每个学生至少在日益增长的"知识金庙"上置放一块砖石。①洪堡的大学理念主要表现在两方面：一是大学首先应当相对独立，摆脱政治、经济的干扰，保持自主性和目标追求，强调大学的自由；二是"科学研究"是大学的核心任务，强调大学重在"发展知识"而不在传授知识。洪堡的大学理念推动了大学科技创新的发展，是以"科学研究"为核心的大学理念的代表，对德国大学的发展，乃至世界大学的发展产生了重要意义。

3. 以"人才培养"和"科学研究"并重的大学理念。弗莱克斯纳在他出版的《美国的、英国的、德国的大学》②中阐释了现代大学的理念："大学是有意识地献身学术、寻求知识、解决问题的机构。"弗莱克斯纳肯定"研究"对大学之重要，肯定"发展知识"是大学重大功能之一。弗莱克斯纳的大学理念主要有三个方面的特点：一是大学应当"人才培养"和"科学研究"并重，同时他没有轻视大学的"教学"功能。他说成功的研究中心不能代替大学。大学之目的不止在发展知识、研究学术，同时也在培育人才。二是强调大学的相对独立与自由，大学应与社会保持一定的距离，不应随俗而流。大学基于一定的价值体系，对社会风尚保持适当的批判性，有助于社会的清明与理性。弗莱克斯纳兼容了英、德二者的大学理念，是"人才培养"和"科学研究"并重的大学理念，促使美国大学的研究院与大学本科的二重结构出现，也对当今世界各国大学的理念产生了重要影响。③

4. 以"社会服务"为重要职能的大学理念。威斯康星思想倡导"大学为社会服务的理念"。范海斯认为大学要积极主动地为地方经济发展服务，大学要成为向社会传播知识的重要场所，大学的任务应是培养学生成为有知识、有专长的公民，发展知识，把知识传播到人民群众中去。哈佛大学前校长、美国著名高等教育家德克里·博克于1982年出版专著《走出象牙塔：现代大学的社会责任》④，他强

---

① [德]洪堡. 论柏林高等学术机构的内部和外部组织[M].高等教育论坛，1987（1）：23-26.

② Abraham Flexner. Universities: American, English, German[M]. New York: Oxford University Press, 1930.

③ 王亚南. 大学理念的发展、功能及其当代启示[J]. 南京师大学报（社会科学版），2009（3）：99.

④ Derek Bok. Beyond the Ivory Tower: Social Responsibility of the Modern University[M]. Cambridge MA: Cambridge University Press, 1982.

烈呼吁现代大学应走出象牙塔，超越象牙塔，为社会服务自觉地以新思想、新知识和新文化引导社会前行，确立了大学引导社会发展的理念。他同时强调"现代大学已经不再是传统的修道院式的封闭机构，而是变成沟通社会各界、身兼多种功能的超级复合社会组织"。① 以威斯康星思想为代表的大学理念主要有以下特点：一是强调"大学为社会服务"的理念，反对"科学本身即为目的"知识价值观，认为教学、科研和服务都是大学的主要职能；二是大学应主动承担社会责任，大学应从"孤芳自赏"的封闭机构，走向"群芳斗艳"的开放场所；三是大学应当坚持"人才培养、科学研究和社会服务"并重，强调大学在服务社会的进程中，要坚守自己的学术理念和学术价值，坚持大学应有的品味。以威斯康星思想为代表的大学理念既属于实用大学理念，也属于以"社会服务"为重要职能的大学理念，对世界大学产生了深远的影响。

5. 以"自由教育"为核心的大学理念。雅斯贝尔斯和赫钦斯强调了大学"相对独立和永恒自由"的理念。雅斯贝尔斯认为大学是一个由"学者和学生共同组成的追求真理的社团"，它既是一所"专业学校"，也是一处"文化中心"，又是一个"科研机构"。② 赫钦斯指出大学是"人格完整的象征、保存文明的机构、探究学术的社团"，是"智者之家"。大学必须领导社会"并且为此应具有高超的独立功能"。雅斯贝尔斯和赫钦斯的大学理念主要有以下特点：一是大学应当具有"相对独立和自由教育"，强调大学作为追求真理的机构，不论其所产生的智力或社会的后果如何，只服从真理的标准，而拒绝服从任何权威，大学中各个学术的相对独立要求其实行自由教育，加强大学的凝聚力；二是大学应注重"完人教育"③，进行"生命的精神交往"，改善人理性世界和高尚品格。大学以"完人教育"理念，基于人性的视角，强调"人文教育"和"生命的精神交往"，是对大学本质的认识，

---

① 姜文闵. 哈佛大学[M]. 长沙：湖南教育出版社，1988：5.

② ［德］卡尔•雅斯贝尔斯. 大学之理念[M]. 上海：上海世纪出版集团，上海人民出版社，2007：20.

③ 完人教育一般是指全人教育。全人教育的说法来自人本主义教学理论，该理论是在人本主义学习观的基础上形成并发展起来的。人本主义教学理论认为：真正的学习经验能够使学习者发现他自己的独特品质，发现自己作为一个人的特征，从这个意义上说，学习即"成为"，成为一个完善的人。

具有重要的现实意义。

（二）大学理念的困惑与选择

人是大学发展的基础，大学是人的发展的载体。大学理念是人发展理念的融合和表现，大学理念的形成与人的发展过程相伴而生，大学不是用理念指导人的成长，而是人的理念赋予大学理念以生命，因此，就其根源来说，人发展的理念是大学理念形成的基础。因此，大学是人的生存理念由具体化向抽象化、个体化向群体化、个性化向共性化的迁移。可以说，大学理念随着经济社会的发展不断变迁是必然的趋势，也是大学本质所表现出的必然规律。但是，面对功利主义大学理念极端发展，现代大学被重新认为是各个社会部门的服务站，其中最重要的或唯一重要的社会部门，就是国家机器和公司①，大学已然从往日的"象牙塔"，堕入"世俗社会"，人们对大学功利主义进行尖锐批判之际，大学却在功利性的道路上渐行渐远，大学理念已经陷入迷茫和困惑。

1. 大学市场需求之惑。20 世纪 80 年代以来，大学出现学校与资本联合的新趋势，被西方学者称为"学术资本主义"。大学渐渐颠覆几千年来的传统，已然走向了市场，高等教育以一种新的可怕的市场力量被重组。② 大学的人才培养完全被市场左右，正如金耀基描述的当代美国的大学形态，他说："由于知识的爆炸及社会各业发展对知识之依赖与需要，大学已成为'知识工业'之重地，学术与市场已经结合，大学已自觉不自觉地成为社会的'服务站'。……而教授之用心着力所在多系研究，教学则越来越被忽视。教授的忠诚对象已不是大学，毋宁是支持他研究的福特基金会、西屋公司或华盛顿。"③ 大学的社会服务表现为教授成为公司董事，学术成为"资本"，"他们是来自公立院校中的充当资本家的大学教师，他们是政府资助的创业家"。④ 面对大学市场化，我们不禁反思，大学与市场联姻

① ［美］三好将夫. 全球化、文化与大学［M］. 王逢振主编. 美国大学批判［C］. 天津：天津人民出版社，2004：196.

② 王卓君. 现代大学理念的反思与大学使命［J］. 学术界，2011（7）：138.

③ 金耀基. 大学之理念［M］. 北京：生活·读书·新知三联书店，2008：7.

④ ［美］希拉·斯劳特，拉里·莱斯利. 学术资本主义［M］. 北京：北京大学出版社，2008：9.

是必然的吗？

"大学作为现代社会的重要组成部分，不可避免地受到其他社会子系统的影响"。① 大学受到市场化的影响可以说是不可避免的，但是把大学办成"企业"的极端结果，显然是一种颠覆。一方面因为大学与"企业"存在质的差异，大学既不生产"产品"，更不考虑"利润"，无法按照市场的标准衡量大学的效益，同样大学也无法完全按照市场规律的变化而变化，如大学的专业、课程，不能完全按照市场需求设置或者改变，如勉强为之，必造成大学成为"培训学校"，市场需要什么专业，大学就设置什么专业，市场需要什么知识，大学就传授什么知识，大学沦为市场的"附庸"。另一方面大学过度市场化，教授过于关注经济效益，必然引发大学功能的"舍本逐末"，教授的教学和科研不为大学的人才培养服务，而是为市场服务，结果是以牺牲大学人才培养的主要职能和人才质量的长远利益为代价，获得短暂的经济效益。大学产业化加剧，不仅割裂大学文化传承和追求真理的使命，更会使大学丧失对社会发展进行理性思考和批判的能力。现象学家胡塞尔从更为根本的哲学角度明确地指出，我们时代面临的这些问题的根源在于人们以一种实证主义的观念来对待理性、人、科学等一切方面，当然也包括大学。胡塞尔认为，在其本真的含义上，是理性给予一切被认为存有者的东西，即一切事物、价值和目的以及最终的意义。② 大学从其根本上说，从未脱离市场，大学以其特殊的方式一直为市场经济发展做出贡献，企业员工、企业领导者无一不拥有大学经历，变化的是市场需求更加不理性、更加急躁、更加急功近利，这种心态投射到大学上，使大学变得不理性和功利化。从大学变革者的"不安"及"矛盾"可以发现，大学面对市场化而表现出"纠结"的状态，说明大学已经意识到，大学的市场需求理念已经背离了大学自身的精神理想和价值追求，但却没有找到平衡的支点。

2. 大学社会服务之惑。随着社会认知的不断深入，大学应当具有人才培养、

---

① 王卓君. 中国大学外部经济关系研究[M]. 北京：北京大学出版社，2005：3.

② ［德］胡塞尔. 欧洲科学危机和超验现象学[M]. 上海：上海译文出版社，1988：13.

科学研究和社会服务的功能日益得到共识，可见社会服务功能已经成为大学的必然选择。哈佛大学前校长德里克·博克曾提出："大学的职责是为养育自己的社会服务。"① 大学一直通过专业化的人才培养，为社会培养各类人才，同时通过科学研究，探索、解释和揭示社会政治、经济和文化的发展问题，而大学的社会服务功能要求大学"要走出围墙，把大学的知识和技术优势推向社会，让大学中的专家、学生直接参与当地的工农业生产，实现大学与社区、与社会的一体化"。② 大学服务功能的明确提出，意味着大学通过人才培养和科学研究为社会服务已经不能满足社会对大学的要求，困惑由此产生：大学应当如何为社会服务，"象牙塔"如何向"服务站"转变。在"大学直接为社会服务的过度化"影响下，大学必然会尽其所能地加强社会服务功能，不分系科、不分专业，不断研究如何直接参与社会服务的大潮中，大学不仅不考虑本身的专业是否能直接为社会服务的问题，还会在寻找社会服务的同时，忽视大学自身精神和文化价值的存在，大学逐渐成为社会的工具。当前大学比较可怕的倾向就是无论什么大学、无论什么专业都要为社会直接服务，而且这种倾向正在变成现实，大学的人才培养、科学研究本与社会服务并不矛盾，但是过于强调大学的社会服务功能，不仅否认了大学原本的社会服务职能，还将大学的人才培养、科学研究和其社会服务功能割裂，使大学陷入迷惘和困惑。

显然，大学与社会的关系是极其复杂的，大学从根本上说就是为社会发展做出贡献，大学为社会服务应当是其根本职责所在，问题在于如何认识和理解大学为社会服务的问题。大学从其出现，就以培养社会需要的人才为己任，这就是为社会服务，大学不断在探索如何更有效、更好地为社会服务，因此，大学不断调整和变革自身的专业和课程，以达到大学培养的人才更适应社会需要，更好地参与社会建设和更好地为社会服务，但是为了标签化的社会服务，而"削足适履"地选择内容、创造项目，达到直接为社会服务的表象，无疑是对大学为社会服务

---

① 施晓光. 美国大学思想论纲[M]. 北京：北京师范大学出版社，2001：202.
② 张应强. 高等教育现代化的反思与建构[M]. 哈尔滨：黑龙江教育出版社，2000：118.

的误解，更是将社会服务这一问题的"断章取义"。国内外大学发展的过程中之所以对大学理念不断质疑和争论，主要原因在于原本坚持的理想、信念和尺度，在现实中不断受到挑战，不断被否定，而大学又不认可这种否定。以至于 20 世纪美国的教育家弗莱克斯纳和赫钦斯都非常激烈地抨击功利主义大学理念，他们都明确地表示大学应该与社会保持距离，而不应随波逐流地成为社会服务机构。[①] 当然，这种坚守也存在明显的问题，就是缺乏从本质上认识大学和社会的关系，将大学看成独立于社会的个体是不全面的。因为不论是"象牙塔"式的大学，还是"服务站"式的大学，都将为社会服务作为己任，本质上无差异，只是形式和内容上不同，所以，无论将大学理念如何定位，大学培养社会需要的人才，永远是最核心的主题。

3. 大学办学理念之惑。由于大学运行的复杂性，人们往往不自觉地将大学理念和办学理念、教育理念融为一体认识，将办学中存在的问题、教育理念的偏差上升为大学理念的失偏。"在理念世界中，所有变化的、看得见的和短暂的事物都存在着自己不变的、非物质的和永恒的形式"。[②] 大学理念在办学理念、教育理念的发展和完善中不断提高认识，不断调整和明确方向，但其作为大学本质的核心认知却一直保持稳定。可以说，大学理念包含了哲学视角的理论理念和教育学视角的实践理念，大学办学理念是大学实践理念的综合反映。大学办学理念的问题主要体现在办学过程中产生的实际问题，如学校办学目标、类型、层次和学科定位等。大学自其产生起，就承载着社会的期望和责任，因此，大学需要不断地反思，厘清发展方向，明确发展目标，实现大学所肩负的理想。大学不是社会，却承载社会的理想，大学不是政治，却肩负国家的政治夙愿，大学不是文化，却承担传承文化的重托。不是大学没有了理念，而是大学理念没有了自由发展的空间，大学不是没有理论，而是理论来不及实践，导致大学丧失了自身理念的理论创造和社会实践，希望最大限度地实现社会人理想而又力不从心。大学从不缺少理念，

---

① 王卓君. 现代大学理念的反思与大学使命[J]. 学术界，2011（7）：142.

② Olaf Pedersen. The First Universities[M]. Cambridge: Cambridge University Press, 2010: 9-10.

也不缺少研究理念的理论，更不缺少理念指导下的实践。面对大学发展的阶段性困惑，理论研究者、管理者和实践者又都认为大学缺理念。因此，自大学产生起，大学理念的研究从未间断和停滞。大学之所以会产生，就是基于某种理念，大学之所以会发展，也是基于社会理念，因此，大学理念就是社会人发展的理念。当前大学理念的理论和实践，一直围绕着大学的本质及其办学规律进行哲学思考，核心就是要不断地厘清"大学是什么，大学做什么，办什么样的大学和怎样办大学"的问题。面对大学理念理论认识、社会实践的迷茫和分歧，理论研究者、管理者和实践者一直"雾里看花"，同时成为评论者和被评论者，在大学理念的"指点江山，激扬文字"之余，会陷入理论的思考和现实的反思。因此，当代大学发展与改革的核心任务是为大学减负，首要任务是重新审视大学理念的理论与实践问题。

可以说，当我们讨论大学的时候，一直绕不开的话题是"大学理念缺乏"的问题，一直没有说清楚的是"大学理念和大学办学理念"。事实上，我们对"大学理念"和"大学办学理念"的混淆，恰恰说明我们对大学本质的认识和理解存在偏差，分不清理想大学和现实大学之间的差距。大学办学的过程中，需要承载太多的理性内容，而忽视了社会发展需求，大学的发展实际及办学者对大学理念的认知和体验的巨大差异，导致办学中盲目的"攀比"、盲目的"跨越"式发展，使许多大学在"攀比"和"跨越"的过程中，迷失方向，丧失自我，"这就是人们通常所说的千校一面和千篇一律，没有特色、没有个性"。① 理想大学要求我们充分考虑大学的自然属性，同时更要兼顾大学的社会属性，而现实大学考虑更多的是大学的社会属性，大学办学理念受到更多的社会因素制约，尽管我们意识到大学已经具有明显的功利性，但是办学过程中却依然被这种"功利性大潮"推动，这就是大学面临的困境，也是学者们不断呼吁的"大学的传承与守望"的问题，有的学者认为"世界上一些历史悠久的名校，地位越来越低，甚至越来越不像自己

---

① 刘振天，杨雅文. 大学定位：观念的反思与秩序的重建[J]. 清华大学教育研究，2003（6）：94.

的过去，不是因为其创新能力下降了，而是因为其守成能力丧失了"①。大学在其办学过程中，如何寻找和建构更合理的办学理念，并以此指导大学实践，对处于办学理念困惑中的大学来说是重中之重，因此，如何为当前大学减负，让大学自由发展是大学办学理念发展的关键。

4. 大学培养目标之惑。大学理念无论如何变革，培养人才、促进人的发展始终是大学最根本的职能，而关于大学究竟"培养什么人"这一话题的争论一直未曾停止。理性主义强调"大学教育的目的在于培养全人"，即大学的教学和科研的目标不仅仅是传播事实和技能，而且要造就全人，工具主义则强调大学应在培养训练有素的从业人员方面发挥更大的作用，而我国的大学一直强调教育目的是培养专门人才。20 世纪 90 年代中期，素质教育成为人才培养的目标，要求大学培养复合型、应用型人才，当前，大学培养应用型、技能型人才的趋势日益显现，部分大学向应用技术大学转型的呼声高涨。综合分析大学人才培养目标的变化，尽管大学如何培养人和培养什么人是大学的办学功能，但调节大学人才培养目标的核心杠杆却是社会需求和市场需求，为了使自己培养的人才能够符合社会需求和市场需求，大学不得不以牺牲自己"悠久办学历史和特色"为代价，"痛下决心"改革人才培养目标和进行大学转型，防止在"市场经济"洪流中被淘汰。在市场需求为导向的应用型人才培养目标的指导下，大学的改革不断出现极端化倾向，专业设置、课程设置、教学模式等都进行大幅度的调整，专业市场化，课程模块化，理论知识不断削减，实践训练不断加大，校企合作成为办学主基调。人才培养目标存在普通教育目标淡化，科学教育目标层次偏低，科学教育与人文教育分离和个性发展受到忽视等问题。②

当然，谁都无法阻挡时代发展、社会进步的进程，大学培养的人才不仅要适应社会发展，更应引领社会进步，大学不能也不应该"抱残守缺"，期望"回归传统"，但以功利主义为代表的以市场应用为核心的大学培养目标，仍然存在明显的

---

① 徐显明. 大学理念论纲[J]. 中国社会科学，2010（6）：40.
② 曾昭伦. 高等学校的专业设置问题[J]. 人民教育，1952（9）：6-9.

弊端。一是大学过于强调以人的技能培养为目标，弱化了理论知识和人文素养培育，导致受教育者自身完整性的丧失。博雅教育、完整教育被专业教育、技术教育、职业教育等所取代，教育成为获得职业的手段，"为了招揽学生，同时受劳动力市场需求状况的驱使，许多本科院校丧失了使命感，对其应负的使命认识不清，眼光短浅的强调职业教育的主张以其注重技能训练而支配着学校"。① 二是过于强调应用型人才培养，会导致大学人才培养目标的趋同，大学面对市场竞争压力，必将掀起抢占"市场热门资源"的热潮，竞争的"无序性"必会突显，大学会如同"培训机构"一样，追求"短、平、快"，只重结果，不重过程，以致丧失大学自身的历史文化和专业积淀。三是大学教育过分强调培养人才专业知识和技能，忽视个性发展，忽视个体生命和成长教育，会导致一批"社会适应不良"和"身心不健康"高知群体的出现，目前，这种现象已经出现，并有继续发展的苗头。大学的人才培养正如杨叔子先生所言，"大学的主旋律应是育人，而非制器，是培养高级人才，而非制造高档器材"。②

（三）大学理念的重构与定位

大学理念的认知具有发展性，随着时代的进步和发展，对其理解和认知水平也不同，尽管认知者对"大学理念"的表述不同，解读内涵的丰富性不同，但人们对其基本含义还是"心照不宣"。这就需要深入探索大学理念的时代性和发展性，不同时期的大学需要适应变革，而最核心的变革是理念变革，也就是时代呼唤大学理念的重构与定位。

1. 大学、大学理念和大学办学理念理性认知的统一。长期以来，大学、大学理念和大学办学理念在认识上一直不统一，但对于大学、大学理念和大学办学理念的研究方向是一致的，就是研究如何培养人的问题。大学理念（the idea of a university）作为人们对大学本质的理性认识、理想信念和价值追求所形成的教育

---

① [美]欧内斯特·博耶. 美国大学教育：现状·经验·问题与对策[M]. 上海：复旦大学出版社，1988：18.

② 杨叔子. 是"育人"非"制器"——再谈人文教育的基础地位[J]. 河北科技大学学报（社会科学版），2001（1）：2-4.

观念和哲学观念，是指导大学实践的重要依据，正如有的学者所言，"没有理念指引的大学实践，是一种'盲'，而缺乏实践的大学理念，则是一种'空'"①。潘懋元教授也明确提出："大学理念虽然是一个上位性、综合性的高等教育哲学概念，但它不仅反映高等教育的本质，而且涉及时代、社会、个体诸方面的因素。从'理念'切入，不但可以更好地把握高等教育的本质、功能、规律，而且能更好地理解高等教育规律如何制约和支持人们对高等教育的认识与追求。"② 因此，对于大学而言，在探索"大学应该怎么办"（大学办学理念）的同时，必须研究明白"大学应该是什么"（大学理念）的问题。

实现三者理性认识的统一需要关注以下三个方面：一是立足大学本质认知大学理念和大学办学理念，既然大学理念是一种认知观，就说明大学理念的认知水平与认知者的认知能力和领悟能力具有直接关系。因此，大学理念既是一般性的指导思想，也是大学办学理念的基础性的指导思想，更是人对人自身发展及社会需求诸多因素的认知、发现和探索的结果，研究理念必须回归到人自身，才能梳理出大学理念指导大学实践的线索和路径。二是立足大学定位认知大学理念定位和大学办学理念定位。定位（Position）一词是由美国人艾尔·里斯（Al Rits）和杰克·特劳特（Jack Trout）在 1972 年首先提出来的，开始主要用于市场经济中的企业和产品。在《广告攻心战略：品牌定位》一书中他们指出：定位是以产品为出发点，如一种商品，一项服务，一家公司，一所机构，甚至一个人，也许可能是你自己。但是，定位不是你对产品要做的事，定位是你对预期客户要做的事。③大学也一样需要合理定位，而大学理念无疑是对大学办学的一种思想定位，而这种思想也需要定位，大学理念定位是对大学定位的一种元思考，通过这种研究我们深入分析大学理念本身的内涵、范畴和基本观点。三是立足同一角度认知大学理念和大学办学理念。认知大学理念和大学办学理念就如同一项研究，从不同的

---

① 韩延明. 理念、教育理念及大学理念探析[J]. 教育研究，2003（9）：54.
② 潘懋元. 多学科观点的高等教育研究[M]. 上海：上海教育出版社，2001：11.
③ [美]艾尔·里斯，杰克·特劳特. 定位[M]. 北京：中国财政经济出版社，2002：6.

方向和角度研究同一问题、得出不同的结论，具有重要价值，而从不同的方向和角度研究不同的问题，则没有意义，研究大学理念需要进行定位研究和思考，才对大学办学具有科学的指导意义。面对社会的变革与发展，研究大学理念定位就是要通过对大学理念的理性认知，不断完善大学理念，从而对时代发展中的大学进行最有价值的指导。

2. 管理者、教育者和受教育者价值诉求的统一。大学发展定位存在争议的认识和实践分歧，主要是因为大学的价值选择和价值判断不统一，以大学自身组织系统而言，涉及的是管理者、教育者和受教育者，而这些人的价值判断直接影响大学理念的定位。换句话说，要在预期客户的头脑里给产品定位，首先应从市场出发，以了解和分析顾客的需求心理为出发点。在一个产品极大丰富而且日益同质化的时代，竞争变得极为残酷，人的大脑成了商家争夺的战场。要想在人的大脑中占有一席之地，要想让自己的信息穿过传播过度的丛林，唯一的希望就是要有选择性，缩小目标，分门别类，简而言之就是定位。因此，大学理念重构与定位必须最大限度地实现管理者、教育者和受教育者价值诉求的统一。只有大学管理者的大学理念和大学办学理念最大程度地为教育者和受教育者领会和接纳，管理者的价值诉求有效地转化成教育者和受教育者的价值诉求，才能实现大学理念的理论和实践转变成为效益。

实现大学管理者、教育者和受教育者价值诉求的统一，应该做到三个必须：一是大学管理者、教育者和受教育者价值认知必须一致，也就是大学校长先进的大学理念，还必须被教师和学生共同认知和接受。苏霍姆林斯基曾经指出："一个好校长就是一所好学校。"大学校长是一所大学的大学理念集大成者，更是大学办学理念领跑者，只有大学校长具备先进的大学理念，才能将这一理念内化为学校的办学理念，才能更好地指导大学的发展与变革。我国大学长期存在"外行"领导现象，说明我国在选择大学管理者时，对大学管理者是否具有先进的大学理念并不重视或者说不够重视，认为谁都可以管理好大学，没有将大学看成一个培养人才和研究高深学问的场所或机构，而是看成一个"行政领导的角逐场"。当前，

"大学去行政化"的呼声日益高涨，说明理性主义者强烈渴望大学回归"学术家园"和"精神家园"的诉求。大学在建设"一流大学"的时刻，更加渴望和呼唤蔡元培、梅贻琦式的"一流大学校长"，因此，大学管理者自己应当具有先进的大学理念，还应当具有指导教师和学生理解大学理念的能力。二是大学管理者必须尊重教育者的价值选择，大学必须打造优秀的教育者团队，充分尊重教育者的价值选择。教育者既是大学理念的研究者，也是大学理念的实践者，大学教育者不是大学发展的旁观者，而是大学变革的参与者，因此，大学教育者的大学理念认知、领会和研究水平，决定一所大学的办学格调、办学水平和办学方向。梅贻琦在就任清华大学校长的就职演说中说："一个大学之所以为大学，全在于有没有好教授……所谓大学者，非谓有大楼之谓也，大师之谓也。"长期以来，我国大学教育者一直"游离于大学办学之外"，根本没有将自己融入大学的发展中，成为名副其实的"教书匠"，我国大学在发展与变革中"大师贫瘠"，对大学而言是一种"说不出的痛"，为此，大学管理者应当充分尊重大学教师的劳动，尊重大学教师的价值选择。三是大学管理者必须尊重受教育者的个性发展，大学必须以学生发展为本。雅斯贝尔斯强调"通过教育使具有天资的人，自己选择决定成为什么样的人以及把握安身立命之根"。①

长期以来，我国大学对每一个受教育者，对他们作为一个个体的成长和发展的关注，是被忽视和弱化了的。② 大学的人才培养具有较强的划一性，学生被动地接受而非主动选择，学校重视专业知识和技能培养，忽视人文素养教育和道德教育，忽视学生人格的培养和社会适应能力的指导。事实上，社会对大学生的需求是多样的，而非单一的。那么，对于学生来说，他们在大学里接受的培养也应该是多样的，大学不培养单一类型的大学生。③ 因此，大学管理者必须真正树立以学生为本的理念，真正实现尊重学生个性发展的教育。

---

① [德]卡尔·雅斯贝尔斯. 什么是教育[M]. 北京：生活·读书·新知三联书店，1991：4.
② 郭明顺. 大学理念视角下本科人才培养目标反思[J]. 高等教育研究，2008（12）：85.
③ 郭明顺. 大学理念视角下本科人才培养目标反思[J]. 高等教育研究，2008（12）：86.

3. 国家、社会和市场利益选择的统一。大学是社会和市场共同利益的选择体，大学的发展与社会和市场关系紧密，正如法国学者布尔迪厄所言，其实，学校的上流精英就是一种国家精英，他们一定程度上与国家联系在一起，因为他们打着献身"公益事业"的旗帜，为国家"上层利益"服务。① 社会和市场都在大学选择有利于自身体系发展的"精英"，而国家旨在培养全民，满足社会各群体、组织和机构需求的个体，因此，国家对大学的要求是培养整体的、综合性的人才，而社会与市场对大学的要求却是具体的、专门化的人才，这必然导致国家、社会和市场利益选择的冲突。大学面对这种冲突，应当保持理性的认识，那就是大学不单单要满足社会和市场的需求，而更应当满足国家的需要，为人类的进步和发展服务，这就需要大学理念应当具有一定的方向性和相对的稳定性。

为此，大学应当努力实现以下三方面的目标。一是大学理念应当以国家利益为核心，大学理念定位应以国家教育方针为指导思想。我国国家教育方针明确提出"教育必须为社会主义现代化建设服务，必须与生产劳动相结合，培养德、智、体等方面全面发展的社会主义事业的建设者和接班人"。胡锦涛总书记曾强调"高等教育的根本任务是人才培养"，"要坚持把促进学生健康成长作为学校一切工作的出发点和落脚点"，② 这为当代大学的发展与变革指明了方向，也是大学理念定位的基点。大学在其发展与变革中，对于来自各方的声音需要辩证的吸收，在市场经济发展中应当保持自身的独特性，以冷静的视角应对社会的变革，不能随波逐流，面对国家教育改革，如"大学扩招""一流大学建设""应用技术大学转型"等应当全面审视，这些改革是"我国高等教育还不完全适应经济社会发展和人民群众接受良好教育的要求，同国际先进水平相比还有明显差距"的前提下的重要举措，并不是"一刀切"式的改革。二是大学必须为社会服务，但不能"唯社会服务"。大学需要将"人才培养、科学研究和社会服务"为己任，但大学不能为了"社会服务"而迷失自我，更不能"削足适履"地勉强为之，这不仅违背"服务"

---

① ［法］P. 布尔迪厄. 国家精英：名牌大学与群体精神［M］. 北京：商务印书馆，2004：670.

② 胡锦涛. 在清华大学百年校庆大会上的重要讲话［J］. 中国高等教育，2011（9）：5.

的初衷，更无法真正为社会服务。为此，大学必须结合自身历史发展实际，结合自身办学优势进行科学的大学理念定位，形成独特的大学办学理念，培养社会需求的各类人才，培养能真正为社会发展做出贡献的有用的人才。三是大学必须与市场结合，但不能沦为"市场附庸"。大学培养的对象是人，不是"机器"，更不是"产品"，大学培养的人才不可能成为"标准件"，而市场对人才需求也不是一成不变的，大学培养人才需要结合市场需求，进行适度调整办学方向、专业设置、课程内容及人才培养模式，但不是市场需要什么人才，大学就培养什么人才，这样大学培养的人才只能成为市场的跟随者，而不会真正成为市场的建设者，大学也将因为无法跟随市场经济变革的脚步而被淘汰。大学对人的培养具有周期性、阶段性和局限性，人的成长需要终身学习和发展，大学只能为其成为社会职业精英奠定良好的基础，而不是打造一个几十年都不落伍的人。特别是在市场需求指导下的"人文精神"的强化，更是对大学文化的毁灭性打击，如果大学真的连大学精神和大学文化都丧失，那么大学就已经失去了存在的意义。

第二节　高校发展动力机制

一、高校发展的动力因素

在研究高等教育经历的"国家控制"及其限度时，中外学者注意到，不管人们怎样强调学术自由的价值、大学自治的必要性，都不得不接受这样的事实，高等教育的国家控制正在许多国家得到强化。"控制的边界在哪，控制的限度在哪，控制者和被控制者都十分关心，人们都在探索有没有一个客观的尺度"。①

（一）外力影响对高校发展的强化

转型期西方国家的教育发生了深刻的变化。其原因主要是社会各方施加于教育的"外部压力"。除了政府，企业界对教育的影响最大。企业界消费教育的产品

---

① 熊庆年. 高等教育管理引论[M]. 上海：复旦大学出版社，2007.

（科研与教育成果）为学生提供实习条件，还以各种方式资助教育活动。这对教育观念、教育方法、人才培养模式、课程设置、管理与评价模式都带来革命性变革。充分发挥企业界对教育的作用，既是历史的必然又有现实的必要。由此，形成了近三十年来以美国教育特别是美国高等教育为代表的西方教育发展的七大趋势。一是教育国家化，政府加强对教育活动的控制；二是教育市场化，市场逻辑对公共教育的影响走向深入；三是教育校本化，促进教育控制重心的下移；四是质量成为控制教育的目的；五是控制教育的方式从自律为主转向共同治理；六是办学指导思想出现消费主义倾向；七是教育问题成为教育哲学反思的焦点。

这七大趋势的形成主要是外力作用的结果，既包括来自国家的控制，又包括来自企业界为主的社会各界的参与或控制。各国政府日益重视通过市场逻辑来实现对教育的问责和控制，重视通过企业界的声音表达社会对教育质量的评价，使得企业界对这七大趋势的形成起了重要的作用，企业界的影响对保证教育质量发挥了积极作用。以企业为主的外在力量给教育以更多的支持，可以说是一种全球性的趋势，而且，这种支持已不是传统意义上的慈善事业，而是面对现实需要做出的必然选择。

（二）外力影响对高校发展的阻碍

企业界对教育的影响力也是有边界的，存在"度"的问题。哈佛大学前校长博克的《市场中的大学》一书提到美国、加拿大的高教界都出现过越界的例子。旧金山加州大学贝蒂（Betty）获得巨额资助，以检验一种名为左旋甲状腺素钠（Synthroid）的昂贵药物是否比更便宜的同类药物更优越。出人意料的是，她发现两者根本没有显著差异。这就意味着使用这种昂贵药物的病人每年要多付出数亿美元的费用。生产该药物的公司谴责贝蒂教授的研究在方法上存在大量错误，还有未加指明的伦理方面的问题，甚至雇用私家调查人员调查其中的利益冲突。贝蒂教授没有妥协，而将她的研究结果投稿给一家专业杂志，该公司则援引与贝蒂教授事先签订的协议条款中"未经同意不得发表"等条款，以起诉相威胁。尽管加州大学不追究贝蒂教授与公司签订的合同，也不设置其他障碍，却拒绝支持她，让她独自与公司对垒，七年以后，她的论文才终于得以发表。另一个例子是，多伦多大学奥利弗（Olivieri）教授与加拿大最大的医药公司阿普特斯（Apotex）签订协议，对地中海性贫血（Thalassemia）病人试用一种药物。奥利弗发现，所试药物不仅比预想的效果更差，而且对病人健康有潜在的威胁。对此，她不顾协议条款，坚持要将这项研究结果公之于众。公司指责她背离了研究协议，扬言要起诉她，要终止她的研究协议，以阻止她公布研究结果。同时，系里一位合作者给同事们和媒体写匿名信，发表相反的研究结论。更让她痛心的是，她所在的医院指责她违背了医院的工作纪律，暂停了她的项目主任职务，并责令不许公开讨论她的问题。若干年之后，她的行医权利和学术自由才得以恢复。这样的例子也许过于极端，但由于受到公司威慑而影响研究成果科学性的，绝对不只上述两位教授，据《市场中的大学》研究，因发表公司不愿意看到的研究成果而遭遇起诉和攻击的事件大量存在。①

从理论上讲，外力影响教育的边界实为外界参与教育的尺度问题。近年来，对教育质量的定义，出现了这样一种倾向，即采用企业界的质量观，将质量等同为顾客的满意度。这种倾向在教育质量运动的发展过程中得到了越来越明显的展示。"顾客定义教育质量"的理由或依据，从撒丽斯（Sallis）《全面质量教育》一书的观点来看，② 大致可以归纳为六个方面：第一，学校必须坚持企业界的质量观。教育服务的质量、教育服务的产出和生产力是否成功是很难测量的，唯一有意义的显性指标是顾客满意。因为顾客是质量的最终仲裁者，没有顾客，机构就没有存在的必要。争论的焦点在于，能否将企业的质量定义引入教育这种特殊领域。第二，质量是机构发展的前提。有学者提出，企业界的观点可以作为我们讨论质量的开端。尽管事情没有"听客户说，回应客户"那么简单，但一个机构除

---

① Derek Bok. Universities in the Marketplace: The Commercialization of Higher Education[M]. Princeton: Princeton University Press, 2003.

② [美]撒丽斯. 全面质量教育[M]. 何瑞薇译. 上海：华东师范大学出版社，2005.

非把顾客摆在第一位，否则发展质量的先决条件将不存在。第三，质量标准取决于顾客的愿望。在质量标准方面，质量可以定义为最能满足及超越顾客需要与愿望的方式。顾客才是判断质量的人，他们会货比三家决定哪家最好。因此，"任何人要讨论质量的本质，都会提到顾客的关键角色。谁应该决定学校或大学是否提供了有质量的服务呢？这个问题的答案能够让我们更了解这个机构的价值观与渴望。我们必须清楚了解是谁在决定质量的属性，不管是生产者还是消费者"。第四，"卓越"的基本特征是专注于质量以接近顾客。1982年，彼得斯与华特曼在《追求卓越》一书中分析了"卓越"公司的基本特征，认为卓越和一个简单但却很关键的想法连在一起，即专注于质量以"接近客户"。也就是说，任何组织要在竞争中保持领先，必须致力于找出顾客的需求，然后满足或超越顾客的需求。第五，全面质量管理最主要的任务是达成顾客的需要与希望。在这里，质量是顾客所要的，而不是机构认为对顾客最好的。没有顾客就没有机构。第六，质量规划就是规划顾客的未来。全面质量管理方法以顾客为中心，其教育质量架构是发展领导才能与策略，取悦顾客。有学者认为，取悦顾客是全面质量管理的目的，而只有不断满足内部顾客与外界顾客的需要与期望，才能取悦顾客。因此，机构有清楚的身份、明确的标准、顾客权利等特点。机构必须花费时间规划自己的未来、顾客的未来。此外，外力影响教育的边界或尺度，还涉及许多深层次的问题，诸如教育变革"以学生为本"或"以真理为本"、教育变革遵循经济的合理性或教育的规律、课程适应学生或学生适应课程、强化学生的是非观或成败观等，所有这些问题都要有边界或尺度方面的考虑。

（三）高校发展遵循的教育逻辑

《学会生存》一书中有关"外部压力"的结论和预言，成为近三十年西方教育发展的动力和方向。政府、大众和产业界的需求是高等教育必须努力满足的，但共同治理（外力）与教育自律的关系是辩证的，不能把一个方面推到极端，社会其他领域的逻辑与教育自身的逻辑则是不相同的。

1. 共同治理（外力）与教育自律的关系。自律机制有弊端，外力控制要适度。

教育管理有独特的原则，企业管理、行政管理的方式可以借鉴，但机械移植将带来很多问题。对于企业管理，效益的最大化是合理的要求；行政管理的特点则是科层制，权力等级分明。教育也应当追求效益，教育管理也有层级，但教育效益的评判和管理层级的设定标准是不相同的，否则，学校就似"衙门""学店"，而不像学校了。在全球性的教育质量运动中，外力的作用极为明显，但教师自律才能从根本上保证教育质量。教育是极为复杂的，但将教育质量、教师待遇之类极为复杂的任务，简单地交到学生消费者手里值得重视和反思。

2. 社会其他领域的逻辑与教育自身的逻辑不同。民主、公平等政治的要求，与教育的逻辑有一致的地方，也有冲突的地方。教育民主化可以是教育的一种理想，但如果民主原则运用到课程领域，哪怕是民主要求极高的校本课程领域，也可能是不恰当的。公平是教育的理想，但教育在本质上还要追求卓越和优异，两者时常是有冲突的。

3. 经济的合理性与教育的内在逻辑也存在着许多冲突。经济规律，特别是商业方面要求顾客至上，消费者绝对正确的观点不宜用在学校的教育中。教育的"消费者"极为复杂，家长、社会团体作为消费者，可能更多地考虑各自的利益，学生作为消费者，则由于经验不足、知识不足、能力不足，不能有清醒、明智和一贯的认识。① 真理的探索与学生的成长，也有不同的逻辑要遵循，这带来"以学生为本"和"以真理为本"之间的矛盾。即使以学生为本，也有以哪些学生为本的问题。在具体的教学活动中，这些都可能让教师感到困惑。

4. 高度重视"自律"的重要性。我国高等教育学界对高等教育的改革动力也有外部和内部动因的区分，这说明我们必须借鉴国际经验，把握外力控制的尺度问题，处理好外力控制与自律机制的关系。面对诸多的问题或困扰，在全球化的过程中，我国教育界和企业界的当务之急是建立自律机制。教育自律才能保证教育质量，企业家自律才能确保企业对教育的恰当引导。当前，企业的自主选择能力尤其重要，企业的投资走向、用人意愿、道德良知等因素，比其他任何外在规

① 杨德广. 高等教育管理学[M]. 上海：上海教育出版社，2006.

约对教育具有更重要的影响力。

20 世纪 80 年代中期，哈佛大学的中东研究所主任被学校通报解职。解职的原因，就是他接受了一笔来自中东某国几百万美元的研究经费。学校认为，哈佛大学虽然在美国，但它不希望被任何人认为它在为美国政府说话，不想被认为是受美国政府雇佣，也不想被说成是受中东某个国家操纵的。哈佛大学的有关政策和国际关系方面的研究成果，要被尽可能多的人承认，就要尽可能保持公正。如果接受了他人几百万美元的捐款，从此以后关于中东方面的研究成果，很可能被认为是利益驱动的产物，是人家用钱买来的。^① 总的来说，如果企业做到不宜捐赠的项目不给钱，大学做到不宜接受的钱坚决拒绝，问题可能迎刃而解。当然，企业是要讲效益的，投资与捐赠都希望有最好的效果。这需要教育界主动适应企业对人才培养和科学研究方面的要求，与企业携手合作，甚至成立校企联盟，共同开展研究与论证，确保高等教育与其消费者实现双赢。

二、高校动力系统的运行模式

1956 年，美国麻省理工学院教授福瑞斯特（Jay W. Forrester）最早提出了系统动力学（System Dynamics，SD），20 世纪 50 年代末，系统动力学发展成为一门独立完整的学科。系统动力学对问题的理解，是基于系统行为与内在机制间的相互依赖的紧密关系，并且通过数学模型的建立与操作的过程而获得，并逐步发掘出产生变化形态的因果关系，系统动力学称之为结构。^② 基于系统动力学的理论基础，大学的动力系统就是指高校改革和发展的推动力量的组织系统。^③ 高校是一个由诸多要素相互作用而构成的非线性复杂系统，其发展受到"合动力网络"^④ 的影响。据此，笔者基于对大学动力系统本质内涵的研究，通过比较来自 30 位不同教学管理专家的系统，运用层次分析的方法，构建了大学动力结构模型。

---

① 丁学良. 什么是世界一流大学[J]. 高等教育研究，2001（9）.
② 陈其晖等. 基于系统动力学的高校发展战略决策模型研究[J]. 计算机工程与应用，2007（14）：195.
③ 曾昭磐. 关于系统论在高等学校管理中应用的若干思考[J]. 系统工程理论与实践，1999（6）：118.
④ 谷国锋. 基于动力系统模型的区域经济发展机制研究[J]. 科技进步与对策，2008（8）：108.

大学动力系统是推动大学运行和发展的影响因素及相关因素产生的大学变革的需要，其发展动力主要受到条件、制度、文化、环境和效益五个方面的因素影响，条件动力包括大学的地理位置和区域、政府投入和社会支持、基础设施和教学条件等二级动力因素，制度动力包括国家教育法规和制度、学校章程和发展规划、学校教学和科研制度、学校人事和干部制度等二级动力因素，文化动力包括学校文化、教师文化、学生文化和管理文化等二级动力因素，环境动力包括社会环境、教师和科研环境、生源和就业环境等二级动力因素，效益动力包括毕业生质量、教职工待遇、管理者发展前景和教师社会声誉等二级动力因素。这些因素促使大学产生变革的需要，同时也推动大学发展和变革。

（一）高校动力系统的基本特征

大学的根本目的是培养人，而实现其根本目的的途径又是以教师、学生及管理者构成的管理系统，由于具有强烈的人文色彩和主观意识，动力系统具有更多的不确定性。正如有的学者所认识的，"由于系统存在多重的信息反馈结构以及信息传递中的放大和延迟作用，造成原因和结果在空间上的分离和时间上的滞后，目前多凭借经验和直觉进行判断和决策"。[①] 大学动力系统是一个多元的、综合的动力组织系统，基于大学动力系统的层次结构和动力因素的分析，大学的动力系统主要有以下特点：

1. 大学动力系统具有稳定性。大学的创新与发展总是按照一定的规律进行，在自身的办学历史和办学特色的基础上发展，而教师、管理者、教学资源及教学环境等因素相对稳定，且政策、制度及区位都保持一定的延续性，这就促使大学动力系统需要在相对稳定的基础上完善和发展，并推动学校在不同的经济发展时期和社会变革时期不断努力创新。

2. 大学动力系统具有长期性。大学的改革不是一蹴而就的，教学水平的提升、人才培养的质量、科技创新的能力都不是一朝一夕能够实现的，而需要一个甚至几个周期来完成，这一动力系统的完善和发展需要发挥较长时间的作用，这就需

---

① 巢来春等. 普通高校科研管理 SD 模型[J]. 杭州电子工业学院学报，1995，15（3）：17-26.

要大学在其改革和发展中充分认识自身的实际和发展现状，循序渐进地发展。

3. 大学动力系统具有多元性。大学动力系统既包括来自外部的区位条件、资源禀赋、基础设施、政府政策以及社会环境等外部动力因素，也包括大学自身的组织机构、制度创新、科技创新、文化环境和经济待遇等内部动力因素。外部动力因素与内部动力因素同时影响大学的发展和变革，大学办学的多元性，有时会导致目标间的相互冲突，这也增加了政策的制定和决策者的选择难度。

（二）高校动力系统的运行结构

大学动力系统涉及的动力因素较为复杂，有效的运行机制关乎大学整体组织的运转和动力因素作用的发挥，遵循大学的本质和发展规律，推动大学动力系统的运转，是大学发展和改革的核心力量。

1. 条件的有效利用是大学发展的基础动力。条件是大学发展的基础性因素，也是大学发展的原动力因素。随着国家教育投入的不断增加，资源配置的不断完善，学生规模相对稳定，大学发展的条件因素对大学动力系统的功能影响不断减弱，大学对外部条件和内部资源的依赖就会减少，但大学内外部条件因素依然是推动高校发展的基础动力。一是高校所处的地理位置如果远离中心城市，区域经济落后，不仅直接影响大学自身的办学成本和学生的报考动力，还影响学校高层次、优秀人才的稳定，非中心城市、经济不发达城市的大学，其生源质量、人才吸引力都远远低于中心城市的大学，而且优秀人才的流失比例也明显高于中心城市、经济发达城市。可见，大学所处的地理位置和区域经济发展状况成为制约大学条件动力系统的关键因素。二是地方政府对本地区大学的重视程度不够，社会支持不足，不仅影响区域大学办学的动力，还影响大学为区域经济社会发展服务的功能实现。如果地方政府缺乏足够的重视，不仅不能为区域大学提供必要的支持，还会阻碍其健康、有效的发展。大学在缺乏地方政府支持的情况下，其发展需要的土地等资源发展就会步履艰难，大学为区域社会的服务，也将成为空谈。三是基础设施建设落后、教学资源不足是影响学校办学动力的内部因素。大学基础设施落后、教学资源不足，就会使学校把大量的经费投入到学校基础设施建设和教学资源的更新、补充等方面，学校在教学、科研及师资队伍方面的投入就会减少，硬件发展动力与软件发展动力会呈现阶段性不可调和的矛盾，使大学发展动力系统出现"蹩脚"的不协调发展。四是大学分类的不合理，导致大学在追求"趋同"的基础上，丧失个性化的竞争力。大学的分类是不同层次、不同区域、不同水平大学生存和发展的根本动力，而大学的"趋同"发展，使一些大学丧失自身的发展动力。许多高校在逐步变革的过程中，不仅生源的数量和质量受到严重影响，其长期办学形成的自身优势也逐步消失，许多大学正在"困惑和迷茫"中寻找新的生存发展动力。

大学的发展离不开内外部条件，大学所处的地理位置和区域经济状况，地方政府投入、区域社会支持、基础设施和教学资源都是影响大学发展和变革的重要动力因素，如何有效地利用现有的条件和资源，是大学必须面对和解决的问题。首先，应当充分利用现有的条件和资源，尽最大的力量发挥区域经济现有优势，争取地方政府的投入和支持，包括土地、人才和社会支持政策，通过合作实现人才培养和区域服务的双重目的，努力成为区域经济建设和社会发展的一部分。其次，充分挖掘地方区域可利用资源，协同人才培养和合作创新，使培养的学生尽可能地融入地方经济建设和发展，使教师最大限度地为区域经济和社会发展提供有效的指导，使学校的实验室为地方建设解决基础性的实践问题，实现大学理论与实践的真正结合。最后，有效地利用现有的经费，有选择、有重点地投入建设。高校不能平均发展，也不可能均衡发展，将有限的经费投入到重点发展领域，打造学校办学特色，从而推动学校其他领域逐步发展是大学必须面对的问题，因此，条件和资源的有效利用，才会成为推动学校良性发展的基础动力。

2. 制度的激励作用是大学发展的保障动力。制度是大学发展的保障性因素，更是大学发展的方向性动力。大学制度既包括国家高等教育制度系统，也包括学校内部制度系统，如大学章程、学校规划、管理制度、教学管理制度、科研创新制度等，大学应依据高等教育相关法律的规定，结合自身实际特点进行制度建设。完善和有效的制度能够保障大学拥有科学、长期和可持续发展的动力，还是依法治校和规范办学的有效依据。一是国家法律和法规。国家的相关法律是学校办学的依据，也是学校制度建设的准则，大学管理是系统性的管理结构，主要依据高校相关制度进行规范化的运行，因而国家层面出台的教育法规、教育制度不宜过多、过细，这不仅是因为大学自身复杂的情况，更重要的是因为大学的本质特点、高校的功能及职责的多样性。另外，大学的管理体制又是条块结合的"二元制"管理模式，制度是保障每位员工公平竞争和努力发展的保障性动力，这就要求大学自身应当加强制度建设，使管理在制度的支持下进行，如果大学制度不完善，就无法使管理更科学、更有效，也无法保证系统内部的公平、公正和合理性，这不仅影响员工的发展，还会阻碍学校的整体发展，可以说大学没有完善的制度，就没有规范化和具有积极导向的管理。二是学校章程和规划。大学制度贵在具有良好的实践性，也就是符合自身的发展实际。制度全、细，但不符合实际，就形同虚设，制度最忌讳"照抄照搬"，否则大学制度就成为"死"制度和毫无价值的制度，更会由于实践性差，而根本无法成为学校改革和发展的保障力量，还可能成为阻碍学校发展的阻力，会让教师、学生对制度失去信任。三是学校教学科研管理制度。大学制度针对的是人，保障的是人的发展，因此，制度必须以人为出发点和立脚点，制度本身应具有强烈的人文情怀，不能"一刀切"和"以偏概全"，更不是"因人而宜"，要体现出对所有人的激励，体现出对努力进取并获得成就的认同，使每个人都树立只有通过努力工作，才能获得成功的信念和动力，使每个人都有努力的动力和成功的希望，使每个人都有明确努力的方向和工作的目标。制度要关心"人"，不是管理"人"，更不是人管理"制度"。四是学校奖励制度。制度的建设与实施应当保证相对稳定，学校是培养人的地方，人的培养具有长期性，朝令夕改会使制度失去其应有的价值，国外一流大学无一不是具有稳定的管理制度，无论管理者如何变化，制度应一直保持其应有的效力和持续性，制度不稳定不仅使制度执行者无法保障制度运行的效力，更使教师、学生陷入迷茫和对制度无所适从。因此，制度动力要保证其应有的动力，必须强调其发挥动力的周期性，使制度真正地成为推动学校发展的保障动力。

发挥制度的激励作用是大学发展的保障动力，这需要制度本身具有科学性、规范性和可行性，能够保障教育事业的健康运行。因此，突出制度的激励作用，强化制度的规范性是大学发展的有效保障。首先，大学要正确、客观、全面地理解国家层面的各项制度，结合学校的特点领会国家层面制度的内涵，制定符合学校自身发展实际的大学制度。《大学章程》制定的目的就是要学校理清自己发展的制度。其次，大学制度要科学、规范和稳定。大学发展具有较强的规律性，分析大学现实、传承大学历史、总结大学的办学经验是制度建设的重要途径，科学制度一经确立，就要规范运行和保持相对稳定，这是大学人才培养的特殊需要，更是大学内在本质的体现。最后，大学制度要具有激励作用。教学制度、科研制度、人才制度和职称评聘制度等的根本目的是规范学校运行，激励学生、教师和管理者充分发挥潜能，创造知识和提升智慧。因此，制度应当以人为本，以人的发展为主旨，调动各类人才的积极性和主动性，推动学校的发展和变革。

3. 文化的传承和创新是大学发展的精神动力。文化是大学历史传承的因素，是长期办学凝聚的精神动力系统，包含大学发展的社会文化、文化理解、文化包容和文化创新等方面内容，如教学文化、科研文化、教师文化、学生文化、管理文化。大学发展的文化系统渗透在大学的每个角落，通过大学精神表现出来，良好的大学文化是积极的动力，相反将成为影响大学的阻力。一是大学是否形成了良好的校园文化。学者们呼吁大学应当发挥文化传承的作用，当大学被重新赋予文化传承功能时，说明大学文化传承的功能已经被忽视和弱化。如果大学的教师和学生对一所大学没有文化认同，不了解这所大学的文化传统，就无法热爱这所学校，不能成为学校文化的继承者和传播者，学校就会缺乏凝聚力和向心力。文化传承不仅是身在其中的人的共同价值取向，更是推动大学一代又一代的人积极经营和发展大学的精神动力。二是教师的教学、科研态度及教师的文化追求表现出的特质。当前部分大学教师不精勤于课堂教学，不努力追求科研创新，正如金耀基描述当代美国的大学形态时说："由于知识的爆炸及社会各业发展对知识之依赖与需要，大学已成为'知识工业'之重地，学术与市场已经结合，大学已自觉不自觉地成为社会的'服务站'。……而教授之用心着力所在多系研究，教学则越来越被忽视。教授的忠诚对象已不是大学……。"① 当大学文化不能成为积极的推动力，人们对消极的大学文化不再大惊小怪时，说明这种文化已经形成一种风气，已经成为良好校园文化形成的阻力。三是学生文化是大学的重要组成部分。大学不仅仅传授知识，更重要是培养学生综合素养。大学生所形成的丰富的学生文化是大学文化的标志，也是推动学校文化发展的重要力量，大学生的学习活动、科研活动、文体活动、社会实践活动构筑了内容丰富且特色鲜明的大学文化体系，因此，学生文化是影响大学文化动力系统的重要因素。

　　大学文化既体现了兼容并包的多元性，又体现了大学历史积淀的独特性，大学文化是一所大学精神的体现，也是校风、学风和教风的集中反映，大学文化以一种"润物细无声"的方式，推动学校的发展和变迁。发挥大学文化的动力功能就是要全面审视这所大学的办学历史和文化创新。首先，大学要凝练良好的校园文化，形成一种具有人文关怀的教书育人文化，打造一种人人积极向上、和谐的大学文化，构建注重教学、科研和创新的良好氛围和平台，生活在校园的每一个人都开心和幸福；其次，大学要传承历史文化精髓，总结大学长期办学中形成的一种传承大学生存和发展的文化精神，以此作为核心，提升凝聚力，增强每个人的学校文化自豪感，使其热爱学校，热爱自己的事业，热爱学校的学习、工作和生活；最后，大学要创新校园文化内涵，打造特色的文化品牌，以各具特色的文化活动营造学校特殊的文化氛围，以浓厚的人文情怀实现学校特别的管理文化，以求真务实的态度打造特色的教师文化，使学校文化以其特色品牌提升学校文化影响力。

　　4. 环境全面评估是大学发展的制约动力。环境是大学发展的制约因素，包括社会环境、教学环境、生源和就业环境等内容。正如有的学者认为："不管人们怎样强调学术自由的价值、大学自治的必要，但高等教育的国家控制正在许多国家

---

　　① 金耀基. 大学之理念[M]. 北京：生活·读书·新知三联书店，2008：7.

得到强化。"① 近三年来，以美国高等教育为代表的西方教育发展呈现出教育国家化、教育市场化、教育校本化、质量成为控制教育的目的、控制教育的方式从自律为主转向共同治理、办学指导思想出现消费主义倾向和教育问题成为教育哲学反思的焦点等七大趋势。一是社会环境对大学发展的制约不断增强，不断推动大学发展与变革。经济社会转型推动了大学的转型和发展，从办学理念、办学定位、人才培养模式到学科专业设置都发生了根本性的变化，将质量等同于顾客的满意度，这种倾向在教育质量运动的发展过程中得到越来越明显的展示。② 另外，社会各界对大学的批评、指责、建议和高期待，也成为推动大学发展的重要力量，促使大学不断完善。二是教与学环境的问题也推动了大学发展与变革的步伐。目前高等学校的课堂教学多数以就业为导向，知识传授的地位越来越被忽视，实践能力培养成为教师必须面对的挑战，学生模糊的学习目标和越来越冷淡的学习态度，直接冲击大学课堂。市场经济大潮下，大学人才培养方案的改革如走马观花，这种力量正以可怕的速度在大学推行。三是生源和就业的竞争日益激烈，大学必须坚持内涵式发展，提升大学生源质量和就业竞争力，有学者提出"学校必须坚持企业界质量观，质量是机构发展的前提，质量标准取决于顾客的愿望"。③ 高等学校的发展被招生和就业两大杠杆牵引，成为一只无形的手推动以质量为核心的全面教学变革，这已经成为推动高校发展和变革的主要动力。

大学"作为现代社会的重要组成部分，不可避免地受到其他社会子系统的影响"④。大学受到来自外部和内部的各种环境影响，如何认知和评估环境信息的有效性是大学发展必须解决的问题。首先，大学要正确评估发展环境，社会对大学这一组织的关注度是极高的，因为关注，所以社会对大学的要求和期望会更高，期望所有大学都能培养一流人才，希望大学成为神圣的"净土"，希望培养的人直接成为社会各界精英，大学自身应当对这些要求和期望有一个正确评估，面对社

---

① 潘艺林. 外力影响高等教育的尺度[J]. 教育发展研究，2009（19）：9.
② 潘艺林. 消费主义对教育变革的影响[J]. 复旦教育论坛，2009（2）：12.
③ [美]撒丽斯. 全面质量教育[M]. 何瑞薇译. 上海：华东师范大学出版社，2005：10.
④ 王卓君. 中国大学外部经济关系研究[M]. 北京：北京大学出版社，2005：3.

会改革的呼声，不能失去理性，而是应当静下心认真思考当前所面临的发展机遇和挑战，做出正确的行动；其次，大学要全面分析招生和就业环境，不能为了招生和就业需要盲目地迎合市场，勉强承担自己力所不及的任务，或抢分市场一杯羹，而是要深入分析招生和就业形势，努力做好自己的本分，客观做出必要的改革行动，要以提高质量、发展内涵为己任，大力提升自身的人才培养质量和办学水平；最后，大学要重视当前教师受到的各种影响，大学的发展核心力量是教师，教师是否安于教书育人、致力于研究创新是学校发展的关键，社会的变革、环境的变化都会对教师产生重要影响，为此学校必须高度关注教师的教学科研态度，关注教师的精力投入方向，关注教师的思想动态和情感体验，引导教师树立坚定的理想信念，形成积极的职业态度，以饱满的热情投入其从事的职业，以平和的心态从事教书育人和科学研究，形成一种良好的发展环境，激发教师的自我发展和成长的动力，从而推动学校整体的发展和变革。

5. 效益最大化是大学发展的内生动力。效益是大学改革和发展的内生动力，主要包括毕业生质量、教职工待遇、管理者发展前景、教师社会声誉等。大学发展和改革的核心目的是提高效益，而改革效果和成果又是推动大学深入改革和发展的内生动力。一是人才培养质量是大学发展和变革的核心目标，也是评价大学改革与发展成效的关键因素。学生就业率、学生考研率及用人单位的满意度等既是评价学校改革与发展的有效性指标，也是推动学校发展和改革的深层动力。二是教职工待遇是学校效益的重要体现，也是凝聚优秀人才队伍，提升教学研究水平的重要因素。学校的改革和发展成果必然体现在教职工的待遇上，教职工的收入、进修机会和尊重度是学校凝聚力和向心力的表现，良好的待遇不仅能保证教职工工作态度的稳定，更能激励教职工的自律性和进取心，提升教职工的热情和创造力，大学改革的成败关键在于是否有一支勤奋向上的优秀教职工队伍，而教职工待遇是形成这支队伍的保障。三是管理者发展前景是学校改革与发展的保障因素，是不可忽视的推动力量。学校各项改革的推进都离不开管理队伍的智慧和努力，只有让管理者体会到发展的前景，感受到努力可以获得成功和进步的希望，才能让管理者充分发挥个人的潜能，才会激发其工作的热情和动力，推动学校各项制度的落实，否则，管理者的无为，不仅使改革成效打折，使学校的制度、政策不能有效推进，还会阻碍学校改革的进程。因此，管理者的发展愿景是大学必须关注的问题，也是体现学校公平管理、民主治校的重要表现。四是教师社会声誉是大学发展的重要标志。学校在其长期的办学中培养的具有社会影响力和广泛知名度的教师，是学校发展的重要财富，学校在培养名师方面付出努力，不仅体现了学校领导者的办学思想和长远规划，更体现了学校的包容和胸怀。当前，大学投入较大精力引入高水平领军人才，这种方式虽在一定程度上解决了大学发展的燃眉之急，但同时也蕴藏着危机——如果所有大学都依靠引入人才来提升实力，那么将无人培养人才，大学之间"互挖墙脚"的做法，其结果是"双输"，因此，培养和打造优秀教师，是学校发展的必然选择，更是推动学校发展不可或缺的举措。

大学提高质量、发展内涵是其永恒的主题，也是大学发展的内生动力，大学如何实现办学效益最大化是其根本职责。大学必须梳理清楚自身发展和变革的效益是什么，大学人才培养的长期性如何应对市场变革的动态性，如何在人才培养质量方面获得最大效益等问题。首先，大学必须科学定位，将办学优势、现实条件和市场需求进行全面分析，并在此基础上确定人才培养的目标、内容和方法，既要变革创新，又要安守本分，真正弄清楚什么是改革的、什么是发扬的、什么是传承的，不能丢了西瓜也没捡到芝麻，也不能因噎废食、故步自封；其次，大学必须兼顾长期效益和近期效益，大学人才培养质量的提高是一个循序渐进的过程，不能一蹴而就，不能急功近利，不能只考虑近期效益，而打破高等教育人才培养的规律，应当一步一个脚印地按照人才成长的规律，按照质量标准、提高人才培养质量；最后，大学应当充分考虑整体效益和局部效益统一，不谋全局者，不足谋一域，在提高学生质量，实现学生效益最大化的同时，必须兼顾学生、教师、管理者在大学发展和变革中的效益都实现最大化，才会促进学校整体效益的最大化，因此，教师的经济待遇、发展机会、社会声誉的提升，是学校实现效益最大化的内生动力。

三、高校发展的动力机制

高校具有特殊地位，其动力机制包括内部动力机制和外部动力机制，深入研究地方高校发展的动力机制是研究协同创新的基础。

（一）高校发展的内部动力机制

1. 教育观念的创新。第一，要建立学校是市场的主体和面向市场需求办学的观念。学校要实现办学目标，首先要把高校置于市场主体的位置。第二，要建立开放办学的观念和充分利用教育资源的观念。为了密切与社会的联系，学校一切教育资源的配置应该向社会开放，为社会与企业服务。第三，要建立学校的负债经营、自我发展的教育投资观念。作为发展中国家，靠国家现有财力直接投入教育的额度必然是有限的，地方高校的发展依靠地方财政投入更是有限，而经济欠发达地区需要有更多、更高素质人才支撑。

2. 教育内容的创新。第一，要改变传统的以学科为中心的构建思路，以本行业职业成功者和业绩优异者的知识结构、能力结构、理念结构，企业家对本行业人才的需求，掌握本行业科研前沿专家的提示等三方面为基础优化教育内容结构、提升教育质量、满足社会需求。第二，要改变传统的同专业单一化结构模式，构建同专业多角化结构模式，以适应受教育者因材施教的需求。第三，教学内容的设置既要考虑学生毕业时的就业，又要考虑到未来职业生涯的发展，重在培养学生的学习精神与能力的形成。

3. 教育方式的创新。在教育方式的选择上要遵循三个原则。第一，"实践第一"的原则。学校应该充分利用地方企业作为校外实践基地，形成"校企互动"的优势，并充分创造校内实践基地的条件，有目的地不断为学生提供更多的实训环节，让学生把理论知识与实践结合起来，培养学生的实践能力，以及在实践中解决问题的能力。第二，要建立创新第一的原则。要使学生不断去主动思考与创造创新的环境，提高创新的实践能力，同时应在教学过程中不断设计实践问题让学生去思考和解决。第三，切实贯彻弹性学制。即采用学分制和模块式教学方式，让学生积累学分或者学完模块课即达到毕业的要求，以确保理论和实践教学与就业有充分结合的时间与空间。只有这样，才能保证学校教育与社会需求有效接轨。

（二）高校发展的外部动力机制

高等教育发展的现有资源主要有：第一，政府与领导的权力与地位的影响力，如党政主要领导参与办学的重大决策、参与学院领导班子建设，政府的直接投资、制订办学的优惠政策、政府的舆论工具与传媒宣传资源、对企业和社会各界支持办学给予优惠或精神鼓励等。第二，制度与领导的非权力影响力，如领导带头捐资、带头宣传投资办学的前瞻性意义与后续效应。第三，隐含在各级各类企业中的资源，如良好的企业精神、企业投资、企业各种人才作为师资来参办高等教育、企业的设备和场地等，而去投资办学的资源恰恰是办好特色地方高等教育的最有效资源，关键在于如何开发和利用。第四，隐含在社会中的各种存量办学资源，如办学效益能否较好发挥的各级各类职业学校、各种教育、教学管理人才，各种师资、各种资金等。

1. 实现高校与社会资源的共享。要打破体制机制的各种束缚，以基础设施共享优化区域资源配置，提高财政投入收益，要解决地方高校的公共社会事业政府投入不足与加快发展之间的矛盾，就必须打破机制体制、隶属级别等各种条条框框，在基础设施建设上依照"共建、共享、调整、补充"等原则，避免重复建设，以有限的政府资金调动全社会的积极性，获得最大的资源效应和效益。从某种意义上来说，通过图书馆、公共体育设施、后勤服务等资源的共享共建，可以从战略上兼顾区域社会事业和高等教育的投入，有助于政府在财力有限的情况下，通过资源结构调整和优化配置，下决心实施地方高等教育发展战略，加快建设地方高校，推动地方高等教育事业的发展。依托社会环境，以教学资源共享推进高等教育的改革和发展，要实现社会资源为教育教学共享，促进创新型人才培训。通过社会资源为教育教学共享，让学生直接参与或接触社会生产的实际过程，为学生创造一个提高综合素质、感受市场机制的实践环境，培养他们的创新意识、创新能力和实践能力。

2. 加快人才互动，以成果资源共享促进区域经济发展，实现教学成果为社会共享。地方高校要围绕区域产业结构的变化，提高应变能力，加快改造传统产业、整合现有的学科专业结构，发挥专业设置的相对灵活性，构筑起主动适应区域经济、社会发展的专业运行机制，使专业改造调整和人才预测顺应区域经济发展的趋势和目标。同时要根据区域经济发展的要求，加快人才培养模式和教学方法的改革，使其在相应的层次上办出特色。

3. 采取有力措施引进人才。抓住机遇，扩大宣传，以优质的就业环境引进人才，从某种意义上说，人才流动过程主要是人才个体选择理想的工作状态以实现自身价值的过程。地方高校，尤其是西部地方高校条件差、办学条件落后，如果对学校进行此类宣传，所带来的负面影响要远大于正面影响，不但吸引不到优秀的人才，相反还会让更多的人知难而退。其实换个角度思考，落后是挑战，同时也是机遇，它虽然一方面给人才工作、学习、生活等带来很多不便，但同时也为人才的发展提供了更为广阔的空间，有人指出地方高校与其他重点高校相比，其优势就在于机遇，而机遇对人才的发展是至关重要的。地方高校是一个机遇"宝库"，我们宣传的不是它的辉煌历史，而是它的发展前景，它为人才发展提供的机遇。

4. 物尽其用，人尽其才。以事业引才，创造良好的工作环境和条件，增加必要的设备投资，提供一定的科研启动费，资助人才开展科学研究、参加学术活动、出版专著和发表论文等，为人才搭建施展才华的舞台，使物尽其用，人尽其才，是地方高校人才引进的重要途径和举措。人才流失的原因，不仅与待遇、政策有关，也与施展才华的机会、深造提高的机会有关，还与人才的人际关系是否良好，是否受到尊重和理解，竞争环境是否公平，取得成就能否被承认，合法权益能否得到保障等有关。地方高校要营造一个尊重知识、尊重人才的良好氛围，制定好的政策，造就人才脱颖而出的机制，使他们在精神上舒畅，情感得以满足，这是人才引进的重要方面。

5. 多渠道筹措资金解决办学经费。由于地方高校在整个高校梯级中一直处于底层，不像其他重点高校，国家投入较多，许多知名企业、集团给予的资助多，在教学、科研和办学经费方面，相对比较充裕。地方高校办学经费一直比较短缺，使用起来也是捉襟见肘，这严重影响了其生存和发展，在发挥为地方区域经济发展服务方面的作用也有所减弱。鉴于此种情况，地方高校应该在积极争取省市两级财政拨款的同时，主动走出去，努力寻求地方企业的资助，可以和企业达成互惠协议，实现产学研结合，企业出科研经费，学校为其搞科研，之后应用于企业生产，为企业增加经济效益。同时，利用地方高校现有的资源开办企业和各种培训、辅导班等也是筹措资金的一个渠道。再者，地方高校也应利用一些社会机构，扩大宣传，吸引一些有能力的机构和个人予以捐款或设立奖学金、助学金，一定程度上缓解经费短缺的问题。

第四章　高校质量评价及指标体系

教育质量评价是世界高校面临的难题，但又不可或缺。我国正从高等教育大国向高等教育强国迈进，如何判断和评价高等教育的"高质量发展"，是实现高等教育强国的重要保障机制。因此，构建科学、合理、有效和可操作的高校质量评价体系是不同时期高等学校理论研究、实践探索和政策完善的艰巨任务。高等学校发展和变迁中，高校质量评价一直相伴。综合分析看，高校质量评价主要有以下几种观点：（1）"统一评价"还是"分类评价"。即用"一把尺子"衡量所有高校，还是"多把尺子"衡量不同类别高校。（2）"定量评价"还是"定性评价"，即采取"硬指标"量化评价，还是"软指标"质化评价。（3）"官方评价"还是"民间评价"。即"政府组织"评价高校，还是"民间第三方组织"评价高校。（4）"学校整体业绩评价"还是"学校代表业绩评价"。即"面面俱到"对学校整体业绩评价，还是"以点带面"对学校代表业绩评价。本章在对当前高校质量评价理论、实践和政策等成果整合的基础上，构建了本课题的理论基础、基本内容及研究目标，经过实践检验和系统分析，形成本课题成果。

一、高校分类及评价政策

（一）一流高校（浙江大学）

浙江大学是一所特色鲜明、在海内外有较大影响的综合型、研究型、创新型大学，办学历史悠久、声誉卓著。从基本办学资源来看，浙江大学共有哲学、经济学、法学、教育学、文学、历史学、艺术学、理学、工学、农学、医学、管理学、交叉学科等 13 个学科门类，设有 7 个学部、39 个专业学院（系）、1 个工程师学院、2 个中外合作办学学院、7 家直属附属医院。学校共有紫金港、玉泉、西溪、华家池、之江、舟山、海宁 7 个校区，占地面积 6890108 平方米，图书馆总藏书量 797.1 万册。

从教育教学方面看，截至 2021 年底，全日制在校本科生 29286 人（含国际学生），硕士研究生 25304 人（含非全日制硕士研究生、国际学生），博士研究生 15362 人（含非全日制博士研究生、国际学生）。全校在职教职工 9778 人，其中专任教师 4383 人（正高职称 2010 人；副高职称 1288 人。教师中有中国科学院院士、中国工程院院士（含双聘）61 人、文科资深教授 15 人、教育部"长江学者奖励计划"特聘教授 108 人、国家杰出青年科学基金获得者 172 人。

从科学研究方面看，2019 年浙江大学科研总经费 53.50 亿元，比 2018 年增长 17.32%。获国家自然科学基金项目 909 项，国家自然科学基金总经费 8.04 亿元，其中基础科学中心项目 1 项、国家杰出青年基金项目 10 项、优秀青年基金项目 24 项、重点项目 34 项。获批国家社科基金各类项目 69 项，其中获国家社科基金重大项目 10 项。获得国家科学技术奖励 16 项，其中作为第一完成单位，荣获国家技术发明奖二等奖 2 项，国家科学技术进步奖二等奖 4 项。据 2020 年 1 月公布的 ESI 数据，19 个学科进入世界学术机构前 1%（新增经济与商业学科）；7 个学科进入世界前 100 位，5 个学科进入世界前 50 位；8 个学科进入世界前千分之一，1 个学科进入世界前万分之一。被 SCI 收录第一单位论文 8230 篇，作为第一完成单位在《细胞》《自然》《科学》三大期刊及子刊发表论文 92 篇。被 SSCI 收录论文 931 篇，被 A＆HCI 收录论文 96 篇。十年累计论文被引 832434 次，中国卓越科技论文收录 4527 篇。获授权国家专利 2853 件，其中获授权发明专利 2326 件。

从社会服务方面看，浙江大学服务区域经济社会发展，新签横向技术合同 3558 项，合同经费达 24.22 亿元，横向到款科研经费达 14.49 亿元。转化科技成果 224 项，知识产权签订合同额 0.92 亿元，成果转化收入 0.45 亿元。继续教育办学总收入超 10.84 亿元。

从国际交流与合作方面看，接待海外访问团组 1247 人次，新签和续签校际合作协议及学生交换协议48项，全校师生海外学习交流总数达到15338人次，其中本科生赴海外学习交流 5667 人次，同比增长 28.3%；研究生公派出国（境）4447 人次，同比增长 34.3%，研究生参加高水平国际学术会议人次同比增长 18.9%，博士研究生海外交流率达 111.38%。①

（二）一流学科高校（宁波大学）

宁波大学是一所新兴的地方综合性大学，是国家"双一流"建设高校，浙江省、教育部、宁波市共建高校，国家海洋局与宁波市共建高校，浙江省重点建设高校。从基本办学资源来看，宁波大学有主校区（宁波高教园区北区）、梅山校区和植物园校区等多个校区，占地 3037 亩，建筑面积 123.57 万平方米。图书馆面积 5.1 万平方米，拥有纸质图书307.79 万册、电子图书243.4 万册。学科涵盖经、法、教、文、史、理、工、农、医、管、艺 11 大门类，设有 25 个学院，3 家直属附属医院。

从教育教学方面看，截至 2022 年 6 月 30 日，共有全日制本科生 14818 名，各类研究生 9919 名，来华留学生 1741 名（其中学历生 1603 名），高等学历继续教育学生 13327 名。学校共有教职工 3065 名（其中教学科研人员 2058 名），其中正高职称人员 533 名，副高职称人员 701 名，博士学位人员 1567 名。学校建有 7 个省一流 A 类学科、6 个省一流 B 类学科。据 ESI 公布的数据，工程学、临床医学、化学、材料科学、动植物科学、农业科学、环境与态学 7 个学科进入世界学术机构前 1%。学校有 9 个一级学科博士学位授权点，3 个博士后科研流动站，31 个一级学科硕士学位授权点，25 个硕士专业学位授权类别，60 个本科招生专业。

从科学研究和社会服务方面看，获得国家自然科学奖二等奖 1 项、国家技术发明奖二等奖 1 项、国家科技进步奖二等奖 2 项，实现了国家科学技术奖三大奖项的全面突破。学校与各级政府共建地方研究院 11 个，与龙头企业共建校企研究

---

① 浙江大学. 浙江大学 2021 年统计公报［EB/OL］. http://www.zju.edu.cn/588/list.htm.

院 14 个，与地方政府、企事业单位共建校企（地）科研合作平台 180 个，实现科技成果作价投资 2 例，获评中国高校产学研合作十大优秀案例。

从国际交流与合作方面看，学校与 70 多个国家和地区的 170 多个学校和研究机构建立了合作交流关系。建有中外合作办学机构 1 个（宁波大学昂热大学联合学院），中外合作办学项目 4 个（中法临床医学双博士、中澳 MBA、中美精算、中加汉伯项目）。来华学历留学生规模连续多年居省属高校第 1 位。建有 2 个海外孔子学院（冰岛北极光孔子学院、马达加斯加塔马塔夫大学孔子学院）。学校全面开展了与港澳台地区的交流合作，与香港中文大学、香港浸会大学开展了校际学术及学生交流与合作，与台湾海洋大学、台湾淡江大学、台湾东吴大学等 34 所台湾高校签订了校际学术交流与合作协议。学校与香港中文大学开展的甬港两地大学生互访研修活动，被列为教育部"万人计划"项目。①

（三）地方高校（宁波工程学院）

宁波工程学院是由宁波市人民政府举办的全日制普通本科院校，创建于 1983 年，于 2004 年开办本科。从基本办学资源来看，学校总占地面积 120 万平方米，有教学、科研仪器设备资产总值 5.15 亿元，本科教学实验仪器设备 17980 台（套），合计总值 3.073 亿元，学校有省部级实验教学中心 7 个。截至 2019 年底，学校拥有图书馆 2 个，阅览室座位数 4298 个，图书馆拥有纸质图书 154 万册。

从教育教学方面看，截至 2022 年 2 月，全校教职工 1155 人，其中专任教师 896 人。学校共有 3 个校区均为本地校区，学校有省部级重点实验室 1 个，省部级高层次人才 58 人。学校本科专业总数达 48 个，招生专业 42 个，在校全日制本科学生 14300 余人。专业涵盖 5 个学科门类，目前本科专业布局结构为：工学专业 23 个占 50%、理学专业 4 个占 8.7%、文学专业 6 个占 13.04%、经济学专业 3 个占 6.52%、管理学专业 10 个占 21.74%。自 2009 年起，学校陆续与太原理工大学、长安大学、北京科技大学、中国矿业大学等国内高校联合培养研究生。截至 2019 年，教师获聘兼职博士生导师 7 人，硕士生导师 86 人，已累计联合培养的

---

① 宁波大学. 宁波大学概况［EB/OL］. https://www.nbu.edu.cn/ndgk1/ndjj.htm.

研究生 200 余名。在校联合培养研究生人数为 76 人，其中博士后 1 人，博士 14 人，硕士 61 人。

从科学研究方面看，学校学科建设紧密结合宁波地方经济社会发展需要，科学布局和调整学科结构。学校现有浙江省一流建设学科 B 类 6 个，宁波市重点建设学科 A 类 5 个、B 类 2 个，形成材料与化工、土木与建筑、电子与计算机、机械工程管理科学与工程等特色学科群。学校拥有省级工程技术中心 1 个，省级智库 1 个，市级重点实验室、市级协同创新中心、市级工程技术研究中心 6 个，市级社科研究基地 4 个，市级社科基地 3 个，省科技创新团队 1 个，市科技创新团队 2 个。这些平台和基地为进一步汇聚人才，锻炼队伍，增强社会服务能力，推进学科建设发展发挥着重要的作用。[①]

从国际交流与合作方面看，宁波工程学院的前身是德国援建的四所高校之一——宁波高等专科学校。学校陆续开展了中德合作、中澳合作和中美合作，如与美国特拉华州立大学、西弗吉尼亚州立大学、韦恩州立大学以"4+0"的模式，开展人才培养。同时，学校全面融入地方经济社会发展，通过与各大学和研究所合作，推进产教融合、校政企合作，为区域发展培养高层次的应用型人才、提供高水平的应用技术研究。与中国科学院武汉岩土力学研究所共建岩土力学与工程国家重点实验室宁波工程学院工程软土实验中心；与同济大学国家土建结构预制装配化中心合作建设国家土建结构预制装配化中心宁波分中心；与中国社科院合作共建港口城市发展与环境研究中心和国际港口与物流中心；投资 3 亿元建成宁波市先进制造业公共培训平台；与教育部共建国家先进技术课程创新基地和中国现代教育研修中心宁波分中心落户翠柏校区；实施百名博士（教授）服务百家企业的"双百"工程，助力地方经济转型升级。[②]

（四）民办高校（宁波诺丁汉大学）

宁波诺丁汉大学是中国第一个具有独立校区和独立法人资格的中外合作办学机构，由英国诺丁汉大学与浙江万里学院合作创办，2004 年 9 月正式创办。

---

① 宁波工程学院. 学校简介 [EB/OL]. https://www.nbut.edu.cn/xxgk/xxjj.htm.
② 宁波工程学院. 学校简介 [EB/OL]. https://www.nbut.edu.cn/index.htm.

从基本办学资源看，校园位于浙江省宁波市，占地面积 887 亩。图书馆总建筑面积接近 24000 平方米，有 331 个与学科相关的全英文专业数据库，逾 19.8 万册电子期刊和 89 万多册电子书。丰富的电子资源覆盖商科、人文社科和理工等全部学科。学校持续进行服务与设施升级，坚持以人为本，建设和谐校园。2019 年 7 月，宁波诺丁汉大学牵手中国电信和华为公司，签署了 5G 建设与应用战略合作协议，加大校园 5G 基础设施规划建设投资，推动全校 5G 移动网络覆盖，打造国内一流的 5G 网络先行区域，提升数字化校园的基础能力。同时配备无障碍设施和服务，对体育馆设施设备升级改造和对实验室基础设施改造。在 2019 建成了 MRI 核磁共振实验室（PMB119）、计算机科学及人工智能实验室（PMB433），宁波自贸区区块链实验室（IAMET206-209），为一系列高质量的教学实践环节提供了完善的基础设施。

从教育教学方面看，截至 2019 年，学校总人数达到 8949 名，其中在校生人数为 7887 名，其他学生在海外参加"2+2"或交换留学项目。师生来自 70 多个国家和地区，国际化氛围浓厚。宁波诺丁汉大学拥有商学院、人文与社会科学学院、理工学院三大学院。共设 22 个本科专业、12 个硕士研究生专业和 23 个博士研究生培养方向。学校自 2012 年起委托第三方机构 i-Graduate 开展学生满意度调查，内容涵盖学生申请、报到、教学、生活、服务支持、校园环境、未来规划等多方面，积极倾听学生的反馈和声音，努力提升学生的在校体验。2019 年调查结果显示，学校学生的整体满意度为 93.3%，高于全球高校参照组 89.9%的平均满意度和亚洲高校参照组 89.5%的平均满意度。

从科学研究方面看，宁波诺丁汉大学以"汇聚全球智慧，解决地方难题"为己任。2018—2019 学年，学校不断提升本土化策略和科研实力，扩展科研创新收入来源，实现竞争性科研收入项目 93 个，收入约 4600 余万元。在国内纵向经费申请中，学校共争取获得国家级项目数 14 项，包括国家自然科学基金项目 12 项，以及国家社会科学基金资助 1 项。2019 年论文发表共 426 篇，平均综合影响因子为 1.73。

从国际交流与合作方面看，根据 2019 年软科排名显示，学校的国际化排名为全国第 7 名，处于浙江省高校首位。2019 年，学校积极扩展海外院校合作关系，新增国际合作院校 16 个，分别来自美国、英国、意大利、西班牙及马来西亚等国家。截至目前，学校共有海外合作院校 131 所，分布在超过 40 个国家和地区，为学校国际化交流与对外合作打下了坚实的基础。全球校友联络分会达到 23 个，包括中国的北京、上海、香港、深圳、杭州、宁波、云贵、台湾和英国（伦敦）、美国（纽约、南加州地区）、德国（柏林）、加拿大（多伦多）、澳大利亚（悉尼、墨尔本）等，海内外校友分会的设立扩大了宁波诺丁汉大学的影响力，方便学校与校友的持续服务和支持。

（五）职业院校（宁波职业技术学院）

宁波职业技术学院是教育部批准成立的公办全日制职业技术学院，是中国特色高水平高职建设学校、国家首批示范性高等职业院校、全国深化创新创业教育改革示范校、全国首批职业院校数字校园建设实验校、浙江省重点建设高职院校、浙江省国际化特色高校建设院校、浙江省四年制高职试点学校。

从基本办学资源看，北仑区人民政府和宁波职业技术学院策划共建"北仑图书馆"，总建筑面积为 3.45 万平方米，于 2014 年投入使用，院馆拥有纸质资源 91 万册，镜像版电子图书 130 余万册。

从教育教学方面看，现有全日制高职在校生 9000 多名，非全日制学生和各类培训人员 16000 多人。学校下设 8 个二级学院，形成与浙江省和宁波市主导和优势产业高度匹配的智能装备制造类、应用化工类、电子信息类、港口物流电商类等 8 个专业群、33 个专业，打造了一批优势专业和特色专业，机电（海天）学院是宁波市特色学院。学校建设形成成功大学、思源基金、班集体特色项目、校友名片工程、非遗文化传承、创新创业等一系列校园文化品牌项目。

从社会服务方面看，学校与地方开展全面战略合作，紧紧围绕地区经济发展需求，与各级政府携手成立宁波开发区数字科技园、宁波服务外包学院、宁波市现代服务业产业基地、人力资源开发服务基地、科技创新服务中心、大学生创业园、中小微企业创业基地等；与县级区余姚市政府共建中高职衔接的阳明学院，共同探索中高职一体化办学管理体制。

从国际交流与合作方面看，学校配合国家"一带一路"倡议，积极探索海外办学，促进中国职业教育"走出去"，通过特色国际化办学有效提升中国高职教育的国际影响力。迄今已为来自123个发展中国家的3691名教育及产业界官员进行培训，在贝宁成立"中非（贝宁）职业技术教育培训学院"，与中国教育国际交流协会、市教育局倡议成立"一带一路"产教协同联盟。①

二、评价体系及实践

（一）评价指标内涵

2019年，我国普通高等学校数量达到2688所，其中本科院校1265所（含独立学院257所）、高职（专科）院校1423所，普通本专科在校生数达到3031万人。②

我国学科评估指标体系采用师资队伍与资源、人才培养质量、科学研究水平和社会服务与学科声誉四个指标体系。③作为发展中国家，我国高等教育在规模上取得不俗的成绩，成为世界高等教育大国。对高校进行分类是高等教育发展的必然要求，建立不同体系的评价标准衡量高校分类的合理性和适用性，有利于社会对高校的管理，保证高等教育的健康发展。对大学科学合理地分类，不仅能促使各类高校明确自己的定位、认清发展方向、制订合理的发展规划，而且能使各大学评价机构能够根据不同的标准对各类大学进行更细致的评价，从而给予大学反馈信息，促使大学更好地发展。

---

① 宁波职业技术学院. 学校简介[EB/OL]. https://www.nbpt.edu.cn/704/vist.htm.

② 中华人民共和国教育部. 2019年全国教育事业发展统计公报[EB/OL]. http://www.moe.gov.cn/jyb_sjzl/sjzl_fztjgb/202005/t20200520_456751.html.

③ 中国学位与研究生教育信息网站. 全国第四轮学科评估工作概览[EB/OL]. http://www.cdgdc.edu.cn/xwyyjsjyxx/xkpgjg/283494.shtml#3.

（二）评价指标应用（部分省市高校分类实践）

1. 上海市

2015 年 12 月，上海市发布了《上海高等教育布局结构与发展规划（2015—2030 年）》（下称"《规划》"）①。《规划》对上海市高校的分类规划是：构建高校分类发展体系，为人才培养主体功能和科学研究类型为基本依据，将高校划分为"学术研究、应用研究、应用技术、应用技能"四种类型；以主干学科门类或主干专业大类建设情况为基本依据，将高校划分为"综合性、多科性、特色性"三个类别，形成横向为"综合性、多科性、特色性"三类和纵向为"学术研究型、应用研究型、应用技术型、应用技能型"四类的"3×4"宫格二维分类模式②。目的是通过分类管理和分类评价，引导上海市各高校自主发展和定位，形成"二维"高等教育分层分类管理体系。具体分类体系见表 4-1：

表 4-1 上海市高校"十二宫格"分类体系③

人才培养主体功能	学科专业集聚度		
	综合性（学科门类或专业大类≥7 个）	多科性（学科门类或专业大类 3—6 个）	特色性（学科门类或专业大类 1—2 个）
学术研究型	培养学术研究人才；拥有国际影响力的一流教研人员；A≥0.7∶1；B>25%；C≥30%；D≥30%。	培养学术研究人才；拥有国际影响力的一流教研人员；A≥0.7∶1；B>25%；C≥30%；D≥30%。	—

① 上海市人民政府：《上海高等教育布局结构与发展规划（2015—2030 年）》[EB/OL]. http://shanghai.gov.cn/nw12344/20200814/0001-12344_45954.html.

② 董少校. 上海首次公布 2030 年高校宫格二维分类规划[N]. 中国教育报，2015-4-13（1）.

③ 李明磊，李艳艳. 上海市高校"十二宫格"分类政策及对北京市高校的启示[J]. 北京教育（高教），2020（02）：27-31.

人才培养主体功能	学科专业集聚度		
	综合性（学科门类或专业大类≥7个）	多科性（学科门类或专业大类3—6个）	特色性（学科门类或专业大类1—2个）
应用研究型	培养应用研究与开发人才；拥有海外学习研究经历的高水平教研人员；A≥0.2∶1；B>50%；C≥0；D≥10%。	培养应用研究与开发人才；拥有海外学习研究经历的高水平教研人员；A≥0.2∶1；B>50%；C≥0；D≥10%。	培养应用研究与开发人才；拥有海外学习研究经历的高水平教研人员；A≥0.2∶1；B>50%；C≥0；D≥10%。
应用技术型	—	培养专业知识和技术应用人才；拥有行业、产业实践经历的高水平"双师双能型"教师；A≥0；B>75%；C>0；D≥0。	培养专业知识和技术应用人才；拥有行业、产业实践经历的高水平"双师双能型"教师；A≥0；B>75%；C>0；D≥0。
应用技能型	—	培养专科层次操作性专业技能人才；以符合"双师双能型"要求的教师为主体；A、B、C均为0。	培养专科层次操作性专业技能人才；以符合"双师双能型"要求的教师为主体；A、B、C均为0。

该分类方法借鉴美国加州和德州高等学校分层分类管理经验，以人才培养和学科为分类依据，强调输入指标、淡化排名。该方法指标明晰，定位明确，可操作性强，利于引导不同层次和类别的高校自主定位，凝练办学特色，立足各自领域竞争一流。《上海高等教育布局结构与发展规划（2015—2030年）》中明确了三大战略举措和四大组织保障措施，强调以人才培养需求为导向调整优化高校布局结构，以教育治理现代化为目标构建高校分类发展体系，以重点领域为突破口深化高等教育体制机制改革，明确建立规划落实组织领导与推进制度，加强法律法规及配套政策建设，制定规划实施的路线图，不仅有利于实现高等学校分类管理以发展高等教育，也为落实规划提供了可靠的资源保障。

2. 河南省

2015 年 11 月，河南省政府办公厅印发《转发省教育厅关于促进普通高等学校分类发展指导意见的通知》，提出"高校分类发展计划"，明确了河南省普通高校分类发展的总体思路、办学定位的具体要求和相应的配套保障措施。其中指出河南省要从 2015 年起，重点建设高水平综合性大学 2—3 所、特色骨干大学 5 所、示范性应用技术类型本科院校 10 所左右、品牌示范高等职业学校 30 所左右。[①]

河南省"高校分类发展计划"以办学水平和特色较为突出的高等学校为引领，通过重点建设，充分发挥引领示范作用，有效地引导河南省内各高校合理定位，差异化发展，形成结构合理的多元化的高等教育体系。各类高校的办学发展定位、人才培养重点、学科专业结构、科学研究方向等方面设置的目标在河南省《关于促进普通高等学校分类发展的指导意见》中都有较为明确的体现，具体设置见表 4-2。[②]

表 4-2　河南省"高校分类发展计划"高校类型层次设置

层次	分类			
	高水平综合大学	特色骨干大学	应用技术型大学	高职高专院校
研究生教育	发展	提升	适度	—
本科教育	巩固	巩固	发展	—
专科教育	—	停办	兼顾	巩固

资料来源：河南省教育厅《关于促进普通高等学校分类发展的指导意见》。

根据河南省人民政府于 2015 年 7 月发布的《关于深化高等教育综合改革全面提升服务经济社会发展能力的意见》，[③] 其中特色骨干大学数量与"河南省普通高校分类发展计划"要求有出入，根据该意见，结合河南省"高校分类发展计划"，河南省 4 种类型的普通高校设置的数量分别是 2—3 所、7—10 所、10 所左右、30

---

① 河南省人民政府. 转发省教育厅关于促进普通高等学校分类发展指导意见的通知[EB/OL]. http://www.henan.gov.cn/2015/12-18/247453.html.

② 薛宏. 河南省普通高等学校分层分类发展研究[D]. 郑州：郑州大学，2016.

③ 河南省人民政府. 关于深化高等教育综合改革全面提升服务经济社会发展能力的意见[EB/OL]. https://www.henan.gov.cn/2015/07-30/239245.html.

所左右；在 129 所普通高校中所占比例约为 2%、7%、8%、23%。其中高水平综合大学、应用技术型大学、高职高专院校设置数量为大约数，而特色骨干大学设置数量为确定数。

3. 山东省

山东省于 2011 年 7 月发布《关于山东省高等教育名校建设工程实施意见》，提出重点建设 3—5 所应用基础型人才培养的特色名校、10—15 所应用型人才培养特色名校、20 所技能型人才培养的省级示范高职高专院校，分别培养的是高层次创新人才、高素质应用型人才、高素质技能型人才，发展目标分别是达到国内同类院校先进水平、在全国同类高校中有较为突出的办学特色和较高的办学声誉、在全国同类高校中有较大影响。该工程分为三批进行。山东省已批准建设的应用基础型特色名校有 5 所，应用型特色名校有 15 所，技能型特色名校有 20 所，民办本科特色名校有 2 所，自筹经费建设特色名校有 13 所，共计 55 所，覆盖山东全省 39.86% 的高校。①

山东省该项工程实施的是名校引领计划，体现的是高校分层分类发展理念，目的是促进山东省内的高校多样化发展，增强高等教育和高等学校服务经济社会发展的能力。2012 年，山东省在实施高等教育名校建设工程基础上，进一步加强对高等学校的分类指导，将所有省属高校分为应用基础型、应用型、技能型三类，实行分类管理，进行分类建设，引导高校明确定位、突出特色。山东省对高等学校管理由"等级办学、等级管理"向"分类办学、分类管理"模式转变，依据的是自身高等教育发展现状，以人才培养为根本，对应社会人力资源多元化需求，有效地推动了各类高等学校统筹协调发展。② 山东省名校建设工程和以此工程为基础的分类方案对山东省高等学校发展产生了良好的引导作用。

2019 年 4 月，山东省印发《关于推进新时代山东高等教育高质量发展的若干

---

① 山东省教育厅. 关于山东省高等教育名校建设工程实施意见 [EB/OL]. http://edu.shandong.gov.cn/art/2011/12/8/art_11990_7739646.html.

② 魏海政. 山东推进高校分类管理 [N]. 中国教育报，2012-11-6（1）.

意见》，其中明确提出"加强考核与评价。建立高校分类管理与评价体系，按年度组织开展绩效考核，考核结果作为财政预算管理和实施奖惩的重要依据"的改革工作部署，明确了不同类型高校的发展定位。I类高校承载着一流大学、一流学科建设的责任担当，强化学科特色，积累学科优势，增强发展后劲，提升学科水平，建设拥有某一高水平学科的大学是其战略发展的关键目标。II类高校肩负着以应用学科建设带动卓越专业人才培养、培养高层次应用型人才的社会使命。III类高校以培养面向生产、建设、管理、服务一线的高素质应用型人才为主要目标，是高职—应用型本科—专业硕士有效贯通的中坚力量。[①] 通过分类考核，引导本科高校分类发展，从而推进山东高校分类管理，是山东本科高校分类考核实施方案的要旨所在。

一、评价指标体系的基本内涵

（一）成果简介

1. 成果基本内涵。本成果是在浙江省高校人文社科重大攻关课题"高校人才培养质量保障体系研究"的基础上结合当前大学质量评价存在的问题形成方案，构建指标，进行实践和总结分析而成。成果立足大学本质内涵，基于高校"人才培养、科学研究、社会服务、国际交流和文化引领"五大职能，抓住"学校、教师和学生"三大要素，构建以"学校办学、教师教学和学生学业"的"总体业绩和代表业绩"两大业绩为核心的"532"高校质量评价体系。

2. 成果基本观点。（1）评价的前提是可量化、可比较，因此，成果评价选择了"人才培养、科学研究、社会服务、国际交流和文化引领"的指标；（2）评价的基础是普遍的、共性的要素，因此，成果评价选择的对象是"学校、教师和学生"的指标；（3）评价的目标是总体绩效和代表绩效，因此，选择"学校办学实绩、教师教学业绩和学生学业成绩"的指标（见图4-1）。

---

① 宋旭红. 分类考核背景下山东本科高校分类建设的路径选择[J]. 山东教育（高教），2019.

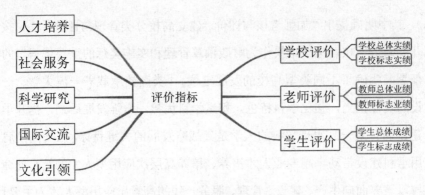

图 4-1 评价指标体系结构图

（二）主要解决的教学问题

1. 解决了高校质量发展主要"评价谁"，即评价对象不明确的问题。本成果基于学校教育的核心要素，明确了"学校、教师和学生"三要素作为高校质量评价对象，通过"学校、教师和学生"在"人才培养、科学研究、社会服务、国际交流和文化引领"高校五大职能的贡献率评价，既考查了单一要素的单项发展水平，又考查了单一要素的多项发展水平，还考查了三个要素综合发展水平。

2. 解决了高校质量发展主要"评什么"，即评价内容不统一的问题。本成果基于大学本质的五大职能，明确以"人才培养、科学研究、社会服务、国际交流和文化引领"高校五大职能的实现度为评价内容，构建了评价对象（三大要素）、评价内容（五大职能）、评价目标（两大业绩）的"三位一体"高校质量评价体系，回归大学本质，遵循高等教育规律，立足高校基本职能考查高校质量发展水平。

3. 解决了高校质量发展应该"怎么评"，即评价方法不具体的问题。本成果基于"整体与部分统一"原则，选取"三大要素"在"五大职能"方面的"总体业绩和代表业绩"作为评价目标，以"办学实绩、教学业绩、学业成绩"为主线，建构了"同一目标"下的学校"不同对象"的评价体系。此成果既从整体上考查了学校的发展水平，又分别考查了教师和学生发展水平，还考查了大学某一职能的不同对象的发展情况。

二、评价指标体系解决教学问题的方法

（一）文献综述法解决高校质量评价的理念和观点

通过理论文献、政策文本、实践报告等综合文献的历史梳理及国别比较，解决高校质量评价对象、评价内容、评价方法的基本理论、核心要素及关键指标等方面的理论梳理和指标体系建构的问题。确立新的质量评价理念，形成新的质量评价指标体系，探索新的质量评价方法，为教学改革实践和推广奠定基础理论依据和科学的指导思想。

（二）教学实践法解决高校质量评价指标的实践检验

通过构建的"532"质量评价指标，结合多所高校的教师、学生进行"绩效评价"，解决高校质量评价的主要内容、评价方法及评价效果的具体实践问题。实现"以评促建、以评促改、以评促管、评建结合、重在建设"的创新教学模式的探索与实践。

（三）个案跟踪法解决高校质量评价体系的经验总结

通过 1 所大学为个案进行教学改革跟踪实践，结合"532"质量评价指标，对 1 所大学进行绩效评价，并选择 3 所大学作为参照，经过一个周期（4 年）的改革跟踪实践，形成教学改革实践报告，解决高校质量评价中的"特殊评价和一般评价""总体评价和部分评价"相统一的问题。

三、评价指标体系的创新点

（一）基于大学的主要职能，探索"高校质量可量化"评价理念

高校质量评价中质性评价具有独特性、主观性和不确定性，因此，真正意义的高校质量评价应体现可量化的理念。本成果基于高校"人才培养、科学研究、社会服务、国际交流和文化引领"五大职能，构建可量化的高校质量评价指标，完善了新时期高校质量评价理念的认知，形成新的高校质量评价观。

（二）基于大学的核心要素，构建"高校质量代表性"评价指标

高校评价因不断完善和发展而导致评价指标越来越多，考虑的评价要素越来

123

越复杂，因此，评价指标必须选择代表性群体和代表性业绩。本成果选择了"学校、教师和学生"三个群体及"业绩数量和业绩质量"两个代表性的业绩作为指标，评价学校质量水平。

（三）基于大学的本质特征，确立"高校质量可比性"评价内容

高校因其历史渊源、地域环境及发展变迁不同而存在较大差异，因此评价内容必须具有可比性。本成果选择了大学的"五大基本职能"、"三大要素"和"两大目标"作为评价指标，构建了"一把尺子"衡量大学办学质量，具有可比性，也具有实际评价意义。

四、评价指标体系的推广应用效果

（一）理论成果丰硕

成果经过 6 年的探索和实践，在《教育研究》《高等教育研究》《中国高等教育》等期刊发表学术论文 20 多篇，主持国家社科基金课题 6 项，省部级课题 4 项，新世纪教学改革项目 6 项，出版相关著作 4 部，形成相关研究报告 6 份。成果的很多观点及理念属于高等教育质量评价的原创性研究，在本研究领域领先。

（二）实践成果显著

成果用于高校质量评价，对学校办学实绩、教师教学业绩、学生学业成绩具有良好的筛选、甄别和预测的作用，参与测评高校达 10 所，参与测评高校教师达 21560 人，参与测评高校学生达 123765 人，评价具有良好的纵向（校内）评估和横向（校际）评价功能。一方面，学校可以通过教师评价、学生评价很好地实现校内办学质量的自测，实现目标导向的质量发展和建设。另一方面，可以通过与其他高校评比，实现办学质量的差异比较，找准不足，确立发力方向，探索重点突破口。

（三）推广应用广泛

成果基于大学基本职能，不考虑历史、文化、地域及经济等因素，不考虑质性分析，立足当前学校、教师和学生的实绩，仅从量化指标入手，具有较强的普

遍性，可以应用于各国的各类型高校，因此，具有极强的推广性。目前，此质量评价体系已经在全国 30 所不同高校进行实践，并取得了显著效果。一方面，高校质量评价理念得到高校、学者及教育行政部门的认可。另一方面，实践过程中目标清晰、操作简单，所得测评数据具有普遍可比性，能够有效地反映学校的办学水平和高校的位次，更重要的是对破除"四唯"评价、构建科学评价体系进行了长期而有效的探索。

（四）社会反响较好

成果受到了清华大学原副校长谢维和教授、东北师范大学原副校长柳海民教授、广西师范大学副校长孙杰远教授、河南大学副校长刘志军教授、安徽师范大学副校长朱家存教授、西南大学副校长陈时见教授及教育部教学指导委员会 40 多名委员的一致好评，认为"此成果基于大学基本职能，构建了大学可量化、可比较的指标体系，选取教师和学生两个群体综合业绩和个体代表业绩对高校办学实绩进行评价，具有原创性，方案设计科学，实施程序合理，教学改革目标明确，改革效果显著，值得在高校中推广"。成果还在相关报纸、新闻媒体进行宣传报道，产生了较大的社会影响。

高校人才培养质量评价指标体系

（修订稿）

此指标体系基于数量和质量两个维度考查高校人才培养质量，从学校、教师及学生三个方面，高校五职能进行评价，简称"高校质量评价 523 评价体系"，学校指标主要考查数量指标和质量指标两个维度，质量指标又包括高质量发展指标和一般性发展指标两个方面，侧重考查数量指标，使各类高校具有可比性。学生和教师侧重考查质量指标，体现不同层次高校的办学差异和水平。

一级指标 （评价对象）	二级指标 （评价要素）	三级指标 （评价内容）
学校实绩	人才培养	1. 就业率
		2. 升学率
		3. 国家级一流专业数量
		4. 国家级基地（中心、实验室）数量
		5. 国家级精品课程（在线）数量
		6. 国家级教学奖励数量
		7. 国家级教学改革项目数量
		8. 省级一流专业数量
		9. 省级基地（中心、实验室）数量
		10. 省级精品课程（在线）数量
		11. 省级教学奖励数量
		12. 省级教学改革项目数量
	科学研究	13. 国家级科研平台（基地、实验室、智库）
		14. 国家级科研奖励数量
		15. 国家级项目数量
		16. 权威期刊论文数量
		17. 国内外有重大影响力的著作数量
		18. 省部级科研平台（基地、实验室、智库）
		19. 省部级科研奖励数量
		20. 省部级项目数量
		21. 国内公认社会力量奖项目数量

续表

一级指标 （评价对象）	二级指标 （评价要素）	三级指标 （评价内容）
学校实绩	社会服务	22. 国家级咨询报告采纳数量
		23. 省级咨询报告采纳数量
		24. 市级咨询报告采纳数量
		25. 合作企（行）业、政府数量
		26. 校外平台（基地、中心）数量
		27. 社会（校友）捐赠经费
		28. 社会培训人数
	文化引领	29. 国内重要影响力的文艺作品数量
		30. 国内重要影响力的理论作品数量
		31. 国家文化创新的作品数
		32. 国家文化创新项目数量
		33. 国家级文化创新奖项数量
		34. 省文化创新作品数量
		35. 省文化创新奖项数量
学校实绩	文化引领	36. 省级文化实践合作项目数量
		37. 市级文化实践合作项目数量
		38. 县级文化实践合作项目数量
		39. 校外文化创新实践活动数量
	国际合作	40. 国际知名学术组织兼职数量
		41. 国际知名高校兼职数量
		42. 国际公认奖项数量
		43. 国际合作项目数量
		44. 国际重要学术会议报告数量
		45. 国际学术期刊编委数量
		46. 国际顶级期刊发表论文数量
		47. 国外高校毕业教师数量
		48. 国外高校留学生数量
		49. 考取国外大学研究生数量
		50. 进入国外一流大学进修教师数量
教师业绩	人才培养	1. 国家级名师
		2. 国家教学指导委员会委员
		3. 国家一流专业负责人
		4. 国家级精品课程负责人

续表

一级指标 （评价对象）	二级指标 （评价要素）	三级指标 （评价内容）
教师业绩	人才培养	5. 国家教学平台（基地、中心）负责人
		6. 国家级教改项目负责人
		7. 指导学生考取硕士研究生数量
		8. 指导学生考取博士研究生数量
		9. 指导学生获得国家级竞赛奖项数量
		10. 指导学生获得省级竞赛奖项数量
		11. 指导学生发表论文数量
		12. 省级名师
		13. 省教学指导委员会委员
		14. 省一流专业负责人
		15. 省级精品课程负责人
		16. 省级教学平台（基地、中心）负责人
		17. 省级教改项目负责人
教师业绩	科学研究	18. 国家级专家
		19. 国家学科评议组成员
		20. 国家一级学会常务理事
		21. 国家二级学会副理事长
		22. 国家自然科学（社科）学科评审专家
		23. 国家研究生教育教指委委员
		24. 国家级科研奖项
		25. 国家级科研项目
		26. 省级专家数量
		27. 省教学指导委员会委员
		28. 省学科评议组成员
		29. 省一级学会常务理事
		30. 省二级学会副理事长
		31. 省自然科学（社科）学科评审专家
		32. 省研究生教育教指委委员
		33. 省部级科研奖项
		34. 省部级科研项目
		35. 高水平代表性科研成果

续表

一级指标 （评价对象）	二级指标 （评价要素）	三级指标 （评价内容）
教师业绩	社会服务	36. 国家级政策咨询报告
		37. 省级政策咨询报告
		38. 市级政策咨询报告
		39. 校外培训
		40. 主持和参与校外社会服务项目
		41. 主持和参与企（行）业合作项目
		42. 横向经费数
		43. 参与社会公益活动数
	文化引领	44. 文化创新作品
		45. 文化创新实践活动
		46. 文化讲座
		47. 文化创新项目
	国际交流	48. 国际奖励（荣誉）
		49. 国际合作项目
		50. 国际学术组织兼职
学生成绩	人才培养	1. 学习成绩排名
		2. 考取硕士研究生
		3. 考取博士研究生
		4. 考取编制
		5. 获得国家教学竞赛奖项
		6. 获得省级教学竞赛奖项
		7. 获得国家奖学金
		8. 获得职业资格证书
	科学研究	9. 获得国家级科技创新竞赛奖
		10. 获得省级科技创新竞赛奖
		11. 重要期刊发表论文
		12. 国家专利
		13. 一般期刊发表论文
		14. 主持国家创新项目
		15. 主持省级创新项目
		16. 参与国家级科研项目
		17. 参与省部级科研项目

一级指标 （评价对象）	二级指标 （评价要素）	三级指标 （评价内容）
学生成绩	社会服务	18. 撰写社会调研报告
		19. 参与社会公益活动
		20. 参与企（行）业合作项目
		21. 参与重大活动志愿者服务
	文化引领	22. 参与校外文化创新项目
		23. 参与外校文化创新实践活动
		24. 撰写文化创新作品

第五章　高校人才培养质量评价体系专题

　　本章结合本课题的研究内容，针对高校人才培养质量保障体系进行了专题研究，主要专题涵盖本科教学质量保障、研究生教学质量保障、教师质量评价体系等，通过专题研究，对当前高校人才培养质量保障重点、难点问题进行深入探索，并建构和探索相关对策和路径。

专题1：高校以学生为中心本科教学质量保障体系研究

摘　要：大学生的学习关乎到高校的教学质量，以学生为中心的理念已经深入人心，关注学生的学习效果是西方发达国家高等教育的共同经验，也是高等教育发展到普及化阶段的必然要求。我国已进入高等教育普及化阶段，提高教学质量是其中的应有之义。针对目前影响高校教学质量的成因分析，基于学生的角度构建以"学"为中心的高校教学质量保障体系，促进高校人才的培养。

关键词：学生中心；本科教学质量；保障体系

教育教学质量是高等教育发展的核心，也是高等教育大众化的生命线，提高教学质量是高等教育永恒的追求。自20世纪80年代以来，高等教育教学质量已经成为世界范围内普遍关注的问题，并逐步发展成为各国高校教育教学质量保障的国际性运动。教学质量保障体系建立在"教学质量是学校生命线"的共识基础上，是涉及教学决策、标准、评估等一整套制度和一系列活动的复杂体系。在教学从"教"走向"学"的过程中，学生扮演了重要角色，教学质量评价从教师教学效果向学生的学习成果转变。"以学生为中心"的高校教学质量保障体系的变革是世界高等教育发展的必然趋势和提高高等教育教学质量的必然要求，因此，构建基于学生视角的高校教学质量保障对于高校的人才培养保障体系具有推动作用。

有关质量保障的概念，国际上尚未完全形成共识，不同的学者从不同的角度进行了解释，国际高等教育质量保障组织（International Network for Quality Assurance Agencies in Higher Education，INQAAHE）将质量保障定义为建立利益相关者自信心的过程；日本大学学位授予和大学改革机构将质量保障界定为高校保障其教学和研究制度的机制，其目的在于取得利益相关者的信任[1]。

国内比较权威的说法指出，质量保障是"以保障和提高教学质量为目标，高等院校运用系统的概念和方法，设置必要的组织机构，把各部门、各环节的质量管理活动严密地组织起来，对影响教学质量的一切因素实行有效监控，形成一个有明确任务、职责、权限，互相协调、相互促进的质量管理有机整体"[2]。这一概念对教学质量保障做出了较为详细的阐释，明确了高校教学质量保障中的目的、方法、组织等因素。

一、基本的理论依据：学生中心

"以学生为中心"（Student-Centered Learning，SCL）的教育观点是由美国著名心理学家卡尔·罗杰斯于 1951 年首先提出的，他在《学习的自由》一书中明确指出，教育的目标应该是促进变化和学习，培养能够适应变化和知道如何学习的人。他说："只有学会如何学习和学会如何适应变化的人，只有意识到没有任何可靠的知识，唯有寻求知识的过程才是可靠的人，才是有教养的人。"现代世界中，变化是唯一可以作为确立教育目标的依据。这种变化取决于过程而不取决于静止的知识[3]。罗杰斯主张让学生自己确定评价标准和所要达到的学习目标，通过自我评价来衡量自己进步的程度，由此让学生成为自我负责的学习者。"以学生为中心"的理念引发了美国高等教育基本观念、教学方法和教学评价的系列改革，给高等教育带来了巨大影响。1998 年，联合国教科文组织在首届世界高等教育大会宣言中就提出"高等教育需要转向'以学生为中心'的新视角和新模式"，要求各国的高等教育决策者视学生为教育改革的主要参与者，重点关注学生及其需要，并预言"以学生为中心"的理念必将对 21 世纪整个世界的高等教育产生深远的影响[4]。

罗杰斯的观点在美国高等教育界产生了重要影响，基于该理论，英美一流大学更加注重学生个人的发展，突出全人教育的人才培养理念与促进个性发展的专业设置模式[5]。国外一流大学在专业设置的方向上，注重适应和促进学生的共性发展，尊重学生的差异性、选择的自主性与发展的和谐性，例如哈佛大学与巴黎高等师范学院在第三年才进行专业分流，剑桥大学、牛津大学不但可以自由选择专业，而且在毕业前可以自由更改专业[6]。回顾欧美高等教育发达国家提高质量的途径，近50年来，在提高高等教育教学质量方面，出现了一个重大转变，就是从以教师为中心的教学模式转向以学生为中心的学习模式，具体表现为：从以教师、教材、课堂的"老三中心"转变到以学生发展、学生学习、学习效果的"新三中心"。从以"教"为中心向以"学"为中心转变，真正关注学生的学习，他们如何学以及学到了什么。这场变革不仅涉及日常教学活动，还涉及教学管理等方面。与此同时，"以学生为中心"的教学理念的变革，在欧美高等教育发达国家中也引起了教学方法、教学评价等方面的转变，成为保障和提高高等教育质量的新趋势。

深入高校中，在以"以学生为中心"的教学里，学生的参与度、学习的满意度、学生的语言表达能力、学习动机都得到了很大提升。在教学过程中，学生是教学的切身体验者，只有学生才知道自己对知识的掌握程度如何，所以最有权利评价学习效果的当然是学生自己，每一门课程对不同的学生将产生不同的效果，因为学生的每一个观点、作品、论文都是他过去经验与他的愿望及教学目标的综合体验。大学生是身心趋于成熟的群体，他们已经形成自己的认知结构，对知识的掌握有独特的编码方式，知识结构趋于形成，因此在大学的教学中，教师更要注重学生的知识体系与认知结构。

二、影响高校内部教学质量的成因分析

2020年5月，教育部发布了2019年《全国教育事业发展统计公报》，对2019年全国教育事业发展各项数据做了全面统计。其中高等教育毛入学率为51.6%，比2018年提高3.5个百分点，我国迈入了高等教育普及化阶段[7]。这意味着更多的适龄青年进入高校，高校的数量与学生的数量不断增加，我国已成为世界上规模最大的高等教育系统，大学不再是招收优秀学生和实行精英教育的地方，怎样

可以让大多数学生主动学习、不依靠外在监控对自己的学习负责是目前我国高等教育所面临的问题，高等教育质量随之也成为社会普遍关注的热点问题，这从侧面反映出社会、用人单位、学生家长和学生对高等教育的质疑，这与高校教学质量保障体系密切相关。

（一）教师本位观念根深蒂固

长期以来，我国高校存在浓厚的教师本位思想倾向，从历史的角度看，我国有尊师重教的优秀传统，但这种倾向逐渐在某些高校演变成为"唯教师"论，再加上悠久的等级制度，大众的观念已经接受了学生要"唯师命"的传统，因此学生在高校内话语权弱。从传授知识的角度看，教师知识水平高，技术技能方面优越于学生，某些教师可能会对学生的建议产生质疑，因此学生在学术方面的话语权也非常弱。久而久之，高校内无论是管理层、教师还是学生本身，对于教师本位的观念根深蒂固。具体到教学方面，高校的评估标准都是以教师的教学效果为主，认为教学质量的提高就是要提高教师"教"的质量，教学管理就是对"教"的管理，忽视了具有认知结构、思想趋于成熟、具有能动性的大学生这一主体，教学过程是一个双边的互动过程，即教师教和学生学的过程，学生主动接收有效的信息，根据自己的经验自主构建知识体系，只有这样，学生的学习才是有意义的。教师本位的观念导致了高校重视教师的教学效果，而忽略学生的学习效果。常见的校领导听课、学生评教等都是对教师的教学结果测评，尤其是学生评教环节，虽然在指标中包含了对学生在教学过程中的体验感和参与感的维度，但学生评教归根结底是对于教师的评价，以教师本位为倾向。

（二）重科研轻教学

对于大多数学校来说，科研与教学是相同重要的职能，二者是协同的相互促进的关系，教学可以促进科研的发展，反过来科研又可以促进教学的提高，但实际中，并没有看到教学与科研二者的良性互动。针对各个高校的外部评估科研占主要地位，每个高校内部的评估也是如此，校内的激励机制如科研经费是按项目等级的不同进行有差别的投入，除此之外，教师的晋升也与其产出的科研成果密切相关，青年教师要想得到晋升，就必须要有相应的科研产出。从激励机制层面来看，校内的各项激励机制倾向于科学研究，对教学方面的奖项寥寥无几，所以"重科研、轻教学"的现象非常普遍，教学逐渐让步于科研，许多教师视教学为附带性工作。学者唐智松在针对青年教师的调查中了解到，61%的青年教师在科研上投入了"大多时间"[8]。刘献君等在其调查研究中发现，有 15.9%和 50.1%的教师非常同意和比较同意"发表成果的压力削弱了本校的教学质量"[9]。众多学者对高校教师的实证调查表明，教师作为教学过程中的施教者，认为科研比教学所占比例高，花费时间较多，从而在教学上投入的精力就会降低，教师教学动力不足，容易产生教学倦怠，那么学生在学习过程中，便会产生"得过且过"的心理，教学质量也就无从谈起。

（三）对学生评价疏于形成性评价

教学评价包括了对教师教学过程的评价与学生学习效果的评价，目前教学评价侧重于对教师的评价，疏于对学生学习过程中的评价。基于我国传统的教学背景，从早期的教学评价强调外部的教师评价，到现在大规模的标准化测试，终结性评价长期主导着教学评价的实践。传统的终结性评价只是对教学结果的简单测评，不能反映出教学过程中教师与学生的双向互动关系，更不能反映出学生在学习过程中的知识结构体系构建如何和是否与教师产生情感态度上的共鸣。就学生的学习效果方面来说，目前大多数高校的期末测评都是以一门闭卷考试的通过与否为学生学习效果的评价标准，用分数的高低来测定学生的学习结果。在这个过程中，学生的学习进展没有及时反馈给教师，甚至没有机会与教师一同构建考试的评价标准。对于文科生来说，这样的闭卷考试可能只要几天的突击学习就可以拿到相对可观的分数，在该情况下，由于死记硬背，教师没有接收到学生及时的沟通与反馈，依旧按照自己原来的计划授课，对学生今后的学习没有起到激励促进作用。除此之外，尽管我国在素质教育的大背景下，较之以前也开始关注学生在课堂上的表现，课堂表现也作为学生的学习效果评价之一，但我国大多数高校都实行严格的纪律管制，更多地强调外在的管理，例如将学生的出勤率及到课率与学习成绩和奖学金挂钩，虽然保证了学生在课堂上的出勤，但无法保证学生对教师教学的内容掌握，对课程的知识体系形成有意义的构建。

（四）师生交流互动的空间有待提升

大学中的学习交流既包括了师生之间的交流，又包括了学生同伴之间的交流。两种交流方式对于大学生的学习来说必不可少。交流互动与教学效果不是单向的，一方面，高频率交流互动可以发散思维，提高教学效果，另一方面，教学效果的提高又可以促进师生之间、学生之间交流讨论的频率，二者是双向的互动关系。教师可以利用这一过程，进行教学反思，调整授课方式；学生则可以监控自己的学习过程，随时改变学习策略，力求更好的学习效果。目前大多数高校教师在课堂上提问的次数较少，频率不高，课堂上对学生学习的监控力度不够，容易形成"填鸭式"教学。课下师生之间的交流互动也非常少，造成师生关系淡化，从而导致师生之间交流频率低。学生同伴之间的交流由来已久，同学之间的交流可以畅所欲言，引发头脑风暴，但是目前学生间的学习交流并不常见，只有教师布置了小组作业，学生不得已才进行交流。另外，学校对于师生交流的平台也没有很好地进行建设，交流需要一定的平台来进行，比如建设配套设施齐全的研讨室，固定平台的缺乏也导致了交流互动的空间有待提升。

三、质量诉求：以学生为中心的质量保障体系的构建策略

随着我国高等教育进入普及化发展阶段，提高教学质量已经成为目前高等教育亟待解决的问题。从国际上看，英美一流大学将提高教育质量作为生命线，鼓励学生多样化发展，注重个性培养，树立以学生为中心的发展理念，实施因材施教的教学体系，鼓励导师与学生、学生与同伴之间的交流与学习。基于学生的视野构建不同于传统的教学质量保障体系既是欧美发达国家高等教育的经验，又是我国高等教育发展的必然要求。

（一）树立以学生为中心的教学理念

"以学生为中心"是欧美发达国家高等教育的共同经验，也是近年来欧美大

学正在积极进行的教学实践的指导思想。在该背景下，我国也在进行"以学生为中心"的教学实践。树立以学生为中心的教学理念就是要将学生看作拥有经验的、自觉能动的个体，而不是被动接受知识的机器，教师要转变"唯教师论"的传统观念，秉持人文情怀，学习"以学生为中心"的相关理论，将理论充分应用于教学实践。要从"课堂、教师、教材"这一"老三中心"，向"学生、学习、学习过程"的"新三中心"转变，真正关注学生的学习[10]，以学生的发展为中心、以学生的学习为中心、以学生学习效果为中心。强调学是目的，教是手段。以学生为中心，明确提出要以学生的学习效果而不是教师的教学效果作为评价的标准。也就是说，在进行教学时，充分尊重学生的主体需要，只有了解学生目前阶段需要什么才可以对教学内容及教学方法做出适当调整，使学生更快、更好地建构知识体系，促进教学质量的上升。

（二）确保教学的中心地位，注重因材施教的教学过程

高校首先要改变"重科研、轻教学"的倾向，高等学校的根本职能是培养人才，培养社会需要的各类专门的人才是高校的首要问题，在保证教学质量的同时加强科学研究。改变现行的评价标准和政策导向，在各类评价、评估、评审和评选中把教学工作和学生培养质量放在重要位置。高校教师的职称评定和晋升既要执行教学一票否决制，也要把教学贡献度、教学获奖进行分等级量化处理，明确教师在本科教学贡献上的区分度，并将此作为教师职称评定的重要指标。[11]其次，借鉴国外一流大学的经验构建以学生为中心的教学体系。国外一流大学为了突出因材施教，发展学生个性，发展了选课制、本科生导师制等制度。学校要尊重学生发展意愿，构建多样化、因材施教的教学体系，可采取以下举措：借鉴哈佛大学选修课的经验，放开选课限制，允许学生在全校范围内任意选择课程，给学生学业成长提供个性化的途径，真正达到因材施教的目的。

（三）加强学生学习过程的全方位监控

在以学生为中心的教学质量保障体系的构建中，对学生学习过程的监控要通过多方人员的参与，形成切实可行的监控体系，促进教学质量管理过程中的科学

化和规范化，保障人才培养质量的不断提高。具体来看，常规的教学检查必不可少，教研室要对学生的日常学习加以监控，保证学生在学习时的专注性，起到督导的作用。此外，对学生的学习质量要制定"定量与定性相结合，个性与共性相统一，形成性评价与终结性评价相协调"的"知识、能力、素质"三位一体的人才质量评价机制，科学合理地对学生学习质量进行监控。[12]具体就是要减少学生闭卷性考试的权重，增加平时表现的权重，对于一些实践性较强的课程，采用考查的方式，结合学生平时作业的态度与完成度进行评价，避免终结性评价所带来的"一次性"分数。最后，还要注意学生在学习过程中的反馈信息，通过座谈会等形式了解学生对教学工作的意见，充分听取学生的合理建议，不断改进教学工作的质量，真正促进学生学业的发展。

（四）鼓励学生交流互动的教学形式

交流反馈是教学过程中非常重要的一个环节，是保证教学效果、促进人才培养质量的重要节点。教学过程基于师生双方的双向沟通交流，是输入与反馈并存的过程，教师通过在课堂上观察、提问，也通过课下学生作业的反馈来重新调整教学方法。此外，创新教学组织形式也是鼓励师生交流互动的重要措施。教学组织形式是教学活动过程中，教师和学生的组织方式及教学时间和空间的安排方式，不同的教学组织形式对学生知识的获得、智力的形成与人格的提升会产生不同的影响。[13]国外一流大学普遍重视通过创新教学组织形式，鼓励以学生探讨为主的双向或多向的交流过程，充分体现学生主体地位，这种教学组织形式在培养学生独立思考和创新能力方面显示出极大的成效。此外，我国高校本科教育也引入了习明纳的研讨方法，即学生组成研讨小组，在教师指导下，就某个或某些专题展开研讨，以培养学生的分析能力与研究能力。[14]但是习明纳方法在本科教育阶段应用还不太充分，学校需要建设一些配套的研讨室来供师生学习交流，比如增加研修室的数量、放开研修室的限制、优化室内的资源配置等。创新教学组织形式有利于师生、同伴之间的学习与交流，对于教学质量的提高也有积极意义。

建立以学生为中心的高校教学质量保障体系，是根据国内外大背景下"以学生为中心"的教学理念构建的，并不是要把高校原有的质量保障理念和措施抛弃掉，而是基于"以学生为中心"对现有的教学质量保障体系进行有针对性的更新和完善。以学生为中心的教学质量保障体系，能够将师生的理念、教学的中心地位、学生的学习过程、互动的教学形式等聚合在一起，保持对学生本身及其学习的关注，是对传统评价和教学理念的挑战，有利于实现高校教学质量保障真正向培养人才方向回归，抵及高校人才质量保障的核心。

参考文献：

[1] 贾莉莉. 国际视域中基于专业认证的本科教学质量保障体系构建[M]. 上海：立信会计出版社，2018：14.

[2] 黄福涛. 东亚高等教育质量保障的变化与挑战——历史与比较的视角[J]. 清华大学教育研究，2018（2）.

[3] 满晶，马欣川. 罗杰斯"以学生为中心"的教学思想述评[J]. 外国教育研究，1993（3）.

[4] 张俊超. 推进从"教"到"学"的本科教育教学变革——"院校研究：'以学生为中心'的本科教育变革"国际学术研讨会暨中国高等教育学会院校研究分会2012年年会综述[J]. 高等教育研究，2012，33（08）.

[5][6][13]周伟. 英美高等教育质量保障体系与人才培养模式借鉴研究[J]. 经济研究参考，2016（55）.

[7] 林焕新. 全国各级各类教育事业取得新进展[N]. 中国教育报，2020-05-21（01）.

[8] 唐智松. 青年教师教学、科研投入状态调查[J]. 高等师范教育研究，2001（1）.

[9] 刘献君，张俊超，吴洪富. 大学教师对于教学与科研关系的认识和处理调查研究[J]. 高等工程教育研究，2010（2）.

[10] 刘献君. 论"以学生为中心"[J]. 高等教育研究，2012（8）.

[11] 朱海燕，王琪. 基于"以学生为中心"理念的高校教学质量保障体系构建研

究[J]. 教育评论，2016（03）.

[12] 梁育科，苟灵生，王兴亮. 高等院校内部教学质量保障体系研究与实践[M].
西安：西安交通大学出版社，2017：77.

[14] 贺国庆，何振海. 成就完整的大学——习明纳的历史及现实意义[J]. 教育研
究，2019（2）.

专题 2：研究生研讨式课堂教学质量提升策略

摘　要：近年来，随着我国高等教育普及化，高校毕业生数量迅速增加，如何保障高校毕业生的培养质量，已有的部分研究关注了高校本身人才培养过程中存在的问题，包括专业设置、课堂教学、校企合作情况等。大学课程与教学论是面向高等教育学专业研究生传授大学课程与教学基本知识和培养分析与实践能力的选修课程，学生的积极参与、深度思考、主动研究在该课程的学习中显得尤为重要。本研究通过参与研讨课的整体设计，探讨符合教学活动规律和学生学习特点的教学模式，以期提升课堂的教学质量，促进教学目标的达成，保障研究生培养质量，并为同类院校及相关课程的教学改革提供依据与经验借鉴。

关键词：研讨式教学；研究生；课程教学质量；教学设计

人才培养质量是一个合成词，相近的词有"人才质量""教育质量"。按照《教育大辞典》的界定，教育质量是对人才培养水平和效果的一种评价，主要受人才培养过程中各参与要素的制约，如教育政策、课堂教学、师资力量、学生参与以及外部反馈等，其影响结果都会体现在人才培养的最终质量上。张忠家认为人才培养质量是一种满足程度和实现程度，主要指高校毕业生的知识储备、实践能力和品德修养等素质是否满足用人单位的需求以及是否实现了学校人才培养的目标。仲伟合则认为人才培养质量是指在人才培养的过程中，既要满足学生个体的全面发展需要，又要满足社会经济发展外部需求的所有特性的总和。

综上，人才培养质量的本质是满足需要和实现目标的程度。人才培养质量受教育政策、专业设置、课堂教学以及师资能力等的影响。据此，人才培养质量是指高校所培养的人才在满足自身和外部需求以及学校培养标准上的实现程度，可通过教育制度设计、特色专业设置、实践课堂教学以及师资能力等方面来保障高校的人才培养质量。所以笔者希望通过提高课堂教学质量来保障研究生的人才培养质量。研究生与本科生相比有明显的不同，主要体现为以下四个方面：

一是思维方式更加成熟和理性。研究生的智力水平和知识水平与本科阶段相比都有所提升，对于学科的前沿问题和有争议的学术问题有了深入探究的兴趣。

二是专业素养更加扎实和全面。经过本科阶段的专业培养，研究生掌握了较为扎实的基础理论知识和专业知识，具备了与教师进行学术交流与沟通的能力。

三是自主学习能力更强。相对于本科生而言，研究生群体更加成熟，进取心与求知欲更强，能够自主地发现、分析和解决问题。

四是参与意识更强。研究生对学业的追求更具有研究性、探索性、学术性等特征，注重自身主体地位的发挥，对相关专业问题有更多差异化的观点。

研究生课堂因此应是深度交流，富含创造性的活动。大学课程与教学论是高等院校高等教育学专业硕士研究生的重要选修课程，本课程的教学目的是向高等教育学专业的研究生传授基本理论，使其掌握基本原理、提高分析和解决问题的能力并培养学术表达能力。以传统的讲授法为主的课堂容易产生两个弊端：一是导致课堂讲授枯燥乏味，影响学生对知识的接受；二是理论学习不扎实，影响学生分析问题、理论运用于实践能力的提高。课堂如果不能激发学生的学习兴趣和主动性，学生容易产生排斥情绪，从而影响课堂气氛和课程目标的达成。

该课程要培养学生的能动性和主体意识，培养学生的大学课程与教学研究意识和初步的研究能力。系统掌握大学课程教学论的基本原理，能够正确、灵活地运用于研究工作，能结合现实探讨当前大学的课程教学所面临的重要问题。基本掌握大学课程教学理论的研究方法，提高分析和解决问题的能力，更应该使学生将观察、思考和研究大学课程教学论的实践变成一种内在的、主动的需求。

"研讨式教学法（seminar）"，也称"讨论教学法"，即教师与学生对共同拟定的话题进行讨论，教师参与、观察和指导，师生共同研究和讨论问题。研讨式教学起源于德国，现已成为西方发达国家高校中的一种主要教学方法。

因此，为了调动学生的学习积极性，营造活泼、生动、有活力的课堂气氛，切实达到课程的培养目标，助推该专业研究生培养质量的提高，进行研讨式教学势在必行。为了能更好地将研讨式教学方法运用于研究生课堂教学当中，本文梳理了笔者在宁波大学高等教育学专业学习硕士研究生大学课程与教学论课程的过程中老师运用研讨式教学方法的一些体会与思考。基于让课堂教学尽量符合研究生学习活动的规律，大学课程与教学论可以通过参与式研讨课进行整体设计，从以下步骤和环节组织实施学年课程计划。

一、设计"第一课：从本科课程与教学谈起"

充分了解教学对象，是开展研讨课和取得良好教学效果的前提条件。一年级研究生在上研究生课程之前，经历了本科教育，受过以教师为中心的各种课程与教学模式，形成了特有的知识储备、学习习惯和思维方式。教师忽视了在课堂教学中学生主动性的发挥，缺乏对学生创新能力和综合素质的培养，为此，亟需变革传统的研究生课堂教学模式，引入以研讨式教学法为代表的现代教学方法体系，以提升研究生的综合素质和创新能力。

学生在本科接受的课程教学模式继承了小初高的教学特点，虽然这为大学生尽快适应高深知识的学习奠定了基础，但同时也会束缚和影响学生后续对其他更高层次的大学课程的学习。有位大学老师就深有感触地说过，大学教学中，我们常常要做的是：告诉学生对于知识的学习和参与课堂的方式要推翻中学时代的做法，从头开始，要成为课堂的主要贡献者。因此，大学教师在面对因袭"教师中心"课堂模式的学生，应该在开学第一课时，基于学生的已有基础和接受能力及思维特点设计参与式研讨课，让学生在主动参与中交流反思过去的学习经历，加深认识，有针对性地重新建立起新的课堂学习思维与学习方法，转变学生在课堂中被动参与的观念。

教师在课前可以收集近些年出现在大学本科生和研究生课程与教学中的各种问题和已有的研究，进行一定的总结与分析。作为大学课程与教学当事人、亲历者，高等教育学专业的硕士研究生对于大学的课程与教学是最有体验、最有发言权的。因此，第一堂课上，教师要与学生分享交流相关看法，启发学生们畅所欲言，从本科生的课程与教学、学习模式谈起，回顾已有历程，然后引导学生进行反思，课后根据课堂讨论与发言进行学习总结，通过已有经历、教师引导和课后研究转变观念，使学生充分认识到硕士研究生课程大学课程与教学论的定位与起点。

二、以"问题"设计引导课堂讨论，促进理论学习

与本科生相比，研究生的教育目标在专业教育方面更加突出对科学研究能力和创新精神的要求。而课堂教学是实现教育目标的核心环节，研究生整体教育目标能否顺利实现，在很大程度上取决于课堂教学目标能否完成。通过学习，帮助研究生实现"知识入门、研究入门和精神入门"，是研究生课堂教学的三大使命。"知识入门"要求学生在掌握专业知识的基础上进一步开展专业领域研究，要在已有专业知识的基础上进行知识的统摄，拓展研究深度与宽度。"精神入门"要求在课堂上培养研究生的创新精神，在已有知识的基础上寻找创新点，打破原有思维定式，积极思辨，不断开拓，在学习中逐步培养学术创新精神。"研究入门"要求教师在研究生课堂上除了传授基础性知识外，还要由已知走向未知，在已知的专业知识基础上把握专业发展规律，寻求新知，进行实践运用。研讨式教学方式抛弃了教师绝对权威的传统观念，教师成为研讨活动的组织者与领航者，组织并参与学生研讨，研究生成为课堂教学的主体，积极参与课堂研讨，从而有助于上述研究生课堂教学三大使命的顺利完成。因此，学生在上课前必须认真仔细研读学习材料相关内容后提出问题，查找相关文献或必（选）读书目，利用相关学习资源阅读有关文献，对其进行深度理解，并提出自己的观点，为课堂研讨做好准备。对于理论与实际运用的学习，学生通过大量范文阅读后，有了丰富的文本储备和关于理论与案例的感性认识，教师就可以利用一两节课的时间安排学生进行课堂讨论。

对任课教师来说，"精讲多论"不失为应采取的教学方式之一。对于理论，

教师一则要讲得少，二则要讲得精，更为重要的是要通过参与式研讨课的设计，引导学生参与讨论，激发学生对理论知识的学习兴趣，督促学生对一些问题进行主动深入的钻研和全面、透彻的思考。学生作为学习主体，要充分发挥主动性、多向度、发散性学习的优势。第斯多惠认为，如果使学生习惯于简单地接受或被动地工作，任何方法都是坏的；如果能激发学生的主动性，任何方法都是好的。教师在理论学习部分的课堂设计中，可遵循以"问题"为导向、以经验为基础、以讨论为主的原则，将理论知识的学习和联系实际问题的分析由老师灌输变为学生积极探索。

因而，教师要精心选择适合讨论的内容进行"问题"设计，在前一节课公布，让学生利用一定的时间去准备、收集资料，在课堂上分组展开讨论，最后教师进行总结评价。精心准备后的讨论，能够满足学生们交流和合作学习的愿望，将他们在自学时对某一问题的认识和思考表达出来，使其在与同学的交流、争辩中加深对理论的理解、增强理论应用于实际问题的能力。

三、精心设计"评课评教"研讨课，理论联系实际

理论知识讲得再多、再细，如果不加强对实际案例的分析和训练，不在反复修改、研讨中提升理论运用水平，学生的理论应用能力就不能得到有效的锻炼和提升。评课评教是大学课程与教学、教师授课能力提升的重要环节，对身边案例的评价和分析，既是研究生发现问题、获得教学信息的有效途径，也是认识和反思自己学习效果的重要方式。教师对于学生的评课评教要以在学生身上起作用为中心，要能够引起学生的反思。学生在分析教师对研讨结果的评改意见的基础上，要重新针对具体问题进行修改完善。另外，如何将理论应用与实际问题的导向转变为学生的主动追求和内在要求，形成自我反馈能力，也是教师在研讨课中需要重视的问题。

教师在这个过程中，可以基于综合运用型的研讨来进行课堂设计，综合运用型的研讨是在学生掌握一定的理论知识的基础上，要求学生通过独立思考，运用

所学理论知识分析实际的高校课程与教学问题。在授课过程中，这类研讨主要选择高校课程与教学的相关热点问题。这类研讨需要由教师在初步的知识讲解的基础上，布置学生课后查阅资料，学生分析思考后形成自己的观点，然后在课堂上进行讨论，大家各自陈述自己的观点，互相交流，互相补充，不同的观点也可以相互辩论。通过这样的研讨方式，能够锻炼学生独立思考、运用所学的理论知识分析解决实际问题的能力。

学生进行研讨是研讨式课堂的核心环节，直接决定着整节课的效果。在具体的研讨活动设计上，可以采用以下三种方式。

（一）"头脑风暴"式的研讨方式

讨论形式是将学生分为若干小组，每组4—6人，各组先分别进行30分钟的讨论，讨论时由一位学生记录，并在讨论后到讲台前总结汇报讨论结果。"头脑风暴"式的研讨方法能够让学生对同一个研讨题目从不同的角度加以审视，可以增加学生对不同观点的包容意识，培养学生多样化、思辨性的思维方式。

（二）"辩论赛"式的研讨方式

对于影响广泛、争议较大的热点问题，可以采取辩论赛式的研讨方法。在小组讨论形成一致观点的基础上，在持不同观点的小组间展开辩论；或者是由小组代表抽签选择不同的观点，然后先由小组内部讨论，再和其他抽到相反观点的小组展开辩论。"辩论赛"式的研讨方式不仅可以锻炼学生查找资料、口头表达和统筹分析的能力，也可以增强小组成员间的团队协作能力。

（三）"演示"式的研讨方式

当采取固定分组方式时，可以让各组根据研讨主题在课下查找资料，进行组内讨论，将观点形成PPT，并在课堂上加以演示。一个小组在讲台前演示后，教师和其他小组的同学可以提出问题，并对其演示进行评价。通过互问、互评的方式，最终确定最佳"演示"小组。

在教学中，通过精心设计"评课评教"研讨课，既能提高学生主体的参与性和主动性，又能提升学生理论联系实际的能力，提高学生对课程与教学问题评析反馈的有效性。教师可以在"评课评教"研讨课前对学生上一次研讨的效果和后续深入研究的成果进行科学、准确、及时的评价，对出现的问题进行分析、归类，然后在课堂上展示典型问题与优秀研究成果，有针对性地与学生进行交流研讨。讨论交流时教师要正确进行引导，对学生作业的评价要紧扣理论和实际问题，研究好的成果，要对全班同学起到示范作用，研究不好的成果，不仅要指出缺点和问题，更要指出问题产生的原因，使学生认识清楚问题的根源。教师可以组织学生在课堂上集中进行互评，每个人看对方的研究成果，提出看法和修改意见，将互评、互改，然后交流讨论的做法日常化。"评课评教"研讨课还要注意的一点就是，要根据实际问题和相关理论选择以匿名还是实名的形式给其他学生展示课堂上研讨的研究成果，必要时征求研究者的意见。

总之，"评课评教"研讨课要选定适合讨论的实际问题，精心策划讨论过程和方式，在讨论中教师要善于营造轻松民主的讨论氛围，使每一位参与者能够畅所欲言。"评课评教"研讨课可以使学生在讨论中交流，甚至互相争辩、有针对性地质询，在合作中提高，在争辩中创新，找出需要修改的典型问题，明确修改的内容，提高理论联系实际的能力和研究成果的质量。研讨结束后，一定要让学生对有问题的研究成果进行修改或者重写。修改或重写后的作业，还可以进行评析，可以多次修改、重写，教师跟踪评析，直到学生得出合规范的、优秀的研究成果为止。

四、通过自媒体平台延伸课堂讨论，发表研究成果

互联网和自媒体的快速发展，对大学课堂造成了不小的冲击和影响，网络的便捷拓宽了学生获取知识的渠道，智能手机几乎成了每个学生学习生活中的贴身神器。如何有效地利用现代信息技术和自媒体推进大学课堂教学，是大学老师必须要面对的问题。有学者指出："当代大学生是'互联网原住民'，他们与现代信息技术共生共长，尤其适应基于现代信息技术环境条件的教学方式和学习方式。要利用信息技术改革推广启发式、探究式、合作式、参与式教学，提升学生信息

化环境下自主学习的能力。"在大学课程与教学论课堂中可以利用信息时代网络和自媒体发达的优势，通过网刊或自媒体加强写作课堂的互动教学，或者充分利用自媒体将课堂研讨延伸到课后，提升老师和学生以及学生相互之间交流的便捷性，加强课后学习主体之间的深度研讨，深化对相关问题的认识与思考，从而优化课堂学习效果。

教师可以建立写作课程微信群或 QQ 群，还可以借助腾讯课堂等软件建构交互式个性化自主学习环境，学生和教师以及学生相互之间随时随地都可以进行讨论。课前通过布置任务为课堂讨论做充分准备，课后也可以通过问卷互动反馈把握学习情况，还可以实现课堂即时互动分享，促进学生的自主学习和独立思考，课后教师和学生以及学生个体之间还可以就个别问题进行深入探索和交流，培养学生的研讨式学习的能力。

另外，通过建立该课程的微信公众号，发表经过修改的研究成果和相关问题的讨论结果，学生们在课后也可以跟进评论，发表意见，学生和老师可以通过公众号就同一篇习作进行交流讨论，评价已有成果，研讨研究问题。通过自媒体延伸课堂讨论，发表学生成果，既能达到训练学生写作的目的，又能够保存学生的作业，最后形成一个开放性的文库，为以后教师教学和学生学习提供帮助。

《国家中长期教育改革和发展规划纲要：2010—2020 年》指出，课堂应以学生为中心，充分发挥学生的主观能动性，调动学生的积极性，倡导启发式、探究式、讨论式和参与式教学，帮助学生学会学习。研究生的大学课程与教学论课程参与研讨式教学改革符合当今大学教学改革注重参与式研讨、重视调动学生的学习主动性的大趋向。通过参与研讨式课堂改革，使学生对课程的学习由被动转化为主动，使学生将理论结合实践的要求变为内在的需要，充分调动学生课堂参与的积极性与作为课堂主体的潜能，从而活跃课堂气氛，提高大学课程与教学论课程的教学质量，促进课程教学目标的达成，最终从课程与教学这一方面助推保障高等教育学专业硕士研究生的培养质量。

参考文献：

[1] 曹孚. 外国教育史[M]. 北京：人民教育出版社，1979.

[2] 严文清. 中国大学治理结构研究[M]. 北京：人民出版社，2011：21-22.

[3] 唐霞. 英国高等教育质量保证体系[M]. 北京：北京师范大学出版社，2012：10.

[4] 施良方. 学习论——学习心理学的理论与原理[M]. 北京：人民教育出版社，1994.

[5] 叶信治等. 美国公立研究型大学教育质量保障研究[M]. 厦门：厦门大学出版社，2015：87.

[6] 韩筠. 创新教与学推动新时期高校教学改革[J]. 中国大学教学，2017，（6）.

[7] 张卫国，李婧，李剑敏. 柔中带刚、刚柔并济：研究生"研讨式课堂"教学管理新模式[J]. 学位与研究生教育，2015（11）：39-44.

[8] 陈钧. 一个可资借鉴的成功教学模式——《群言》序[J]. 湖南师范大学社会科学学报，1999（6）：92-93.

[9] 龙宝新. 论"研究性课堂"的架构与创建[J]. 学位与研究生教育，2011（7）：31-38.

[10] 陈星宇. 在《毛泽东思想和中国特色社会主义理论体系概论》教学中实行专题教学的必要性探析[J]. 云南农业大学学报，2011（1）：53-55.

[11] 国家中长期教育改革和发展规划纲要工作小组. 国家中长期教育改革和发展规划纲要：2010—2020年[M]. 北京：人民出版社，2010.

专题 3：现代职业教育背景下技能型人才培养保障体系研究

摘　要：随着信息时代的进步，给行业产业带来了巨大的冲击和变化，职业教育与行业产业联系最为密切，直接面向产业行业的需求培养人才。在新的历史条件下，对技能型人才提出了更高的要求，不仅要有丰富的知识、技能和经验，还要有不断创新、勇于突破的精神。更新技能型人才的培养途径，打通技能型人才培养体系，构建企业社会参与、专业特色鲜明的职业院校，加强人才培养的信息化，有利于提高技能型人才的质量。

关键词：现代职业教育；技能型人才；人才培养质量

随着信息时代的进步，计算机、互联网科学技术的飞速发展，大数据、人工智能、云技术、云服务等新兴事物的兴起，极大地改变了现有的生产生活方式。在此背景下，行业产业面临巨大的冲击和变化，传统产业濒临倒闭，新兴产业急剧扩张，这些都对劳动者提出了更高的要求。当前，我国正处于产业升级和经济结构调整的关键时期，2015 年国务院印发的《中国制造 2025》提出："加快培养制造业发展急需的专业技术人才、经营管理人才、技能人才。营造大众创业、万众创新的氛围，建设一支素质优良、结构合理的制造业人才队伍，走人才引领的发展道路。"[1] 职业教育与行业产业联系最为密切，直接面向产业行业的需求培养人才，职业教育是技能型人才培养的主要体系，职业院校和企业是技能型人才培养的主要阵地，必须紧跟时代潮流，更新人才观和培养模式，才能培养出满足企业和社会需求的技能型人才。

一、现代职业教育的内涵

目前我国职业教育改革正在走向现代职业教育体系的构建。《国家中长期教育改革和发展规划纲要（2010—2020 年）》中明确提出："到 2020 年，形成适应经济发展方式转变和产业结构调整要求、体现终身教育理念、中等和高等职业教育协调发展的现代职业教育体系。"[2]我国开始从宏观层面对现代职业教育体系进行设计，初步进行了理论探索和实践改革。针对体系建设中存在的问题，系统提高职业教育体系的现代化水平，2019 年国务院颁布的《国家职业教育改革实施方案》为下一步深入推进现代职业教育指明了方向，明确"到 2022 年，建成覆盖大部分行业领域、具有国际先进水平的中国职业教育标准体系"。[3]

首先，职业教育具有与普通教育同等重要的地位，是我国教育事业的一个重要组成部分。职业教育是现代教育体系的一种类型，分为中等和高等职业教育两个层次，主要面向生产、制造、服务等方向培养高质量的技能型人才。改革开放以来，职业教育为我国经济和社会发展提供了有力的人才和技术支撑，服务经济社会发展能力和社会吸引力不断增强。在产业升级和经济结构调整的过程中，在各行各业对技能型人才需求越来越迫切时，职业教育处在了更为突出的位置。

其次，职业教育是与市场和社会联系最密切的一类教育，直接为企业行业培养人才，提高劳动者素质。职业教育直接面向企业和市场，根据产业行业需求不断调整、更新专业和课程设置，不断提高职业教育的适应性。产教融合、校企合作是发展现代职业教育体系的关键之举，通过不断深化职业院校与产业和企业之间的依存关系能够进一步提高人才培养的质量，进而促进产业的发展和经济的进步。

最后，职业教育培养的人才直接服务于地方，能够促进地方和区域经济和社会的发展，进而辐射更大范围经济和社会的发展。截至 2019 年 6 月 15 日，全国高职高专院校共计 1423 所，约占全国普通高等学校的 48.1%。中职院校数量众多、学生规模大，2019 届应届中职毕业生人数达到 800 万人以上。职业教育覆盖面广、院校数量多，学生通常就近入学、就近工作，这对发展本地区特色的产业行业至关重要，同时，经济和社会的发展又会进一步提高和巩固现代职业教育体系在教育事业中的地位。

二、现代职业教育背景下技能型人才的特点

随着产业结构的不断调整，各行各业对于技能人才的需求越来越迫切，尤其是高质量的技能型人才如技师和高级技师，他们不仅要有丰富的知识、技能和经验，还要有不断创新、勇于突破的精神。

（一）较强的学习能力和扎实的知识基础

作为主要实施技术的劳动者，技能型人才必须具有相应的专业基础知识、专业技术知识，这是体现其专业技术能力的基础。同时他们要在实践中不断学习与积累经验知识。学习能力包括学习方法和学习技巧，较强的学习能力可以帮助学生更好地理解、掌握知识和技能。技能型人才不仅应该掌握通识知识和专业理论知识，尤其是本专业核心技能的基础知识，还应该了解和掌握相关领域的知识，拓宽知识面，具有较深厚的知识储备。要有主动学习、深入思考的能力，主动关心企业产业的发展，了解本专业前沿动态。

（二）高超的动手能力和综合技术能力

技能型人才最核心的能力是实际操作技能，尤其是相对复杂的技能。企业和产业除了有对一般技术人才的需求之外，在产业结构调整中更需要大量的高质量技能型人才。他们把智力形态的产品转化为具体产品投入企业和市场，这就需要高超的动手能力和实践操作能力。目前，工作岗位越来越呈现综合化的特征，这要求技能型人才不仅具备专业能力，还要具有综合技术能力。目前不少职业院校开展人工智能和大数据相关专业，要求学生在掌握专业知识和技能之外，还要具有一定的外语能力和文字处理能力。

（三）较强的适应能力和应变能力

适应能力体现在技能型人才对职业活动的适应能力，主要体现在身份变换、工作岗位转换的适应能力。[2]现代职业岗位是持续变化的、动态的，学生只有具备应变和适应的能力才能在岗位上站稳脚跟。面对新情况、新状况，技能型人才可以运用已有的知识和经验不断探索、解决问题。同时，技能型人才还应具备适应不同岗位工作的能力，能够在相关专业岗位上发光发热。

（四）不断创新、敢于突破的勇气和精神

经济发展方式转变和产业结构调整要求劳动者具备创新品质和开拓精神。技能型人才的创新精神主要体现在对知识的融会贯通、技能方法的更新和对新事物的把握，创新精神不仅体现在学生时期的学习中，更体现在工作岗位上的创新创造过程。产业结构调整必然要求大量创新人才与之配套，职业院校要将创新精神贯穿于人才培养的始终，营造出创新的氛围和环境。创新意味着进步，技能型人才往往掌握了精密的技术，从事复杂的劳动，比一般技术人员要更有推动进步的勇气和担当，敢于试错。同时，技能型人才是有个性化特征的，有相对独立的认知方式和思维模式。

三、现代职业教育背景下技能型人才培养保障

（一）打通技能型人才培养体系和渠道

目前我国技能型人才培养体系仍然存在脱节现象：职业教育与普通教育相脱节、中职与高职相脱节，这种脱节造成技能型人才培养数量较低、质量不高，难以满足经济和社会发展的需要。21 世纪以来，为了促进普通教育和职业技术教育融合，英国政府教育技术部（DFES）颁布《基础学位计划》，为职业技术教育资格向普通教育资格的过渡提供平台，基础学位相当于 NVQ5 级，强调以工作为本位的学习，修业年限为两年，学生两年之内修满 240 个学分后方可获得基础学位证书，可以继续深造获取荣誉学位或者其他高等教育资格。职业技术教育与普通教育之间的学位制度融合将成为未来学位制度改革的一个重要发展方向。[4]

我国必须打通中职、高职到本科和研究生的培养渠道，实现普通教育和职业教育的融合发展。通过国家"学分银行"建设，实现学习成果的积累、认定和转换。在建设过程中，要保障学分的真实性和有效性，职业院校要更多地关注学分背后的人才培养质量，避免将学分作为学生评价的唯一标准。围绕最终的人才培养目标对课程体系进行整体规划，不能仅仅是把各个学制段机械地衔接起来，也不能仅仅是对重复的课程做些整合，而是要围绕统一的人才培养目标，根据所建

立的技术技能人才的职业能力标准系统地进行课程体系的规划，使各学段既在人才能力的培养上有所侧重，又能实现人才能力的持续积累与系统构建。这样一种人才培养体系才是真正的现代职业教育体系。[5]适应经济发展、产业升级和技术进步需要，建立专业教学标准和职业标准联动开发机制。推进专业设置、专业课程内容与职业标准相衔接，推进中等和高等职业教育培养目标、专业设置、教学过程等方面的衔接，形成对接紧密、特色鲜明、动态调整的职业教育课程体系。改革教师资格和编制制度、用人制度、教师培养培训制度，加快专兼结合的"双师型"教师队伍建设。建成一批世界一流的职业院校和骨干专业，形成具有国际竞争力的人才培养高地。

（二）构建企业社会参与、专业特色鲜明的职业院校

企业是社会经济活动中最基础、最典型、最活跃的组织单元，支配着广泛的社会资源。高职院校要根据区域产业和产业集群特点，主动融入社会，积极整合和配置各类资源，深度探索校企合作的新模式。[6]专业建设尤其是特色专业和专业群的建设是职业教育提高技能型人才培养质量的关键，而企业产业行业是进行专业建设的风向标和源头水。目前我国职业教育对企业吸引力较低，主要是由于企业在参与过程中主体地位不足和利益得不到满足。提高职业教育对企业的吸引力首先需要政策的扶持，通过减税降息切实保障企业利益。

为激发企业举办职业教育的积极性，各国政府普遍采取了经费投入、税收减免等灵活多样的激励机制，成为企业举办职业教育的动力来源。在德国，参与职业教育办学的企业，一般可获得其培训费用 50%—80%的补助，如果所培训的职业前景看好，企业可获得 100%的资助。[7]对于行业特色鲜明、对我国支柱产业或战略性新兴产业的技能人才培养有重要作用的企业办职业院校，可采取由教育部或地方教育行政部门与行业或主管企业共建的方式对其进行扶持发展。[8]

（三）加强职业教育和人才培养的信息化

职业教育是培养技术技能型人才的重要场所，人才培养直接与社会经济发展的需求相联系，这就要求职业教育的教学模式不断改革以适应现代社会对人才的

新要求。同时，人工智能时代加快了职业院校组织结构与运行模式的变革进程。学校的育人载体将由封闭走向开放，从传统的校园延展到与社会组织机构结成合作共同体；由单一的校内固定物理场所拓展到校外自然环境、云端教学共享平台，并向师生共同学习中心演进。全面提升信息化人才队伍素养，全面改善职业院校和各类培训机构的办学条件，使实训设备配置水平更加适应技术进步要求，广泛应用现代信息技术。适应通过信息化和工业化深度融合引领和带动整个制造业发展的要求，全面提升技术技能人才培养的信息化水平。一是加强职业院校信息化基础设施建设，实现宽带和校园网覆盖所有院校；将互联网引进课堂，通过多媒体进行网络教学。二是加强职业教育数字化资源平台建设，使数字化资源覆盖所有专业，使用网上教学平台；学校可以利用网上教学平台为学生提供各种课程资源，让学生在众多的课程资源中选择适合自己的课程自主学习。三是用信息技术改造专业课程，使每一个学生都具有与职业要求相适应的信息技术素养；深化校企合作、工学结合的人才模式，实现就业需求和人才培养的高度统一。四是与各行业、产业信息化进程紧密结合，将信息技术课程纳入所有专业。五是在专业课程中广泛使用计算机仿真教学、数字化实训、远程实时教育等技术；加大活页讲义教材开发力度，确保教育教学内容及时更新；现有以纸质形式所呈现的教材，不能完全体现教学内容的时效性、多样性和选择性，应开发电子、移动交互式数字教材，推进碎片化学习、结构化引导新模式的形成。六是重点加快发展智能制造、智慧服务等领域的专业。

现代职业教育背景下的职业院校人才培养模式转型，应该随着工业化、信息化升级的进程而推进。这是一个渐进的过程。在工业化转型升级和新一代信息技术革命迅猛发展交互在一起的过程中，职业教育传统与现代的办学模式、人才培养模式，以各式各样的方式共存，但是信息技术影响社会和经济发展的主流趋势是不以人们的主观意志而转移的。作为社会和经济发展密切相关的人力资源供给方，职业院校应与产业、企业的发展模式改变相对应，与社会运行和人们生活方式的变化相衔接，只有这样，职业院校办学才会充满生机与活力，职业教育才能培养出更多高质量的技能型人才。

参考文献：

[1] 董甜园，王正青. 二战后英国技术技能型人才培养政策、特点与发展趋势[J].
继续教育研究，2018.

[2] 徐国庆. 智能化时代职业教育人才培养模式的根本转型[J]. 教育研究，2016.

[3] 卢志米. 产业结构升级背景下高技能人才培养的对策研究[J]. 中国高教研
究，2014.

[4] 邓志军，李艳兰. 论德国行业协会参与职业教育的途径和特点[J]. 中国职业
技术教育，2010.

[5] 郭静. 现代职业教育体系建设背景下行业、企业办学研究[J]. 教育研究，
2014.

[6] 覃川. 人工智能时代背景下的"新三教"改革[J]. 中国职业技术教育，2019.

[7] 魏东新. 高职院校的高技能人才培养模式研究[D]. 石家庄：河北师范大学，
2007.

[8] 覃川. 人工智能倒逼职教人才培养模式变革[N]. 中国教育报，2018.

专题 4：产学研合作人才培养质量保障体系研究

摘　要：产学研合作是现代高等教育发展的大趋势，本文探讨了我国产学研合作下人才培养理念以及价值体现，针对如今新时期下产学研合作面临的挑战，对建立产学研合作培养人才的新机制提出几点建议。

关键词：产学研合作；人才培养；质量保障

《国家中长期教育改革和发展规划纲要（2010—2020 年）》提出："提高质量作为教育改革发展的核心任务，是建设高等教育强国的基本要求。"与此同时，学生、家长、社会公众和高校举办者对质量高度关注，新闻媒体和公共问责的重点也指向高校的人才培养质量。人才培养在高校工作中始终处于中心地位，因此在我国高等教育由大众化向普及化发展的关键时期，人才培养质量保障与人才培养质量建设"两张皮"的问题成为高等教育领域关注的焦点问题。当前对人才培养和质量保障的研究主要关注点在于人才培养模式的改革，受传统办学理念的影响，我国高校的人才培养模式存在创新意识薄弱、高校资源短缺、高校人才培养与社会脱节等诸多问题。高等学校必须进一步强化质量观念，按照国家产教融合的发展战略，创立高等学校与科研院所、行业企业联合育人的新机制，进一步推进产学研各方的深度合作，保障高校人才培养质量的提升。

一、产学研合作下的人才培养理念

1. 产学研合作是指企业、高校以及科研院所间本着"利益共享、风险共担、优势互补、共同发展"的原则，进行知识的转移、传递、共享和应用以及资源间的交换，实现人才培养、科学研究、社会服务、技术创新等方面的活动，是学术界与产业界的交流互动。产学研合作起源于 19 世纪，德国政治家洪堡创建了柏林大学，第一次提出"教学与科研相统一"的理念，但当时科研主要为教学服务，主要是为了培养学生探索自然、认识世界的能力，大学与产业间的关联甚少[1]。1862 年，美国国会颁布《莫里尔法案》，建立了农工大学和州立地方大学，赋予了高校新的职能。《莫里尔法案》的颁布为美国经济的发展和振兴培养了人才，促进了美国的技术创新，提高了教育的质量，成为世界产学研合作的萌芽。20 世纪 50、60 年代，我国高校教学与科技开始迈出了与企业合作的步伐，但仅仅是一些所有者组织的不同非独立利益主体间的指令性合作[2]。20 世纪 80 年代，产学研进入联合阶段。经过我国近 70 年的探索与实践，产学研模式日趋多样化，合作的内涵也在日益扩展，合作的机制逐步健全，成为高校人才培养的新模式。

2. 人才培养作为高等教育的三大职能之一，一直是高校办学的根本目的。党的十八大以来，习近平总书记对教育工作做出一系列的重要论述，多次强调人才培养的重要性。在新的时期，我国高等教育逐步向现代化建设发展，全面提高人才培养的质量，构建高水平的人才培养体系，加强人才培养质量保障体系建设成为促进高等教育内涵建设的关键举措。因此，需要创新人才培养模式，保障人才培养质量，打破高校与企业间人才培养的"壁垒"，搭建校企合作平台，构建产教融合的良好生态，对接社会需求，加强产学研协同育人，打造校企联合培养人才的平台[3]。通过这种模式的改进，从人才培养的机制上，从传统的"应试教育"向"素质教育"进行转变，着重培养创新型、复合型、应用型人才；从人才培养的形式上，学校不再处于"闭门造车"的封闭局面，而是与社会建立联系，接受社会提供的资源与环境，把人才培养放到教育、科技、经济相结合的大背景中；从人才培养的方式上，高校与企业间的利益交换是通过"高校—人才—企业"三者间的交换关系进行，在这个过程中，人才—知识的双向流动是人才培养的主要方式，与此同时，这个知识集聚的大系统也为隐性知识的转移与共享提供了有效载体[4]。

3. 教育与生产劳动相结合是我国的基本方针，教学、科研和生产相结合是在此方针的基础上的创新与发展，是对于教育教学、科学研究与生产实践相互关系的集中阐述，是人才培养与大学发展的内在需求。产学研合作的开展使教学、科研与生产劳动间的结合具有了一定的保障，也成为三者结合的一种有效途径与方式。如今我们进入知识经济时代，知识生产方式发生变革，科研活动的应用性正在加强，大学与社会、企业等之间的联系越发紧密，人才培养的承担者从单一走向多元，科研机构与企业等也逐渐参与到高校人才培养的过程中，这种形式的存在也在一定程度上促进了教学、科研、生产的结合。再者，从知识的角度，科研是创造知识，教学是传递知识，生产是应用知识，这三者是以人才培养为链条进行衔接的。总之，产学研合作将教学、科研与生产紧密地连接在一起，达到教育为生产、科研服务，同时生产、科研又为培养专门人才提供相应的环境，理论与实践相结合，为人才培养提供了更加宽阔的平台，有效地保障了人才培养的质量。

二、产学研合作保障人才培养质量的价值体现

产学研合作是当今知识经济时代重要的经济发展方式，是建设创新型国家的重要手段，是促进经济、社会发展的重要措施，是提升国家技术竞争力的重要途径。在我国，产学研合作是国家科教兴国战略的重要内容之一，也是当今企业、高校、研究院共同努力的发展方向。产学研合作不是简单的校企合作，而是高校与企业之间联合育人的复杂系统，教育性是其本质属性，结合点是人才，保障人才培养质量是整个系统的核心所在[5]。

（一）产学研合作培养人才符合国家战略需求

中共中央、国务院在《关于深化改革全面推进素质教育的决定》中指出，"高等教育要重视培养学生的创新能力、实践能力和创业精神"，"高等教育实施素质教育，要加强产学研结合，大力推进高等学校和产业界以及科研院所的合作"；《国家中长期教育改革和发展规划纲要（2010—2020 年）》指出要"促进高校、科研院所、企业科技教育资源共享，推动高校创新组织模式，促进科研与教学互动、与创新人才培养相结合"；国务院办公厅 2017 年发布《关于深化产教融合的若干意见》，指出当前形势下要构建教育与产业统筹融合发展格局，强化企业的重要主

体作用，推进产教融合人才培养改革，促进产教供需的双向对接。因此，产学研合作的开展是围绕国家的战略需求和产业发展需求，把人才培养融入协同创新的全过程，使教育和产业统筹融合、良性发展格局总体形成，需求为导向的人才培养模式健全完善，为保障人才培养的质量打下坚实的基础。

（二）产学研合作促进高校内部的改革与发展

承担培养人才和科研工作任务的高校在产学研合作中扮演着重要的角色，高校拥有着人才、学科、教师、实验条件及国际合作等资源优势，能把智力资源与生产结合起来，使高校的新技术、新思想与企业融合，帮助企业加快技术创新，建立和保持竞争优势[6]。与此同时，高校的参与也使其本身加强了与企业界、科技界的联系，促进了自身的改革与发展。

1. 促进教师专业发展

教师专业发展又称教师专业成长，是指教师在整个专业生涯中，依托专业组织、专门的培养制度和管理制度，通过持续的专业教育，习得教育教学专业技能，提高自身专业能力的过程。一般情况下，教师的专业发展途径包括师范教育、入职培训、在职培训、自我教育等。产学研合作通过高校与外界间的联系，从实践认知的角度给教师专业发展提供了新的路径。产学研合作给予了教师学习的机会，在特定的学术领域保持相关专业的发展，让教师尤其是专业教师直接参与企业的技术改造和项目开发，有利于教师教学与科研的进步，也进一步丰富教学内容融入专业的前沿信息，同时也能让教师在实践中提高研究和创新能力，使学校的教学科研活动与社会需求紧密结合，有利于建设一支高水平的"双师型"教师队伍。

2. 深化课程建设改革

课程是人才培养的核心要素，是体现"以学生发展为中心"理念的"最后一公里"，是落实"立德树人"根本任务的具体化、操作化和目标化。课程是专业的载体，产学研合作实现高校与社会之间的联系，将专业有关的前沿信息融入课程体系当中，充实教学内容，了解最新的国家战略需求与导向。高校与企业之间进行合作办学，联合制定人才培养方案，进行教材的编写，打造课程，不断将最新的科研成果与课程建设、教学改革相融合，丰富教学内容，提高教学质量，深化课程建设改革。

3. 提高办学效益，实现资源共享

高等教育发展规模与速度是与社会经济发展相联系的，随着社会主义市场经济体制逐步建立与完善，高等教育的投入与学校的发展、规模、质量的矛盾日益突出，单独依靠国家投入办学的体制已经不适用于高等教育发展的需要。产学研合作能够将有限的资金投入高校办学实践中，多方筹集资金，提高有限资金的使用效率，增强学校的办学实力，提高学校的办学效益，能够比较深入地了解社会需求，增强与社会发展的适用性。

（三）产学研合作促进学生自身的发展

学生自身的发展是产学研合作人才培养价值的应有之义。无论是教师队伍建设或者是课程体系改革，最终的落脚点都是学生的发展。产学研合作将学习者课堂上的学习与工作上的学习相结合，理论与实践相统一，提供了与现实生产场景交互作用的平台，让学生体验实践过程，增强对知识的理解，培养了学生的专业技能，也培养了学生的社会责任感、诚信品质、职业道德、团队精神[7]。与此同时，借助"产学研合作"的有效载体，利用高校与科研单位在人才培养方面的优势，将教学与科研有机结合起来，有利于培养学生的创造性思维，增强自我效能感。

三、产学研合作保障人才培养质量的建议

高校产学研合作的开展实施，打破了以往"重理论、轻实践"的教育模式，将高校教育与生产活动、科研实践有机结合的人才培养体系，更适应当今科技迅猛发展及竞争激烈的社会需求。深刻贯彻国家发展战略，积极创建产学研合作人才培养模式体系，促进产学研教育资源的深度合作与共享，培养高质量人才，是新时期产学研合作发展面临的重大挑战。

（一）加强师资队伍建设

师资队伍是保障人才培养质量的重要保障，创新型师资是产学研合作培养人

才的前提和基础。目前，我国高校仍然存在"重科研、轻教学""重理论、轻实践"的现象，导致实践能力和创新能力不足，基于此，高校要发展教师培训系统，一方面，可以安排教师参加岗位培训，针对学科、专业进行专项培养计划，引进既有教学能力又具有实践经验的高技术人才，改善教师队伍结构。另一方面，高校可以安排教师到企业挂职锻炼，进行专业实践和校外实习，与企业技术人员进行联合项目攻关，全面提高实践教学能力与水平，丰富实践教学经验[8]。此外，要完善高校教师的考评制度，健全高校科研成果的评价制度，切实保障教师科研、教学水平。

（二）构建合理的教学与课程体系

产学研人才培养体系是将理论教学与实践教学相结合，这就要求高校进一步完善人才培养方案，增加产学研合作相关的课程建设，突出产学研合作在实践教学中的比重。在教学内容方面，要根据高校本身办学特征与战略规划，建立学校与企业联合的教学内容体系，利用学校、企业不同的视角，针对不同培养目标选取针对性、实用性的教学内容。同时，要紧密贴合社会需要，推进课程内容改革，将生产、科研新技术、新成果转化为教学内容，增强人才的前沿意识、创新意识。

（三）构建产学研合作人才培养的评价机制

产学研对于人才培养质量的提高具有显著的作用。产学研合作培养的人才是否符合社会的需求，是否达到了人才培养的目标，产学研合作是否能维持可持续发展，通过这些问题建立一套科学合理的评价机制是至关重要的，可以从政府和高校两个方面进行开展。从政府的角度来看，一方面政府可以运用法律、政策引导产学研合作，不断加强产学研合作人才培养模式的政策机制保障，完善经济政策和人才培养模式的相互协作，形成完善的高等教育体系，为产学研集合的人才培养创造良好的环境[9]，另一方面政府可以制定产学研培养人才的标准，建立相对完整而科学的评价体系。从高校的角度来看，高校要针对二级学院相应专业制定产学研合作的具体评价指标，遵循全面性、相对独立性、导向性、可操作性等原则，将其纳入高校整个教学质量保障体系中，以确保产学研合作对于人才培养质量的积极作用。

参考文献：

[1] 王贺元，吴卿艳. 论产学研范式到学科—专业—产业链范式的转变[J]. 教育发展研究，2011，31（01）：73-76.

[2] 吴继文，王娟茹. 中国产学研合作的产生、发展过程和趋势[J]. 科技与管理，2002（04）：6-8.

[3] 张大良. 提高人才培养质量 做实"三个融合"[J]. 中国高教研究，2020（03）：1-3.

[4] 李燕萍，吴绍棠. 产学研结合培养人才的新模式[J]. 中国科技产业，2010（Z1）：106-108.

[5] 张忠家，黄义武等. 产学研合作提升人才培养质量研究[M]. 北京：教育科学出版社，2014.

[6] 张晓萍，余怡春. 高校在产学研合作中的组织与管理[J]. 教育评论，2010（05）：18-20.

[7] 常明. 关于产学研合作教育的理性思考[J]. 河南机电高等专科学校学报，2001（04）：1-7.

[8] 王天阔，辛斌，季春轶. 产学研合作模式下师资队伍建设问题研究[J]. 沈阳航空工业学院学报，2009，26（S1）：119-123.

[9] 李勤国，马英等. 高校产学研合作的理论与实践[M]. 西安：西安电子科技大学出版社，2019.

专题 5：研究生创新思维培养策略及保障体系研究

摘　要：本研究认为研究生创新思维包括敏锐的问题意识和提出问题、理性分析与思考问题的批判性思维、解决问题的综合能力与素质，分析了影响研究生创新思维的学校和学生两个方面的因素，提出人文社科类研究生创新思维培养过程中存在"课堂沉默"、课业"量多质低"、缺乏教师反馈以及研究生跟导师之间交流匮乏等问题，建议要促进教学与科研相结合，提高研究生迁移能力；课程作业要"减量提质"，培养科研兴趣；强化研究生导师队伍建设，完善导师指导监督责任制；增加科研经费投入，完善研究生参与学术活动的条件等对策。

关键词：研究生；创新思维；保障体系

2019 年，我国研究生招生 97.65 万人，在学研究生 286.37 万人，毕业研究生 63.97 万人[1]。随着研究生招生规模扩张，研究生培养质量也理应提高。研究生教育是国家创新体系的生力军，承担着高端人才供给的历史使命，而培养高素质创新型人才是我国过去、当前和未来知识经济时代对高等教育的翘首以盼，培养一批具有创新意识、创新能力和创新精神的复合型高素质人才适应民族创新能力和国家竞争力提高的需要[2]。创新人才的形成必须依靠创新思维的培养，创新思维水平的高低是衡量研究生培养质量高低的重要指标，同时也是实现培养具有创新意识和创新能力的复合型人才这一目标的关键。"创新是一个民族进步的灵魂，是国家兴旺发达的不竭动力"。创新人才的形成必须依靠创新思维的培养，正如恩格斯所说，人类思维是"地球上最美丽的花朵"，而创新思维是其中最璀璨的一枝。

本文依据文献研究基础和实践观察与感受，以人文社科类研究生专业的学生为研究对象，分析了我国普通高校人文社科类学术型研究生在创新思维培养中存在的问题和原因，针对存在的问题，为培养研究生创新思维、提高研究生培养质量提出有针对性的建议。

一、研究生创新思维的含义

（一）思维与创新思维

在《现代汉语词典》中，思维是指在表象、概念的基础上进行分析、综合、判断、推理等认识活动的过程。思维形式一般包括逻辑思维、抽象思维、形象思维、社会思维、科学思维等。人作为有意识的存在，其思维是自由的，因为人的思维能在观念中反映和建构现实世界中存在的事物或借助想象创造和生成现实世界没有的现象；但是，人的思维也深受人的知识、能力与价值偏好等影响，也受制于传统习俗、社会文化、人际关系等的羁绊，因而又是相对不自由[3]。

创新思维是指在旧的方法和途径不能有效解决问题的情况下，探索以新的方法和途径去观察、分析和解决问题的过程；产生创新思维的频率和数量与人们的创新精神有关，也与人们的知识和经验因素有关。从解决问题的思维活动看，创新思维包括设计解决问题的新方案，探讨解决问题的新途径，提出解决问题的新思路，也包括对事物的新认识和新判断。相比非创新思维，它体现出思维方式的求异性、思维状态的主动性、思维结构的灵活性、思维运行的综合性、思维进程的突发性、思维表达的新颖性、思维成果的效用性。求异和主动是创新思维的基础，灵活综合与突破是方法，新颖与效用是目的[4]。

（二）研究生创新思维的内涵与特点

研究生创新思维是提升研究生综合素质的需要，也是学术发展和社会进步的整体要求。研究生创新思维是个体创新能力中展现出的高级的、复杂的认识过程。有学者认为，研究生创新思维是一种综合思维，它至少包含三个构成要素：一是发现问题的批判思维；二是求解问题的发散思维；三是论证答案的聚合思维[5]。发现问题的批判思维是研究生创新思维的萌芽，求解问题的发散思维是研究生创新思维的展开，而论证答案的聚合思维则是研究生创新思维的成型。本研究认为，研究生创新思维是创新主体在思维过程中直接运用他所熟悉的基于经验和知识的一般方式，包括敏锐的问题意识与提出问题、理性分析问题的批判性思维、解决问题的综合能力与素质。

1. 敏锐的问题意识与提出问题

问题意识是科学研究的起点，因为"提出问题往往比解决问题更重要"。问题的产生来源于怀疑、疑问。所谓"疑问"，便是指有疑而问，有疑才有问。只有具备强烈的问题意识和较强的科研创新能力，才能为知识进步、文化传承乃至整个社会的发展做出应有的贡献。培养研究生问题意识是培养其创新思维的首要环节。

2. 理性分析问题的批判性思维

批判性思维是培养创新思维的催化剂。一方面，研究生应该结合理论知识解释现实问题，体现其理性思考的科学态度，做到有理有据；另一方面，研究生要敢于质疑，通过创新思维来实现新思维的升华。批判性思维经由问题产生，又会因问题而得到持续深入的发展，它的最终目的是解决问题，并做出有所创新的发展[6]。

3. 解决问题的综合能力与素质

具备敏锐的问题意识与发现问题、理性分析问题的过程最终是为了解答问题，并提出自己的新观点或产出新成果，这需要研究生具备不畏困难、持之以恒、求真求实的科研精神，付出相当的时间和精力，不断拓宽自己对学问研究的宽度与广度，积累丰富的知识和经验，这是产生和形成创新思维的基础。此外，在解决问题方面需要具备聚合思维和集中注意力，做出有独创性、有见解的创新性成果。

二、研究生创新思维培养的现状分析

了解当前我国高校研究生创新思维培养的现状，主要从影响因素和存在的问题两个方面来分析，从而为高校改善研究生培养条件、教师创新教学内容和方法提出参考依据。

（一）研究生创新思维培养的影响因素

研究生创新思维能力的培养存在多方面的影响因素。从宏观层面看，国家出台有关鼓励培养研究生创新意识、创新精神和创新能力的一系列文件，社会营造出鼓励创新的环境和提高对研究生人才的要求等是促进高校改善研究生创新思维培养方式的利好环境。而高等学校，尤其是承担研究生教育的大学，是培养具有创新思维和创新能力的高素质复合型人才的主阵地，本研究主要考虑学校和学生方面的因素：学校内部影响因素，包括制度保障、基础建设和文化渲染等方面。而学生具有主观能动性，研究生自己的创新意愿、创新动机和创新精神是影响创新思维培养的关键因素。

1. 学校方面

随着研究生规模的逐年增长，许多普通高校现有的研究生教育培养条件已经不能满足研究生培养质量的需求，高校存在基础设施不全、科研经费投入不够、师资力量不充裕、实验仪器设备匮乏等问题，严重影响研究生培养质量，阻碍了研究生创新思维培养。高校科研的基础设施是基础，而建设鼓励创新的文化环境是一种价值追求，即宽容失败，鼓励探索，包容各种"奇思妙想"乃至"奇谈怪论"[7]。此外，高校的制度建设是创新环境实现的保障，学校应制定研究生科研激励制度、增加科研项目申报机会、健全研究生科研创新资助政策、增加研究生科研基金等，这有助于调动研究生进行科研的积极性，激发他们的创造性学习与科研的热情。有了物质、文化和制度保障以后，研究生才有条件、有机会、有动力和有热情投身科学研究事业，培养自己的兴趣并深入研究领域，基于已有的知识和经验去发现、分析和解决问题。

2. 学生方面

人的主观能动性是发挥教育功能的决定性因素。研究生生源构成呈现多样化和复杂性。从研究生来源看，有应届生和往届生，且年龄分布、学习或工作经验差异悬殊，他们的学习目的和动机因人而异；从本科毕业院校来看，有"985"或"211"院校毕业生和地方高校或独立学院毕业生，生源的学习经验、知识结构多样性和质量高低不一；从学生个性特征来看，他们的创新意识、创新意愿和创新能力受到已有的知识和经验的影响，其科研兴趣、能力、态度和综合素质也是影响创新思维培养的重要因素。爱因斯坦说，"兴趣是最好的老师"，是人们探究某种事物或从事某种活动的心理倾向，它以认识或探索外物的需要做基础，是推动人们认识事物、探求真理的重要动机[8]。任课教授和研究生导师应多了解学生的不同特点而因材施教，培养其科研兴趣，循循善诱地引导他们发现和分析问题、步步深入以解决问题。研究生要养成"打破砂锅问到底"的钻研精神，锲而不舍地思考和研究自己的专业领域，提出创新性的观点或想法。

（二）高校研究生创新思维培养中存在的问题

研究生创新思维的培养关乎研究生的成长成才、高校人才培养质量、社会和国家创新发展需求。当前研究生创新思维培养中存在哪些问题呢？研究生的课堂汇报或课程论文中，总能听到或看到人云亦云的大众化表述，鲜有令人耳目一新的独到见解，令人困惑与焦虑。究其缘由，与学生个性特征、口语或书面表达能力、知识基础和经验等因素有关，但从根本上说，研究生言说或写作平庸，折射和反映出创新思维的匮乏与缺失[9]。

1. "课堂沉默"现象无助于科学创新思维培养

课堂教学是研究生入门某一专业领域最基础和最直接的培养环节，教师在教学过程中对研究生的启发诱导对于提高研究生思考能力大有裨益。但是，现行的研究生课堂教学在很大程度上与科研创新思维培养割裂。在课程内容上，教师重基础理论轻前沿，主要讲自己的研究领域而未考虑学生的兴趣和接受能力，导致研究生主动参与程度不高。教师通常会点名学生来提出一个研究问题或参与研讨，这种教学仍然是被动式的接受教学，甚至会营造出一种紧张的氛围，出现"课堂沉默"现象。有些跨本科专业报考的学生不具备相应理论基础，或者学生本不善于提问，这一课堂环境会影响学生的心理状态和思考效果，不利于学生获得积极的情感体验而压制了创新动机。如此一来，课堂教学没有起到将学生引进门的作用，学生甚至还会在课堂中磨灭掉科研热情而感到迷茫，这对于研究生创新思维的培养起到事倍功半的负面影响。

2. 课程作业"量多质低"与缺乏教师反馈

有学者认为，相较于美国研究生教育，我国研究生的课堂教学松散，对师生的考核轻松且学生学业负担轻[10]，如此理解未免有点以偏概全。以某校高等教育学专业为例，研一阶段开设数门本学科基础理论课程，个别课程包括实地调研的教学环节，有利于理论联系实践。考核方式是课程汇报+期末论文或闭卷考试。但是，每门课程的作业独立而分散，即"量多"。一方面，学生需要发散思维，在五花八门的研究内容里选择和拼凑出自己的作业，这种为"应付"作业的发散思维过程是在外力环境作用下形成的，缺乏主动性和创造性，不利于研究生聚合思维深入探究某一问题，"为交作业而作业"，而非为兴趣而研究，导致学生抱怨作业多，没有时间精力尽善尽美地完成，虽然花费许多时间，结果却不尽如人意，这也是导致学习效率低的原因之一。另一方面，哪怕研究生尽己所能完成个人汇报或课程论文，但又缺乏教师的有效反馈，不利于研究生写作能力的提高，无助于研究生培养质量的持续改进，此即研究生课程作业的"量多质低"现象。创新思维的培养需要有支持创新的环境与条件、自由的时间和空间，更需要学生的能动性和创造性。课业负担和缺乏教师反馈，导致研究生学习效率和效果都得不到保障，不利于获得学习与科研的积极情感体验，进一步打击了人文社科类学术型研究生的科研积极性和创造的热情。

3. 研究生跟导师的交流与沟通次数匮乏

导师与研究生的交流次数，与师生两方面都有关系，存在不同研究生导师与学生沟通机会失衡的现象，人文社科类研究生存在普遍的"放养"现象，却美其名曰"学习自由"。其实，研究生导师在影响、培养研究生创新思维方面发挥着重要作用，但目前的许多人文社科类研究生导师身兼教学、科研、行政等多职，本身事务繁忙，在指导研究生科研过程方面有些分身乏术，一般是研究生主动向导师请教，但有些学生认为导师反馈回复延迟或缺乏实效，这可能是因为导师从客体的角度认为不加干预是给予学生自由的空间来选择和创新个人的研究领域，而作为创新主体的学生实则渴望导师能给予更多知识、方法和经验上的指导。师生在沟通过程中，导师自身的学识、科研素养能够潜移默化地影响学生的思维，开阔其思考空间，是有利于创新思维培养的。

三、加强研究生创新思维能力培养的对策

培养研究生的科学品格、创新能力，增进个人努力都是非常重要的科研能力要求。研究生的主要任务是能够独立思考，进行创新性的思维活动，研究生教育要把研究生的科研活动放在重要地位，使研究生能够独立从事科研活动，并取得丰硕的科研成果。针对研究生创新思维培养中存在的问题，高校应该从几个方面加强对研究生创新思维培养。

（一）促进教学与科研相结合，提高研究生的迁移能力

研究生教育的本质特征在于知识创新，结合科研方向选择课程能奠定学生基础性创新能力，结合学科交叉选择课程有利于提升学生开创性思维能力[11]。研究生的教学是为了研究而展开的研究活动，教学是为了研究，教学是研究的手段和载体[12]，应该促进课程教学与科学研究互动互补。在教学过程中，教师要主动了解学生的个性差异，坚持长善救失的教学原则，营造出良好的课堂环境，使学生的"知、情、意"处于良好状态，培养他们学思并重、知行合一的学习习惯。研究生课程是引导研究生入门这一专业领域的基石，教师既要精讲重要的理论知识，更重要的是留给研究生自己思考、创新的空间。在课程教学中，鼓励课前预习、课上主动参与和课后持续跟进的教与学的方式。在课程选择上，研究生有根据自身兴趣和需要自由选择课程的权利，研究生院和导师应充分了解、尊重学生的想法。在课程内容上，鼓励任课教师将最新科研成果与生活实际相结合，激发学生的好奇心和探索欲，为学生进行科研创新活动创造良好的条件，研究生在课程中积累的理论知识与经验、养成的科学态度、形成的创新意识和创新精神是科研思维的宝贵财富，如果能够将其迁移到科研研究的过程中，将对自己的研究过程起到事半功倍的效果。

（二）课程作业要"减量提质"，培养研究生科研兴趣

人文社科类研究生不同课程的汇报、课程论文的质量亟待提高。汇报本身应

该有利于师生间的学术研讨，刺激创新意识和积极思维过程，进而产生新思想、新理论。如果汇报主体外的其他学生不听、教师不重视评，汇报者也将其当成任务，停留在呈现知识本身而没有实质性的创新想法的收获，那么课程作业就是形式化的。大学是研究高深学问的地方，研究生的研究志趣也应体现在"高"和"深"上面。一方面，必须增强研究生课程体系的关联性、综合性和连贯性，有利于学生从整体上来认识和理解问题；另一方面，任课教师可定期交流各自课程的教学进度和作业安排情况，了解学生们的学习和科研状态、心理和价值诉求等，共同设计他们的课程作业，减少学生的盲目性，鼓励他们专注于某一问题的研究，提高对作业的质量要求，严格考核作业成绩。例如，围绕一个研究主题，从原理性的、历史比较的、国别比较的以及调查研究等多个视角分析和解决这一主题的问题，从而提高研究的深度。教师也要为学生创设有利的情境，引导学生自主学习，实现其知识建构，培养具备创新思维的创新型人才。兴趣是创新思维形成的原动力，强烈的兴趣使人对学习或研究保持乐此不疲、如痴如醉的状态，能够充满激情地、锲而不舍地思考和研究自己的专业领域，进而提出创新性的观点或想法。

（三）强化研究生导师队伍建设，完善导师指导监督责任制

研究生导师对于开发、引导研究生的创新思维养成具有重要作用。支持型指导风格的导师对于主动性较高的研究生群体创新思维影响很大，有助于学生的逻辑思维训练和创新行为，而控制型指导风格的导师对于主动性较低的研究生，需要帮助其制定严格的学习计划和科研训练方案，增加知识积累和储备，促进其创新能力提升[13]。导师个人严谨求实的科研态度和献身科研的精神会潜移默化地影响研究生的科研品质，导师个人具有较强的科研能力和指导水平，鼓励学生挑战书本知识权威、支持学生个人兴趣进行自主科研等方面的态度和行为，有助于鼓励学生的创新行为。如果研究生培养的教师观念陈旧，落后于时代和学术前沿的发展，缺乏正确的知识观、创新观、人才观、师生观，就会低估研究生的创新意愿和创新能力，忽视对研究生创新思维的培养，不能有效地引导研究生进行创新性思维活动。因此，高校有必要加强研究生导师队伍建设，对参加研究生课程教

学的导师开展专门的教育教学知识和能力培训，培养导师队伍的创新意识、创新精神和创新能力；要增加导师与研究生进行沟通的机会，导师不仅应该积极及时回应研究生的诉求，也应适当主动地去了解、关心研究生的研究，对他们的学习、生活和科研动态进行一定的指导。

（四）增加科研经费投入，创造研究生参与学术活动的条件

一般来说，自然科学的科研资源投入较多，人文社科类的科研经费少，从研究生科研项目申报的基金资助就能看出来。所以，高校或二级学院也要多为人文社科类研究生们争取或创造参与科学研究项目和参加学术会议的机会，研究生有条件、有机会参加国内或国际知名学者的学术讲座或学术论坛，有利于他们了解最新的学术动态、调动研究生对科研工作的积极性和热情，有助于其开放思维、激发创新意识和创新动机。一方面，高校要重视对教学设备、科研平台等的建设，这就对高校研究生培养财政拨款提出要求，应该适当增加人文社科类研究生的科研经费，鼓励他们多参与校外学术活动。另一方面，研究生导师可以充分整合与有效利用校内外资源，举办本专业或本学科的学术沙龙，邀请知名学者或专家与学生沟通，同时激励学生积极参与并分享自己最新的科研成果，虚心请师生对其成果做出客观评价，有利于提高学生的思辨能力。只有通过学校统筹、财政拨款、科研经费等多种途径，建立健全研究生培养奖助学金体系，才能最大程度地提高研究生教育投资效益。

参考文献：

[1] 中华人民共和国教育部. 2019 年全国教育事业发展统计公报 [EB/OL].
    [2020-05-20].http://www.moe.gov.cn/jyb_sjzl/sjzl_fztjgb/202005/t20200520_456
    751.html.

[2] 岳晓东，龚放. 创新思维的形成与创新人才的培养[J]. 教育研究，1999（10）：
    9-16.

[3] 李润洲. 理论思维：助推研究生的知识创新[J]. 学位与研究生教育，2017

（12）：50-55.

[4] 陈湘纯，傅晓华. 论创新思维的哲学内涵[J]. 科研管理，2003（01）：10-14.

[5][9] 李润洲. 论研究生创新思维的培育——一种教育学的视角[J]. 学位与研究生教育，2018（10）：26-31.

[6] 王建，李如密. 批判性思维与创新思维的辨析与培育[J]. 课程·教材·教法，2018，38（06）：53-58.

[7] 张胤，徐宏武. 研究生创新能力培养的现状、问题及对策——基于实证的研究[J]. 研究生教育研究，2011（01）：43-47.

[8] 张丽华，沈德立. 论创造性思维产生的有利条件[J]. 教育科学，2006（01）：88-91.

[10] 胡凯. 基于学生主体地位的美国研究生课程教学模式研究[J]. 学位与研究生教育，2014（09）：68-72.

[11] 王宇，赵贞，陈刚，裴健，孙净雪. 研究生创新能力"立体"培养的探索与实践[J]. 实验技术与管理，2018，35（09）：165-168.

[12] 刘尧. 研究与创新：研究生培养方式的建构[J]. 长春工业大学学报（高教研究版），2003（03）：46-49.

[13] 吴杨，韦艳玲，施永孝，李明磊. 主动性不同条件下导师指导风格对研究生创新能力差异性影响研究——基于九所大学的数据调查[J]. 复旦教育论坛，2018，16（03）：74-79.

专题 6：师范院校师范专业人才培养质量保障体系的研究

摘　要：全面质量管理是一种原本运用于企业的质量管理理论，在 20 世纪 90 年代的西方高等教育领域已经被大范围应用。在当前地方师范院校师范专业面临困境的情况下，将其引入地方师范院校师范专业人才培养过程，能够促进师范专业人才培养质量的提升，从而为建设一支高质量的教师队伍打下坚实基础。

关键词：全面质量管理；人才培养；地方师范院校；师范专业

从 2018 年 2 月中共中央、国务院印发《关于全面深化新时代教师队伍建设改革的意见》到 2019 年 2 月提出《中国教育现代化 2035》，中央政府都在传递一个信号：建立一支高素质、专业化、创造性的教师队伍势不可挡，师范院校在教师队伍建设中发挥了强有力的作用。然而，地方师范院校在转型升级的浪潮中不断扩大非师范专业的人数，资源不断向非师范专业倾斜，这势必会挤占师范专业的资源，进而对其人才培养的质量产生影响。因此，地方师范院校需要建立一套行之有效的人才培养质量保障体系以保证师范专业人才培养的质量。

从 20 世纪 90 年代初开始，英美等国家的教育界开始将全面质量管理的理念与方法引入高等教育质量管理中，并取得了良好的效果。人才培养的质量是高等教育质量最重要的方面，将高等教育全面质量管理运用到我国地方师范院校师范专业的人才培养质量保障体系建设中，对保障师范院校人才培养质量有重要意义。

一、核心概念界定

在探讨全面质量管理理论是如何应用于地方师范院校师范专业人才培养保障体系建设之前，需要对其涉及的几个核心概念做出界定。

（一）地方师范院校与师范专业

地方师范院校不同于国家一级部门的直属院校，是指地方政府及其教育部门所属，主要由地方财政部门承担办学经费，主要以培养地方所需要的教师及教育管理人才为主要任务的高等师范院校。师范专业是以教师职前培养为主的专业，在本研究中主要指高校设置的以培养中小学（包括幼儿园）所需师资为目的的专业。师范专业其更加专注于教师的职前培养，在教师队伍建设中发挥了不可替代的作用。

（二）人才培养质量

对于质量的定义学界并无统一观点，但从管理学视角来看，产品的质量包括三方面的因素：一是产品与原有目标、规格和标准以及先前设定的标尺的符合程度；二是产品的适用性，也就是产品在使用时满足需要的程度；三是环境因素的变化，包括地点、时间、政策等。[1]因此，有学者认为，人才培养质量是指在人才培养过程中，既要满足学生个体的全面发展需要，又要满足社会经济发展的外部需求的所有特性的总和。[2]据此，本文中所讲的人才培养质量是指地方师范院校所培养的毕业生在满足自身需求以及学校培养标准的同时，又满足经济社会发展的外部需求的实现程度。

二、全面质量管理理论的基本思想

全面质量管理（Total Quality Management，TQM）是 1961 年美国通用电气公司的费根堡姆和质量管理专家朱兰提出的一种产品质量管理办法，此后广泛地应用于工业领域的企业管理。全面质量管理是指一个组织以产品的质量为核心，由组织的全体人员综合应用管理方法、专业技术、数理统计以及相应的规章制度，对影响质量的全过程和各种因素进行全面、系统地管理，以达到让顾客满意和本组织成员及社会获益为目的的一种质量管理方法。[3]

（一）全面质量管理的特点

全面质量管理的基本特点可以概括为"三全一多"。"三全"是指：第一，全过程的管理。全面质量管理强调产品质量检验的重点不在于传统的统计质量控制所强调的事后检验，而在于产品整个的形成过程中。[4]全面质量管理认为，产品的质量是生产出来的，而不是检验出来的，必须对产品生产的全过程的所有阶段和各个环节进行有效监控。第二，全要素的管理。全面质量管理认为，质量管理不能单纯就产品质量而抓产品质量，还要抓产品质量赖以形成的各个部门、各种要素的工作质量。第三，全员性的管理。全面质量管理要求把质量控制工作落实到每一名员工，让每一名员工都关心产品质量。"一多"是质量管理办法的多样性，即在传统的统计质量控制、质量管理[5]的基础上，采取多种多样的质量管理方法。

（二）全面质量管理的基本原则

一是顾客至上的原则。顾客至上就是要树立以顾客为中心、为顾客服务的思想。要使产品质量与服务质量尽可能地满足顾客的要求。

二是预防为主的原则。全面质量最为关键的理念是，质量是设计制造出来的，而不是检验出来的，检验尽管重要，但影响质量的原因是设计和制造，因此，要想保证产品的质量，必须从产品的初步设计时就加以预防。

三是持续改进的原则。由于社会环境不断变化，顾客对产品的要求越来越高。每一个组织都应该不断地调整目标，调整质量标准，满足顾客需求。此外，持续改进的目的不仅是要确保内外顾客满意水平增加，而且要通过改进管理，节省人、财、物等资源的投入，提高企业的效益。[6]

四是强调数据和信息分析的原则。全面质量管理认为，有效的决策是建立在数据和信息分析的基础上的，因此，必须搜集和整理产品生产过程中的全部信息，在保证数据信息精确性和可靠性的基础上使用不同方法分析，以保证产品生产的质量。

（三）全面质量管理的步骤

根据相关理念，可以将全面质量管理的实施概括为以下三个步骤。

建立质量目标与方针。是指组织设立的总的质量标准与质量改进方向。质量方针是总的质量宗旨和指导思想，而质量目标是比较具体的规定，是对质量方针的具体落实。制定质量手册，根据质量方针制定纲领性文件，具体阐明质量的相关准则。

产品生产过程中的质量控制与质量监测。这一步骤指为达到质量要求所采取的贯穿于整个活动过程中的操作技术和监视活动，[7]其目的在于及时发现问题，消除影响产品质量的不利因素。

最终质量的审核与评估。在产品生产结束后未投入市场前，审核产品质量是否符合质量目标，产品投入市场后根据市场的反馈及时调整生产过程。

（四）树立全面质量管理的人才培养质量观念

高校对人才培养的质量管理行为和企业的管理行为有相似的内容。比如，高校最基本也是最重要的职能就是在有限的资源下实现高质量的人才培养，企业的最终管理目标是生产出高质量的产品提升效益，从这一点来看，高校人才培养的质量管理和企业有很大的相似之处；再如，高校的人才培养过程也如同企业生产产品的过程，其基本环节包括：招生宣传（广告）—招生（进原料）—在校教育（加工生产）—毕业考核（产品检验）—学生就业（出厂）—用人单位的使用及毕业生信息反馈（质量跟踪）。[8]因此，用于企业的全面质量管理理论也可以适用于高等学校。基于全面质量管理理论，地方师范院校的师范专业在构建人才培养质量保障体系时，可以采用以下观念作为指导。

树立以学生为中心的服务观。地方师范院校师范专业的"顾客"分为"内部顾客"和"外部顾客"。"内部顾客"主要是教师、教辅人员等为学生提供服务产生影响的个人或者群体。而"外部顾客"是指高校提供服务时的被影响者和消费者。高校最重要、最直接的消费者是学生，学生是高校人才培养质量的直接被影响者，因此，学生是高校最主要的"外部顾客"。此外，与学生有关联的用人单位、社会乃至国家等也受到高校人才培养质量的影响，因此他们也是"外部顾客"。

学生不仅是地方师范院校师范专业最主要的"外部顾客"，也是其人才培养质量的集中体现，高校必须树立以学生为中心的服务教育教学服务观。

树立预防为主的全过程质量保障观。根据全面质量管理理论，高校人才培养的质量不是在学生最后毕业或者就业时检验出来的，而是应当在学生还未入学时就建立起人才培养的质量目标与质量保障体系，在质量问题出现前采取措施加以预防，防患于未然。此外，人才培养的质量保障是人才培养全过程中都需要关注的，因此，地方师范院校师范专业不仅应当关注学生在校学习过程中人才培养的质量问题，也应在招生、毕业、就业以及就业后用人单位的反馈这一整个过程中加以预防与监测。

树立全员参与人才培养的观念。根据全面质量管理理论，"各级成员都是组织之本，质量是全体员工共同努力的结果，质量管理人人有责"。[9]因此，无论是高校的教师还是学校领导，抑或是高校的后勤管理人员，乃至地方政府，每一个人的活动都与地方师范院校师范专业人才培养的质量息息相关。只有人人都重视人才培养的质量，充分发挥主动性，才能培养出高素质、高质量的教师。

三、师范院校师范专业全面质量管理人才培养模式构建

地方师范院校是我国师范院校办学的主体，地方师范院校在教师培养过程中的地位是最基础、最关键的。随着我国的高等教育逐渐普及化，地方师范院校的招生人数有了较大程度的增加，尤其是非师范专业的招生人数的扩增以及地方师范院校转型是当下的新态势。客观来看，这种新态势是地方师范院校顺应社会发展潮流的一种无可奈何的应答。然而，这种新态势的出现使得资源向非师范专业倾斜，师范专业面临着巨大的困境。此外，非师范专业的毕业生大量进入教师队伍，师范专业毕业生的社会认可下降也给师范专业带来了挑战。正如全国人大代表、河南师范大学教授赵国祥所说："近年来，许多师范院校在人才培养模式方面进行了积极探索，取得一定成效，但单一学科培养、分科教育模式固化、学生适应性不强、社会认可度下降等问题没有得到根本解决。部分重点中学更愿意从综合性大学毕业生中招聘教师。一些全国知名中学近年来录取具有研究生学历的新教师，90%以上是综合性大学毕业生。"[10]这句话，点破了地方师范院校师范专业面临的困境与难题。要想解决这一困境，最根本的举措在于提高其人才培养的质量，获得社会的认可。将全面质量管理理论引入人才培养过程，对于提高地方师

范院校师范专业的人才培养质量有着积极作用。

（一）质量方针与质量目标必须考虑多方需求

质量方针是指"组织的最高管理者正式发布的该组织总的质量宗旨和质量方向"，它是学校全体教职员工必须遵守的准则和行动纲领。想要保障人才培养的质量，地方师范院校的师范专业首先应当建立相关的人才培养质量方针与目标。地方师范院校师范专业所培养的人才首先应当充分考虑学生、家长与社会以及国家等"外部顾客"的需求，再加上师范专业本身所要求的知识与技能来综合制定人才培养的质量方针。首先，学生的需求最重要的应当是掌握教育知识与技能、学科知识以及专业知识，并且在毕业后能顺利进入教师队伍并能胜任教师工作；用人单位即中小学最大的需求就是获得优质的新师资，要求新教师不仅具有丰富的学科知识和教育知识储备，更重要的是教学本领一流；地方政府对于地方师范院校师范专业的需求是，学生毕业后能够留在本地，促进当地教育事业的发展。

因此，地方师范院校在确定人才培养方案与人才培养的质量目标时必须考虑学生、用人单位、地方政府的需求，根据自身发展的基础和水平提炼出相应的质量方针，进而确定质量目标。此外，地方师范院校师范专业在制定人才培养质量标准时应当着重强调教学技能和教育教学实践能力等方面的要求。

（二）专业分流，选择合适的学生就读

根据全面质量管理的预防为主原则以及全过程质量管理的理念，在选择生产产品的原材料进入生产过程前，企业就应当精心选择高质量的原材料，提前防止质量问题的出现。同样地，为预防人才培养质量问题出现，地方师范院校师范专业在选择"原材料"时就应为人才培养的质量考虑，精准选拔学生。但是在我国现行的大学考试招生制度下，考生只需达到师范专业所需的分数就可报考，并没有其他要求。尽管有一些师范院校在招生章程中明确规定师范生除了需要满足高考成绩，还要满足身体条件和具有从教愿望，但在实际招生中，绝大部分高校只参考高考成绩便可录取。[11]教师作为一个培育人才的专门职业，除了要有必要的学科知识外，还应当具备坚定的从教信念、热爱教育事业、健康的身心等各方面的素质。但是在现行的全国统一考试制度的影响下，地方师范院校只能根据分数来选择本专业的学生，无法做到精准招生。

想要做到源头把控，从一开始就预防人才培养质量问题的出现，地方师范院校可以采取专业分流的质量控制措施。就读于师范专业的学生在校学习的第一学期只学习相关学科的基础知识和基础的教育理论，第一学期结束时再进行专业分流，通过学习成绩、平时德行考查结合学生本人志愿选择适合的人继续师范专业的学习。

（三）强调人才培养全过程的教育实践

全面质量管理最为核心的理念是全过程的管理以及持续改进的原则，这一观念移植于地方师范院校师范专业人才培养质量的保障方面，最直接的应用是将师范专业学生教学能力与教育管理能力的培养贯穿于整个学习过程，这对师范专业人才培养的质量有着关键性的影响。

在专业分流以后，师范专业的学生可以一边学习理论知识，一边进入中小学（幼儿园）开展教育实践活动，而不是在学习两到三年的教育理论知识和学科知识后再集中进行教育实践活动。边进行理论学习边进行教育实践活动，学生可以及时发现自己的不足并加以弥补。为保证学生理论学习以及教育实践的质量，可以采用双导师制，即学生在教育实践过程中有中小学教师加以指导，通过中小学教师的指导强化教学基本功训练，增强学科教学技能，同时发现自身理论知识与教学技能的不足；在教育实践过程总结的不足与经验可以在理论学习过程中通过校内教师的教学再加以强化；巩固好基本理论和基本技能后再将其运用在教育实践过程中，再从实践过程中总结经验、发现不足，再加强理论和技能的学习……如此循环往复，既加强了理论知识的学习，又提高了教学能力。这是一个持续的全过程的教育教学理论和教育实践能力的培养，不仅需要学生以及地方师范院校的努力，更需要地方中小学（幼儿园）与地方政府的支持与配合。根据全面质量管理全员参与的理念，作为"外部顾客"，地方中小学和政府对地方师范院校师范专业的人才培养质量保障责无旁贷。

（四）构建完善的人才培养的质量监测和评价体系

全面质量管理十分注重产品生产过程中的质量控制与质量监测。加强对教师教育人才培养质量过程的监控，及时消除存在的人才培养的质量隐患，才能真正实现全过程和全方位的人才培养质量管理。

师范专业人才培养的质量监测是一项复杂的工程，需要一系列科学的政策和措施加以完善、保障和实施，应当对教师教育的全过程实施常态化监测。首先，应当研制教师教育实践技能考核的观测点，设定分层次、阶段性的目标以评估师范专业学生的实践技能水平以及理论知识学习水平。在大数据、人工智能、5G 技术等科技与教育不断融合的背景下，地方师范院校师范专业人才培养过程中的信息采集、质量监测以及评价体系建设将更加便捷与科学。在加强对学生监测的同时，地方师范院校也应当加强对师范类专业课程教学的督导检查，定期对师范专业教师的教学状态实施评估，并结合教育部高等教育教学评估中心教师教育质量监测平台所采集的数据，[12]形成人才培养质量年度评估报告，对各师范专业人才培养状况做出精确分析，对人才培养质量不达标的师范专业进行质量预警，责令其限期整改，如若整改后仍未达标，则暂停招生。

参考文献：

[1] 卿灿. 地方本科高校应用型人才培养质量影响因素的实证研究[D]. 沈阳：沈阳师范大学，2018.

[2] 陈志军. 地方高校人才培养质量保障体系建构研究[D]. 西安：西北大学，2019.

[3] 房海. 高校本科教学全面质量管理体系的构建与实践[J]. 中国高教研究，2007（05）：21-22.

[4] 张利庆. 全面质量管理与高校教学质量保障体系的构建[J]. 广东经济管理学院学报，2003（04）：84-88.

[5] 张利庆. 全面质量管理与高校教学质量保障体系的构建[J]. 广东经济管理学

院学报，2003（04）：84-88.

[6]　黄赐英. 全面质量管理理念在高等教育质量管理中的应用[D]. 长沙：湖南师范大学，2006.

[7]　施晓光. 西方高等教育全面质量管理体系及对我国的启示[J]. 比较教育研究，2002（02）：32-37.

[8]　曾晓东，孙贵聪. 研究大学类企业行为，提升大学管理的专业化水平[J]. 比较教育研究，2002，（04）：1-5.

[9]　王章豹，李巧林，郑治祥. 高校教学全面质量管理体系的研究与构建[J]. 中国高等教育，2003（19）：27-28.

[10]　赵国祥. 建议在全国师范院校开展教师教育"双一流"建设[EB/OL].[2020-05-23]. https://news.sina.com.cn/c/2020-05-23/doc-iirczymk 3153368.shtml.

[11]　王换芳，闫建璋. 我国师范生招生现状、困境及路径研究[J]. 黑龙江高教研究，2020，38（01）：22-29.

[12]　朱旭，吴开华. 地方本科院校师范生培养的现状与建议——以 S 高校为例[J]. 高教学刊，2020（01）：152-155+158.

专题 7：高校学习绩差生培养质量提升策略

摘　要：学习成绩是衡量大学生知识与技能掌握状况的重要标准，在一定程度上影响高校人才培养的质量。近年来，高校里大学生挂科率越来越高，绩差生数量越来越多，严重影响了高校教育整体培养人才的质量，绩差生群体越来越受到社会各界人士的关注。学校应充分发挥人才培养的职能，通过多种手段提高绩差生的自我管理能力，从而提高自身人才培养的质量和水平。本文总结了高校绩差生的自我管理问题，并分析原因，从学校层面提出了其应该采取的措施，如帮助绩差生树立正确的价值观和人生追求、加强对学生的管理和对学生自我管理方面的指导等。

关键词：高校；绩差生；自我管理；培养质量

随着高等教育的不断发展，高校招生规模不断扩大，2019 年，高等学校毛入学率 51.6%，高等教育已从大众化转变为普及化。在数量增加的同时，人们越来越关注高等学校的质量，近些年来，高校里大学挂科率越来越高，严重影响了高等学校培养人才的质量。2018 年，华中科技大学有 18 名学生因为学分不达标从本科转为专科，湖南环境生物职业技术学院有 22 名学生因为补考学业成绩未达标被予以退学处理[1]。

针对这些情况，2018 年教育部发布《关于狠抓新时代全国高等学校本科教育工作会议精神落实的通知》，要求全面整顿本科教育教学秩序，严格过程管理，要求淘汰"水课"，取消"清考"制度等，以扭转大学严进宽出的现象[2]。因此，提升该群体的培养质量，已是一个非常重要而又迫切的现实话题。笔者将该群体称为绩差生，即在高校中智力发展水平正常，但由于环境或者自身等各种消极因素的影响，在学习成绩方面长期落后于专业标准成绩的一部分学生。本文用文献分析法，在大量浏览资料的基础上，总结高校绩差生的自我管理问题，分析原因，并从学校层面提出建议，力图通过改善绩差生的现状来提高学校人才培养的质量。

一、高校绩差生的自我管理问题

高校绩差生的自我管理问题很多，不同绩差生因为个体的独特性，表现为不同的自我管理问题。总体来看，高校绩差生自我管理问题主要集中在自我认知、时间管理意识、职业生涯规划意识、计划管理、学习习惯等方面。

（一）自我认知管理不足

自我认知是指大学生对自己的心理和行为的感知和了解，个体只有充分了解自己的人格特质、心理状况、学习生活现状，才能寻找自身优势，发现自身劣势，从而在以后的工作生活中扬长避短。高校大学生大多已经成年，应该具有独立的自我认知，了解自己的优缺点，明白自己的需要，能反思自己，评价自己，才能去更好地调整自己。很多大学生在大学期间对自己的兴趣爱好和专业发展认识都不明确，在就业方向上迷茫，尤其是一些文史专业的大学生，对于自己日常所做的一些事情，很多学生都不清楚自己在干什么，不知自己所做事情的意义何在，因此，无法对专业学习产生兴趣，亦无法深刻学习专业知识，学业成绩往往不理想。

（二）时间管理意识薄弱

时间管理是指对时间进行合理规划和有效调控，以达到在较短时间内完成较多任务的目的。大学里留给学生们的空闲时间较多，丰富多彩的活动、各种各样的诱惑等也较多，大学生学会自己管理时间，安排好自己课内课外的学习活动是大学至关重要的一课，对以后发展有深远影响。一些学生习惯了高中管制的紧张的学习生活节奏，进入大学缺乏强有力的监督，猛然放松下来会产生懈怠心理，他们沉溺于在宿舍舒舒服服睡觉、沉溺于熬夜玩手机、沉溺于享乐交友，时间对他们来说不再是分秒必争的事情，他们总会认为时间还有许多，作业不着急完成，拖延一些没事，经常会出现上课迟到、课上睡觉、作业考试临时抱佛脚等情况，长此以往，就会进入绩差生的行列，随着时间悄然流逝，他们往往荒废大学四年的黄金时光。

（三）缺乏职业生涯规划意识

职业生涯规划是指个体对未来所从事职业的定位和目标规划。只有职业生涯规划明确，学生才能正视自己，并充分利用资源武装充实自己。大多数绩差生缺乏职业规划意识，没有明确的职业生涯规划，没有很好的自身发展定位，不清楚自己是继续深造本专业还是从事其他行业，在学校生活中抱着"边走边看"的心态，因此容易导致不重视学习成绩、对本专业学习得过且过的结果。

（四）缺乏合理明确的计划

计划管理是指学生能根据自身情况制定合理计划并付诸行动。计划是前进的指明灯，它能引导、激励、调控、制约学生。高校绩差生的计划管理问题主要有三种情况：一是认为计划不如变化，所以从不制定计划；二是偶尔制定学习计划，但一遇到困难就放弃了；三是未能制定关于自身的合理计划。从不制定计划的绩差生在学习过程中常常想学就学，不想学就不学，并且难以抵制手机、游戏等的诱惑，导致成绩难以上升；容易放弃计划的绩差生往往学习韧性不足，容易受到其他事物的干扰，长此以往形成学业拖延或学习倦怠等惯性，进一步影响学习成绩；不能制定合理计划的绩差生在制定计划时，往往不重视学习成绩，因此把计划更多放在兼职、享受等方面，他们认为大学应该进行课外实践或放松放松，不能像高中一样重视学习成绩，他们对待学习成绩往往得过且过。

（五）缺乏良好的学习管理习惯

学习管理是指大学生以学业目标为导向，在学习过程中发挥主动性，选择适宜的学习策略，有效调节和监控学习过程，并且能够对学业成就做出恰当评价的能力。自主性学习是学习管理能力的核心。绩差生自我学习主动性差，往往要在老师的督促下才会去学习，并且很少预习和复习，不能充分利用大学学习资源。相比绩优生来说，他们很少阅读与学习有关的书籍，很少主动上自习，也很少主动思考问题、解答问题，与老师同学交流少，他们往往都是为了应对考试而在考试前突击学习，学习动机和效果都不好。在学习方法上，绩差生们在日常学习中多是盲目学习，不能找到适合自己的学习策略。有的绩差生在日常或最终考评中由于知识能力不足还出现作业抄袭、考试作弊的现象。

二、高校绩差生自我管理问题产生的原因

产生高校绩差生自我管理问题的原因是多方面的，本文主要从学生自身和学校来分析其产生的原因。

（一）学生自身的原因

高校绩差生自我管理问题的最主要原因是学生自身，它又体现在多方面，如心理健康水平、价值观、学习动机、意志力水平等。

1. 心理健康水平低

大学生的心理健康水平影响学生的学业成绩，有研究证明绩差生的心理健康水平显著低于绩优生的心理健康水平[3]。虽然大学相对高中对学习成绩不再看得那么重，但是家长、教师、同学依然惯于用学习成绩去评价一个学生，绩差生往往受到歧视和排斥，从而加重绩差生的心理负担，使得绩差生产生焦虑、敏感、自卑等心理，对自己的能力、行为等产生怀疑，进而影响绩差生的自我认知与自我调节，导致学习成绩得不到提高，学习成绩和自我管理之间形成恶性循环。

2. 价值观偏误

良好的价值观念有利于学生学业成绩提高，有利于学生自我管理，不良的价值观念则相反。大学是学生学习的地方，大学校园为学生提供了学习成长的平台，但它不同于社会，作为一个大学生应该明确大学的意义。但是一些绩差生认为大学里学习成绩不重要，甚至有的学生还流传着"不挂科的大学不完整"这种荒谬的言论，他们对挂科不以为意，对专业学习放任自流，自我管理更是松懈。有些还过早地追求社会、金钱等，对于大学里的时间管理分配不合理，在大学期间大量时间忙于兼职、忙于社会性交友，极少去主动性学习，甚至有的还旷课，使得

大学生活过得本末倒置，并没有能够在大学里实现良好的自我管理。

3. 学习动机问题

学习是由动机引起的有目的的活动，动机是学习的起点和动因。学习动机是学生学习活动的主观意图，是直接推动学生进行学习活动的一种内部动力。大学生学习动机的高低，将直接影响到他们学习科学文化知识、培养自身科技素质的自觉性与积极性，从而关系到高校培养人才质量的高低。高校绩差生亦是经历过高考的大学生，学习能力自然不差，之所以与绩优生拉开差距，学习动机是其中的一个重要因素。影响学习动机的因素包括归因方式和自我效能感。大学绩差生中很多人学习只是为了通过课程拿到学分，他们不求掌握知识，他们认为学习成绩高低取决于外部因素，如老师出题的难易程度、考试猜题的运气等，他们不重视日常学习积累，没有良好的学习动机，因此日常生活中也不能很好地树立自我管理意识。

4. 意志力薄弱

大学生的意志力与学习成绩和自我管理存在显著性相关，意志力越强，学业成绩越高，自我管理越好[4]。绩差生的自制性、坚韧性、自觉性、调节性较弱，容易受到外来诱惑和干扰，不能自觉选择正确的事并坚持有始有终。在遇到困难和挫折时，他们不能很快地调节好自己，容易受到创伤。很多绩差生出现学习困难，但是他们又认为困难解决起来十分麻烦，往往没有解决困难的坚韧性，不能坚持目标，所以就放纵自己。意志力薄弱的绩差生们往往容易对自我产生怀疑，胆小，不能正确认识自我，亦不能很好地去规划自己、调节自己，出现自我管理问题。

（二）学校方面的原因

对于高校绩差生的自我管理问题，学生自身虽承担主要责任，但是学校方面的问题也不容忽视。学校是学生成长发展的重要平台和环境，对学生培养起着督促和引导作用，学校方面出现问题对学生自我管理形成了消极影响，其主要表现为学校自身管理问题、师生关系问题等。

1. 规章制度落实和监督引导不到位

相对高中"保姆式"的教育管理模式，大学采用的是相对开放的社会化教学模式，学校教育理念和管理方式对大学生的成长发展有很大的影响作用。高校里往往出现规章制度落实和监督引导不到位的现象，使得大学管理松散，学生自然问题频出。例如，学校缺乏身心健康和职业发展方面的指导和服务，绩差生心理健康和职业规划得不到引导，容易产生焦虑、茫然无措等心理，不能进行良好的规划管理，影响自身的自我管理和良好成长，进而影响高校的学风和教育质量。此外，高校对学生的监督管理不足，放任绩差生不良的自我管理，如迟到、早退、作业抄袭、考试作弊等现象，他们会进一步忽视自己的问题。

2. 师生关系疏离

莫加内特（Morganett，1999）的研究发现，良好的师生关系在促进学生愉快地学习和减少学生问题行为中起着关键因素，它有利于学生良好的学习习惯的养成、学业成绩的提高，以及促进学生身心和个性的全面发展[5]。绩差生们大多数没有良好的师生关系，他们由于成绩因素大多害怕与老师沟通交流，较少主动回答问题和请教老师，因此老师也关注不到他们，进而很少对他们进行评价反馈，慢慢地他们对学习失去兴趣或者盲目学习，导致不能形成良好的学习管理习惯。在辅导员或者班主任方面，他们虽负责学生的思想工作及其指导，但由于学生数量多，工作忙碌，他们也较少关注到班级中的绩差生，更何况深入了解绩差生日常自我管理，他们不能发现绩差生的问题，因此也无法对学生进行自我管理教育。

3. 不良的同伴效应

教育中的同伴效应是指宿舍、班级、年级或学校内同伴的背景、行为及产出对学生产出或行为的影响[6]。对大学生个体来说，与之联系最频繁、交往最密切的莫过于同伴，同伴的行为与学生的学业成绩和自我管理存在显著的相关性，同伴的良好行为有利于促进学生的学业成绩和自我管理，反之则相反。长期处于绩差生行列的学生大多对学习没有兴趣，因此他们极少去图书馆等学习场所，大多与其他情况类似的绩差生在一起，没有自我计划，容易相互影响，沉溺于手机、网络、玩乐，最终失去自我管理意识。在日常生活中，我们常会发现"学霸"宿舍和"学渣"宿舍，如果一个宿舍有一半成员学习松散，自我管理差，那么这个宿舍的氛围就会出现问题，进而影响其他人员的自我管理。

三、高校绩差生自我管理能力的提升对策

学生自身是高校绩差生自我管理问题的核心原因，提升高校绩差生的自我管理能力，最重要的也是帮助提高学生自身的身心素质，学生处在学校的大环境中，学校对于绩差生的培养有着不可推卸的责任，对绩差生的良好引导也有助于提高和保障学校整体培养人才的质量。因此，本文从学校层面提出提高绩差生自我管理水平的措施。

（一）帮助绩差生树立正确价值观和人生追求，提高自我认知能力

价值观是一个人思想活动和行为方式的基础。绩差生出现自我管理问题一个显著的特点就是没有良好的人生追求和价值理想，不能正确地审视自己，形成良好的自我认知。因此，要帮助绩差生树立正确的价值观和人生追求。学校要切实有效地加强思想教育课，帮助他们正确认识社会现象，培养他们认识问题、分析问题、解决问题的能力，逐步培养起科学的人生价值观，树立自己的奋斗目标和人生理想，并能制定合理的计划去实现。有了目标，学生才能正确地审视自己，进而提高自己，才不会轻易受到外界因素的诱惑和干扰，不会将大量的时间花费在玩游戏、交友、享受等方面，才能合理进行时间管理，平衡好兼职、课外实践和学习之间的关系，从而更好地完成自己的学业。

（二）加强对学生的管理和对学生自我管理方面的指导

学校要完善落实基于学生制定的规章制度和监督制度建设，切实加强学生的管理以及对学生自我管理方面的指导。一方面，学校可加强对他们的监督，组织学生深刻学习《学生守则》，让学生了解哪些事情该做，哪些事情不该做，并制定严格的惩罚措施，谨防学生迟到、早退、考试作弊等现象，促使绩差生形成教育诚信，利用教育诚信引导其转变，进而进行良好的自我管理；另一方面，学校要

重视加强对大学生的自我管理方面的指导，促使其建立自我管理体系，为学生创造自主、自制的校园文化。高校可以适度放权，开放更多可供学生自我管理的平台，学校可以作为管理活动的责任方，努力为促进大学生自我管理创造条件，形成包含班集体、学生会、自律会、学生社团、党团组织、学习研讨会等多种多样组织的大学生自我管理体系，这些组织能锻炼大学生的组织、协调、人际交往等方面的能力，增强他们的社会使命感、责任感，绩差生在这些组织中，通过自身参与管理，有利于养成良好的自我管理能力，并且很大可能利于学业成绩的提高。

（三）帮助绩差生树立良好的学习动机，形成良好的学习管理习惯

首先，培养绩差生的学习兴趣和专业认同感。兴趣是学习最好的老师，每个专业都有自身独特的意义，学校要促使教师在教学过程中努力创设良好的学习氛围，使学生处在一种宽松的环境中，从而降低绩差生学习自卑感，逐渐对学习产生兴趣，并获得专业认同感，形成良好的学习动机。其次，教师要引导绩差生进行良好的学习归因，鼓励绩差生掌握知识，引导他们将学习成绩高低归因为努力，使绩差生注重日常学习积累，而不是临时抱佛脚，以此养成良好的学习习惯。最后，教师应该更多地去注意绩差生，鼓励绩差生，给以他们自信，这样有利于维持绩差生的学习兴趣，减少因学习失败带来的学习倦怠或更严重的习得性无助，促进绩差生学习动机提高，并注意日常的学习管理。

（四）提高绩差生的心理健康水平，增强意志力

大学生心理健康水平和意志力水平需要得到提高并重视，需要加强教育和引导。首先，学校要开设关于大学生心理健康和有关日常心理学类的课程，切实落实大学生的心理指导是必不可少的。教育部《关于印发〈关于普通高等学校"两课"课程设置的规定及其实施工作的意见〉的通知》以及《思想道德修养大纲》、《中国普通高等学校德育大纲（试行）》要求在思想道德修养课中，要合理安排有关大学生心理健康教育的内容。课程中应要系统授课，使得大学生能正确认识自己的心理特点，帮助学生学会自我调节，自觉培养良好的心理素质。其次，学校要充分发挥心理咨询室的作用。大学生因心理上的独特性和环境的差异性，会产

生不同的心理问题，需要加强个别指导。针对绩差生心理敏感、焦虑、自我认知不足等问题，心理咨询有利于对绩差生有针对性地进行疏导和调节。

（五）建立融洽互动的师生关系和健康互助的同伴关系

首先，教师要为学生提供良好的榜样，言传身教，无论学生的教育处于什么阶段，教师对学生的榜样作用都是不可忽视的。教师要树立自主、自治、自立的形象，以此正面影响大学生；教师在授课过程中，应该对所有学生一视同仁，并尽可能增加课堂中师生、生生交流探讨的机会，能及时对学生的回答做出评价，这有利于学生提升学习兴趣，使得学生产生学习期待，进而规划自身管理；辅导员或班主任应该担负起自身责任，以学生为中心，多与学生沟通交流；绩差生的同伴大多是来自同一个寝室，属于小范围同伴群体，因此可以充分发挥自我管理水平良好的学生的榜样带头作用，鼓励其他成员积极向榜样学习，在群体中营造一种共同努力学习、共同比肩进步的精神面貌和风气。

高校学生是国家未来发展的中坚力量。当前，社会上影响高校学生的诱惑因素不断增加，高校绩差生面临着更严峻的挑战，因此，提高高校绩差生的自我管理能力十分必要。大学生处在高校的大环境中，高校在提高绩差生的自我管理能力中发挥着举足轻重的作用，对绩差生的培养也有利于提高高校人才培养质量。为此，学校必须进行积极的改革与转变，通过多种措施对绩差生自我管理能力的提升提供支持和帮助。只有绩差生得到良好的转变，高校才能营造出更好的学习氛围，才能为中国特色社会主义建设培养更多的合格建设者和可靠接班人，使高校整体水平得到提升，最终提高高校教育质量和办学水平，为国家培养更多的高质量人才。

参考文献：

[1] 星时代教育集团. 星时代教育：关于华中科技大学将 18 名学生本科转专科事件的思考[EB/OL]. [2018-10-24]. https://www.sohu.com/a/2709878863_100294823.

[2] 中华人民共和国教育部. 教育部关于狠抓新时代全国高等学校本科教育工作

会议精神落实的通知［EB/OL］. 2018-8-22. http://www.moe.gov.cn/srcsite/A08/s7056/201809/t20180903_347079.html.

［3］王殿春，刘美婷. 大学生学业成绩与心理健康水平的相关性研究［J］. 黑龙江教育（高教研究与评估），2009（05）：34-35.

［4］武丽丽. 大学生意志力量表的编制及其与学业成就的关系［D］. 太原：山西医科大学，2016.

［5］Morganett L. Good teacher-student relationships: A key elementin classroom notivation and management. Education, 1999, 112: 260-265.

［6］张莉莉. 教育中的同伴效应文献综述［J］. 市场周刊，2019（03）：132-134.

［7］李增光. 新时期大学生自我管理研究［D］. 天津：天津医科大学，2016.

［8］李军. 我国高职学生自我管理能力的影响因素及策略研究［D］. 南昌：南昌大学，2016.

［9］孙宏顺，李玉龙，陆新华，郏宁扬，卞进发. 从责任关怀角度加强对大学绩差生的教育引导［J］. 大学教育，2012，1（11）：23-24.

［10］柏勇，马苗，王婧婧. 新时期地方高校绩差生的帮扶举措［J］. 读与写（教育教学刊），2011，8（12）：28-29.

［11］吴盛亮，武菁，李宁. 大学生自我管理能力与学业成绩研究［J］. 学周刊，2019（11）：26.

［12］王甜甜. 大学生自我管理能力培养研究［D］. 保定：河北大学，2015.

［13］刘枫. 大学"绩差生"的绩差诱因及其教育转化［J］. 教育现代化，2017，4（40）：332-334.

［14］吴方领. 大学绩差生的调查分析与教育思考［J］. 湖北师范学院学报（自然科学版），2007（02）：113-115.

专题 8：非全日制硕士研究生培养质量的问题及对策研究

摘　要：近些年，为了促进研究生教育的发展以及满足在职人员提升学历的需要，非全日制硕士研究生正在不断扩招。2020 年扩招比例进一步增大，在此情形下，非全日制研究生培养存在的问题更加显著。本文通过分析非全日制硕士研究生扩招背景、产生原因、特点以及具体问题，提出了相应的对策建议，以促进非全日制硕士研究生教育的发展。

关键词：非全日制；硕士研究生；培养质量

研究生教育是学生本科毕业之后继续进行深造和学习的一种教育形式，包括硕士研究生教育和博士研究生教育，本文涉及的研究生教育是指硕士研究生教育。2020 年，由于受到新冠肺炎疫情的影响以及国家发展高等教育的需要，教育部决定扩大硕士研究生招生规模，明确 2020 年将计划扩招 18.9 万名硕士研究生。根据中国教育在线发布的《2020 年全国研究生招生调查报告》测算，2019 年，考研录取人数约为 80.5 万人。按照计划扩招 18.9 万人计算，通过扩招人数与录取人数之比，可得出扩招比例约为 23.5%的结论。近年来，硕士研究生报名人数屡创新高，研究生录取人数也不断增长。扩招已经成为趋势，但是往年通常控制在 5%以内，很少突破 10%。硕士扩招超过 20%的年份只占极少数。根据国家统计局的数据测算，近些年来，2005 年、2009 年及 2017 年硕士扩招出现小高峰，分别比上一年增长 13.57%、16.13%、22.45%。研究生扩招，不仅针对全日制研究生，非全日制研究生也进行了扩招。

毋庸置疑，研究生扩招在一定程度上能够发挥调节就业的作用，但是研究生教育是一个全方位提高人的素养的过程，扩招的根本动力不是仅仅为了缓解学生就业压力，而是在于随着经济社会的发展，对高层次人才的需求也在日益上升。

突然暴发的疫情加速了硕士扩招的进程，同时也使得研究生教育现存的问题更加凸显，亟待解决。

一、非全日制硕士研究生的特点

非全日制研究生即仍在原有工作岗位上履行工作职责的在职研究生，指在研究生就读期间兼顾学习和工作的一种非脱产的研究生类型[1]。非全日制研究生教育是一种与全日制研究生教育并行互补的大学后终身教育制度，是以修满一定课程学分或部分在校学习时间作为获得学位的方式和区别于全日制研究生教育的标准，贯彻终身教育理念，教育对象面向所有社会成员[2]。

国外的非全日制研究生教育与我国不同。在美国，全日制与非全日制研究生身份的确定是以每学期选修的学分数量为标准，若能达到一定的标准为全日制研究生，否则为非全日制研究生[2]。英国的全日制与非全日制研究生以每学期在校的时间为标准，全日制研究生每周在校学习五天，非全日制研究生仅有部分时间在校学习，总时间不连贯。二者身份也可以相互转换，但不如美国灵活。相较而言，英国开展非全日制研究生教育的学科比美国窄，美国由于将全日制与非全日制研究生教育整合较好，非全日制学习机会较多，几乎在所有学科领域都有非全日制学习的方式，并不局限于热门学科。

从 2017 年起，教育部会同国家发展改革委按全日制和非全日制两类分别编制和下达全国博士、硕士研究生招生计划，要求统一组织实施全日制和非全日制招生录取，坚持全日制和非全日制教育同一质量标准。2016 年 11 月 30 日前录取的研究生按原有规定执行；2016 年 12 月 1 日后录取的研究生从培养方式上按全日制和非全日制形式区分。2017 年，教育部对非全日制研究生共下达了约 136360 个招生计划，占到硕士研究生总体计划数的 22.17%。且近年来报考非全日制研究生的人数占研究生报考人数的比例显著增加。

非全日制硕士研究生入学考试纳入研究生入学统考之中，直接推动了研究生总体规模扩大，也引起了研究生总体报考人数的大幅增加[3]。2017 年全国研究生报名 201 万人，较上年增幅 13.6%，部分地区增幅更为显著，如北京、辽宁、江苏等地硕士报考人数增幅高达 20%，如表 5-1：

表 5-1 2017 年部分省市非全日制研究生报考人数比例

省市	报考非全日制人数	非全日制占比
北京市	37949	13.1%
黑龙江省	6289	9.4%
江西省	5550	10.65%

数据来源：中华人民共和国教育部网站. http://www.moe.gov.cn/.

截至 2019 年，全国各类高等教育在学总规模 4002 万人，高等教育毛入学率达到了 51.6%，标志着我国已经进入高等教育普及化阶段，我国高等教育学生总数位于世界第一。高中普及化必然推动本专科生扩招，扩招的本专科生必然推动研究生扩招。我国的非全日制研究生教育是在参照全日制研究生教育的基础上建立起来的，但是其人才培养模式还是形成了自身的特点。

（一）学习形式多样

非全日制研究生主要针对在职人员进行，通过边工作边学习的方式，不对在校时间做出硬性要求。上课的时间、地点、方式等可以根据学生和老师的实际情况而定，采用多种方式和灵活时间进行学习，往往将课程安排在晚上、周末或假期等，也可以采取线上线下相结合的方式，方便学生安排工作与学习时间。

（二）生源成分复杂

非全日制研究生存在年龄跨度大、工作年限不同、社会实践经验不同、专业背景不同、学习场所不同以及空闲时间不同等问题。非全日制研究生通常年龄较大，工作时间较长，社会经验比较丰富，且各自的专业背景差异较大，诸多因素构成了非全日制研究生的生源结构较全日制研究生复杂许多的情况。

（三）全成本收费

非全日制研究生与全日制研究生不同，全日制学费较低，有奖助学金以及助学贷款，并且学校提供住宿。非全日制学费较高，大多学校也不安排住宿，学生的学习成本和生活成本需要自己负担。

（四）需求多元化

由于非全日制研究生的生源较为复杂，不同的学生攻读硕士研究生的目的不同。有些为了学习知识提升专业水平，有些为了获取新的技能为转行做准备，还有些仅是为了获取学历证书等。学生不同的需求要求学校在制定培养目标时要多元化，培养方案要更加灵活和丰富[4]。

二、非全日制硕士研究生教育存在的问题

（一）考生报考意愿低，调剂入学比例大

由于非全日制研究生不提供奖学金、住宿、就业派遣等，考生报考非全日制的意愿相对较低，而真正在职、非脱产报考非全日制研究生的考生面对统考试卷，直接导致了非全日制考生群体的上线率滑坡，许多高校的非全日制专业无法通过招收第一志愿报考学生达到招生指标，普遍面临生源压力，不得已只能采取调剂方式，按复试完的成绩从高到低录取学生，在录取完全日制名额后再将剩余符合条件的复试考生调剂至非全日制就读。由于非全日制学生需要在入学前与单位签约，这部分考生存在临时去找的单位并不理想，或者和所学专业毫无关系的问题，因而不能很好地将理论与实践相结合，学习效果受到影响。

（二）非全日制研究生存在工学矛盾

大部分非全日制研究生采取"半工半读"的方式，要同时兼顾好工作和学业。虽然时间上学校选择晚上、周末或假期等以便于学生错开工作时间，但往往这些时候任课教师和学生都比较疲惫，影响学习效率。且可能会出现加班或出差、培训等影响上课的情况，上课出勤率较低，给学校管理增加了难度[5]。有些学校非全日制研究生的上课时间仅仅为寒假集中授课的十天，那么如何在很短的时间内保证学习的效率，学生的学习效果是否会大打折扣都值得思考。

（三）师资缺乏，部分专业导师积极性不高

研究生的学习虽然是开放性的，且以自学为主，但也离不开导师的引导和解

惑。近年来随着研究生招生规模扩张，出现了师生比不合理的问题，部分专业导师分配的学生数量较多，相对全日制学生，由于非全日制学生在校时间少、学习时间有限且学习主动性相对弱，与导师的沟通交流时间少，部分专业的导师往往会忽视对非全日制学生的指导。

（四）受到校园文化的影响较小

校园文化对全校师生的精神导向发挥着引领和指导的作用。非全日制研究生大部分时间用于工作，在校时间不如全日制学生长，一般也不住在学校，仅上课时间到校。此外，也较少参加学校的各项活动，所以对学校的归属感较弱，受到校园文化的感染和影响较小，也会在一定程度上影响其培养质量。

（五）培养方式缺乏针对性

目前，很多高校将非全日制研究生的教育依附于全日制研究生的教育之上，对非全日制学生也采用和全日制相同的培养方案。尽管教育部要求全日制与非全日制学生执行相同的培养标准，但在具体执行中，要根据非全日制研究生的特点灵活选择考核方式及授课形式，如启发式、参与式、共同研讨式的学习方法，突出学生自主性和创造性的培养，避免限制非全日制研究生目标多元化的需求，从而降低了非全日制研究生的培养质量[4]。

（六）精力投入不足，硕士培养体系受到冲击

全日制研究生三年在校，非全日制研究生三年工作，二者从精力投入上有显著的区别和差异，且学校对非全日制的管理较为松散。很多非全日制研究生是各自单位的骨干，任务繁重，没有很多时间接受同等程度理论学习，影响了非全日制教育质量的提高[6]。若非全日制研究生因自身以及学校对其精力投入不足而导致培养质量不过关，那么硕士培养体系将受到冲击，所以非全日制人才培养模式的改革是一种新思考。

三、非全日制硕士研究生质量保障的建议

（一）学校层面

1. 创新培养模式，建立合作帮扶机制

受到导师数量、精力等问题的限制，为提高非全日制研究生的培养质量，可以建立诸如"导师多人组"的合作帮扶机制，增强师门之间的交流，如让全日制学生与非全日制学生多沟通，相互取经等。也可采用双导师制，一位为主导师，由校内指导老师担任，另一位为合作导师，由校外实践指导教师担任[7]。另外，还可加强与高校特色行业背景相关的大型企业合作，建立长效机制，高校提供培养平台，为企业提升员工文化水平，夯实理论基础；企业提供生源和实践平台，为高校输送各类干部[8]。

2. 加强非全日制研究生管理

由于非全日制研究生在校时间少，与老师、同学的联系较少，可以通过成立非全日制研究生会、研究生联合会等，组织课内外活动，加强非全日制同学之间的沟通，增强学生对学校的归属感。学校加强对非全日制研究生的经费支持，合理规范报考人员年限规定，构建考核评价体系的，探讨合理的评估与监督机制等[9]。导师增加对非全日制研究生的指导频率，提高学生的学习效果。

3. 加强线上就业引导，精准推送政策

由于新冠肺炎疫情暴发，许多毕业生的就业受到影响。高校要加强对非全日制研究生的就业指导服务，应用"互联网+就业"的新模式，积极发展远程教育，为学生推送全面、可靠的就业信息，为在职人员提供便利，更好地为其服务。积极举办"云校园"招聘活动，加强对招聘活动的管理。按照规定为完成学业的非全日制毕业研究生统一办理就业手续。

（二）学生层面

1. 加强对自我需求的认识，要有清晰的职业生涯规划

学生要对当前及未来的发展有明确的目标，对非全日制研究生的培养模式、发展状况等有清晰的认识，以选择最适合自己的发展道路，为促进社会的发展及自身的提高做准备。不断拓宽自己的知识面，注意行业发展的前沿与趋势，增强学习的兴趣与动力。

2. 增强对学校的归属感

非全日制学生可以在闲暇时多浏览一些校园公众号、官方网站等，学业上遇到问题也可以回校找导师、同学交流，而不仅仅在有课时才回到校园。若工作地与学校在同一个城市，工作之余也可以去学校图书馆看书学习，在提高自身知识水平、拓宽视野的同时，也增强对学校的归属感。

（三）用人单位层面

由于非全日制研究生有工作单位，用人单位要发挥其作用，与高校配合，实行对研究生的双重管理[10]。在对非全日制研究生的管理上，由于学生平日大多数时间用于工作，单靠学校一方行不通，用人单位要明确自己的责任与义务，对非全日制研究生的日常工作及学习进行监督，形成一定约束。

（四）社会层面

1. 加强政策引导和宣传

各级各地相关部门可以利用教育部网站，发布有关非全日制研究生的招生、培养、就业信息等，积极宣传，指导用人单位完善招聘研究生的相关办法，提高非全日制研究生生源质量，也增强非全日制研究生的社会认可度。

2. 政府发挥宏观调控作用

从稳定的角度来讲，政府应从总体上把握社会经济发展对高等教育的需要，综合考虑资源的有限性和人民群众对高等教育的需求之间的矛盾。尤其应加强对高等教育质量的监督，杜绝个别学校盲目扩大招生规模甚至滥发文凭的现象。

高等教育是一个国家和社会发展的重要基石，高等教育在新一轮城市化中占核心地位，因此扩大高等教育规模、增加研究生入学机会是我国社会经济发展的必然要求。非全日制研究生是研究生教育的重要组成部分，发展非全日制研究生教育，对于提升劳动者素质具有重要意义。疫情是影响研究生扩招的一个方面，可以将供需见面会延后或者给毕业生一些补偿作为解决办法。我国已经普及高中，高等教育也即将进入普及化阶段，在将来是否会普及研究生教育，又是否应该普及研究生教育，都是需要思考的问题。

参考文献：

[1] 闫苹. 关于教育硕士课程设置现存问题的分析与建议[J]. 中国教师，2006（4）：12-15.

[2] 钟尚科，张卫刚，杨颉. 浅谈规范发展非全日制研究生教育[J]. 高等教育研究，2002（06）：66-70.

[3] 周文辉，曹镇玺. 非全日制研究生招生新形势、问题及对策[J]. 中国高教研究，2018，293（01）：81-86.

[4] 马明. 新招生制度下非全日制专业学位硕士研究生培养模式的探索[J]. 煤炭高等教育，2018，36（01）：50-53.

[5] 高一华. 关于新政策下非全日制研究生教育发展的现状及建议[J]. 高教学刊，2018（09）：191-193.

[6] 鲁祥友，潘雨阳. 新政策下提高非全日制硕士研究生培养质量路径[J]. 合肥师范学院学报，2019，37（04）：98-100.

[7] 朱毓，刘凤翔. 非全日制研究生双导师制的改革与创新[J]. 中国成人教育，2018，443（10）：35-38.

[8] 蔡博，邹洋，王斌. 非全日制硕士研究生招生问题与对策研究[J]. 科技经济市场，2014（05）：217-218.

[9] 张法碧，周娟，徐卫林，李琦，高兰英. 非全日制硕士研究生培育模式探索与建议[J]. 教育教学论坛，2018，357（15）：198-199.

[10] 吴环伟. 严把"四关"确保非全日制研究生教育质量[J]. 中国高等教育，2003（21）：35-36.

专题9：扩招背景下硕士研究生质量保障体系研究

摘　要：研究生扩招政策背景下，高校生源质量保障体系及人才培养体系亟须改进。本文通过分析研究生规模扩大下的现状，客观地指出当下高校质量保障体系方面存在的问题，并进行因素探讨。从"输入—环境—输出"三个维度，对于扩招背景下的研究生生源质量、培养过程及结果评价三个方面进行深入探讨，以构建研究生质量保障体系模型，从而推动高校研究生质量改进，切实保障研究生的素质、能力及知识水平的提高。

关键词：研究生扩招；硕士研究生；质量保障；生源质量

随着我国高等教育进入普及化阶段，硕士研究生教育规模也逐渐扩大，教育部更是明确提出 2020 年计划扩招 18.9 万名硕士研究生[①]，这对于考生而言，多了一份被录取的可能，也确实解决了部分"就业难"等社会问题。但是随着研究生群体规模的日益扩大，社会关注点由数量转到了质量，教育界开始担忧研究生数量的扩大是否会导致质量的良莠不齐，是否会引起"学历贬值"的倾向，高校的设施是否能够承担更多数量的研究生等现实问题。潘懋元先生指出，保证与提高质量的关键就在于建立教育质量保障体系。因此，在当下扩招背景中完善研究生质量保障体系具有现实意义。

一、扩招背景下的现状与困境

"扩招意味着质量下滑"，其实这本身就是一个假命题。扩招增加的是进入研究生团队的群体，但并不意味着所有高校都会在人才选拔和人才培养上"注水"。

---

① http://www.moe.gov.cn/fbh/live/2020/51974/mtbd/202005/t20200513_453530.html.

公众刻板地认为扩招意味着进入研究生群体的"门槛"降低，即招生考试的简易化，其实不然，研究生招生考试并未降低难度和标准，但是由于招收人数逐渐增加，如何进行适当调整和改进是关键。研究生的扩招对于高校的管理模式来讲，确实是一个很大的考验。

（一）高校生源质量的不确定性

如今研究生招生制度不断改革，逐渐形成了"自主选拔+统一考试"的形式，其中自主选拔的考生只需要进行复试，统一考试考生要进行"初试+复试"。随着研究生的扩招，高校本科生不管是否具备科研能力，都是考研热情高涨，一哄而上。主要原因是如今的"学历至上"原则，不管舆论怎么质疑用人单位的学历高消费，越来越多的用人单位在招聘人才时，都还是提出硕士、博士学历的要求。这样就加大了研究生生源质量的不确定性，许多本科生一味地专攻考研的知识，而忽视了学科能力素养的培养。

另一方面，大多数考生抱着想要报考名校的心态，尽管名校有所扩招，但仍旧"僧多粥少"，多数考生会落选从而选择调剂学校或专业，调剂就意味着选择，在高校信息不够充分透明和学生信息不够完整的情况下，学生和高校被置入黑箱，仅凭双方极少的信息去匹配和判断，一些学校为了招生也可能降低选拔标准，这就会导致学生的选择失误以及高校对学生在本科期间表现得抹杀。因此，学校尤其是地方高校所提取的生源具有极大的不确定性，可能会出现研究素养不足、能力较差等情况。

此外，研究生实行导师制，但是导师只参与研究生的培养，对于整个选拔过程和决策过程参与较少，整个机制很难选拔出真正符合高校要求的研究生，也难以了解学生并为学生制定个人的培养方案。

（二）高校资源与学生需求的不匹配性

研究生扩招带来诸多"不匹配"的问题。一是学生规模与设备资源之间的不协调，扩招人数之大，但高校设备购入需要资金和时间，这就形成了一种无形的时间差，多学生使用同一设备必然降低学习效果。二是师资的不匹配，有些高校生师比过大。规模指数的增长仍然快于质量指数和效率指数，距离实现规模、质量、效率综合协调的内涵式发展还存在差距。[1]三是评估不到位，导致学生需求与课程发展不匹配。学校不能跟随学生需求和社会变化在学生培养上及时做出反应和调整，在评价机制上不够严厉，常常"宽进宽出"，最终结果便是高校的人才培养质量下降。学生一旦步入社会，面临与时代不相匹配或者无法适应脱离书本的职业工作的问题，高校的社会声誉受到影响，进一步影响生源质量，如此恶性循环，最终导致学生质量越来越差。

二、扩招背景下研究生质量影响要素模型

质量这一词难以界定，正如波西格（Pirsig）所言："如果你试图界定质量，那么得到的绝对不是质量。"也就是说我们没有办法估计质量的绝对值，我们只可以通过某些相关因素界定它的相对值，质量是没有最高限度的。对高校而言，研究生的质量包括生源质量、培养质量等，提高研究生的质量必须从影响二者的因素出发，并探究它们之间的相互关系。

（一）影响生源质量的因素分析

影响生源质量的因素主要包括高校与学生之间以及高校自身的若干条件。连接高校与学生之间的因素包括研究生考试、研招网信息、调剂程序等。高校因素包括高校的招生标准、选拔方式等。每一项因素又有其分支因素影响整个生源质量框架。研究生招生考试的效度即是否能够考查出符合高校需要的人才基本素养。研究生考试现有"推免"和"统一考试"的模式，认知性知识主要通过统考成绩体现，非认知性知识主要通过推免综合评定来得出，评定项包括本科期间的思想品德考查、所获荣誉奖项、本科成绩和学术成果等。但是这就导致一个问题：一名考生身上所包含的认知性知识和非认知性知识不能被全面地考查，只能考查其中的一个。这种做法导致选拔考试既不能公平有效地考查统考生的非认知性知识，又不能公平有效地考查推免生的认知性知识，使得选拔考试有失效度公平。[2]此外，还有院校学生间的信息透明度、调剂程序的科学性、高校招生宣传方式等因素。

（二）影响培养质量的因素分析

影响研究生培养质量的因素有许多，从高校内部来讲主要包括高校设施不完备、管理体制不完善、师资缺乏、课程质量下滑等多种因素。其中，研究生管理体制不完善主要体现在缺乏与培养计划相对应的指标，量化考核体系权责不明确，奖惩措施落实不到位，对导师及各培养环节缺乏有效的监督手段导致研究生"放羊"现象的出现。此外，研究生人均教育资源不足。研究生人数的增加使得学校不得不采用大班教学代替扩招前的小班教学，从而导致教师对学生的辅导面变小。个体需求多样化而培养模式单一化。年龄、兴趣、生活背景、价值观等的不同决定了个体学习需求的多样性，但目前单一化的培养模式还做不到真正意义上的因材施教，这就使大多数学生的潜能并没有在研究生期间得到充分发掘。从外部来讲，还包括政府对于高等教育的投入、企业与高校的社会关系等因素。

三、基于因素分析的质量保障体系构建

（一）输入——生源质量保证

生源质量是前提。我们的考试制度是否能够大浪淘沙，在千万人中筛选出优秀人才，我们的考试制度是否能够考查出我们需要的研究生基本素养，这都是值得反思的问题。效度公平和机会公平才是关键问题。研究生招生工作是一个系统工程，是研究生培养工作的起始工作，需要教育主管部门、学校和考生积极配合，采取相应的改进措施，遵循简便、快捷、经济、有效原则，建立行之有效的协调机制，同时促进第二志愿生源调剂的有序流动，形成良好的运行机制。

1. 完善研究生招生考试

刚才谈到现在的研究生招生考试不能够同时考查研究生的认知性知识和非认知性知识，因此需要对当前的招生考试进行调整改进。美国大学在招收研究生时，最重要的是考查申请者本科学习时的成绩，其次是推荐信和 GRE 成绩。GRE分为一般能力考试和专业能力考试两类。一般能力考试主要测试考生的语言能力、数学能力和分析能力，专业考试即学科考试。建议我国的学能考试可以参照美国

GRE 形式，形成以汉语为载体的中国特色学能考试。这种考试能够考查考生文字表达能力、归纳演绎能力、逻辑推理能力以及创造力等。学能考试的试题难度也由低到高设为一、二、三级。[3]这样改进之后的程序为：获得学士学位者申请参加全国硕士生招生外语（或汉语）考试和学能考试，两门考试通过后获得合格证书；考生持入学申请书、统考科目合格证书、大学期间的学习成绩证明、警方出具的无犯罪记录、专家推荐信、县区级医院出具的体格检查证明、科研成果报告书等向研究生招生单位申请专业课考试。最后的录取依据是综合考虑大学期间平时学习成绩、专业考试成绩、科研成果成绩以及专家推荐意见等。如此能够在扩招的背景下为研究生的生源质量驻防，实现严进严出。

2. 改进调剂程序

一方面要转变观念，对待考生要有服务的意识。在研究生招生的各个环节上要提高透明度，在政策允许的情况下，尽量地将有关招生信息通过合理的渠道快捷地传递给考生。另一方面要充分利用各种资源，广开宣传渠道。每年的招生简章修订完成后，及时在学校主页及相关网站发布，以便考生查询。在国内主要媒体刊登招生广告，宣传本校学科优势、科研特色、师资队伍等情况，以增加对考生的吸引力。[4]还要动员全校师生的力量，通过各个渠道参加研究生的招生工作，形成人人关心招生、人人参与招生的局面。

3. 调整招生方案

应调整传统的招生宣传策略，即"引进来"又"走出去"，动员本校优秀学子读研，同时提高学校的知名度，加大招生宣传力度，通过网络、报刊、招生简章、宣传册、海报、宣讲会等方式对本校进行积极宣传，增强群众对学校的认可度。此外，充分调动校内科研团队及负责人的积极性，举办暑期夏令营，吸引外校一些优秀本科生到校内科研团队课题组来实践。[5]政府要及时更新信息动态，根据学校发展和申请的情况及时分配研究生扩招名额。

（二）环境——培养质量保证

1. 加大投入，完善高校设施

我国对于高等教育的投入经费仅为 0.6%，并且政府在此方面的投入长期偏低。因此，为保证我国的研究生教育的质量及高层次人才的规模及质量，政府应加大对教育经费的投入，加快研究生教育在保证质量的前提下大规模发展，优化教育条件，加大国家在研究生教育硬件设施上的投入，使研究生发展水平与社会经济发展水平相适应。另一方面，高校应该提前预警和监测评估设施情况，在数量不足时，应该及时申报，避免出现人多设施不够用的情况。

2. 保证师资数量和质量

保证师资的数量需要高校及时引进相关人才，从而保证每个研究生"有师可导"。保证教师的质量一要保证教师的科研质量，需要制订严格的遴选制度，建立导师考核制度。同时引入竞争机制，保证导师队伍整体的高素质、高水平、高质量。二要保证教师的教导质量，建立督导机制，及时督查研究生导师的教学质量和对研究生的指导情况，促进学校研究生教育的发展。三要保证教师的师德素质，导师不仅是学生科研的领路人，更是行为规范的垂范者，要建立负面清单制，对于出现师德素质问题的教师实行一票否决。

3. 优化培养方案

随着科技时代的到来，在课程设置方面，除了要重视基础知识理论，并强化知识之间的内在联系，还要及时更新较陈旧的专业知识，结合相关领域的前沿知识及其发展，设置跨学科课程，以体现知识的广博性。构建优秀的课程体系和科学的智能体系，以提供一种指导方法，指导研究生在课程学习中主动去拓宽与加深知识。另外，导师须给研究生制订一套具体的个性化培养计划，包括学科及专业目标、研究方向、学习年限、课程设置等。这使得培养的人才不千篇一律，提高培养质量，实现每个研究生的个性化发展。

（三）输出——评价质量保证

输出评价是指研究生在毕业时的能力是否达到毕业要求。我们通常是采取"论文取向"，即建立严密的学术论文评审制度，教育部《关于切实加强和改进高等学校学风建设的实施意见》也提出："要加强科学研究的过程管理。高校要建立实验原始记录和检查制度、学术成果公示制度、论文答辩前实验数据审查制度、毕业和离职研究材料上缴制度、论文投稿作者签名留存制度等科学严谨的管理制度。"[6]毕业论文确实是研究生科研成果的凝结，高校需要建立严格的学术论文评审制度，实行毕业论文外审、匿名评审，并将评审意见及学术论文公开，接受监督质疑。另一方面，笔者认为，还应该加强对毕业生的"能力取向"的考查。例如教育学门类学术型硕士应该具备的能力标准：教育学学术理解能力、教育学学术发展能力、教育学学术研究能力、教育学学术表征能力。[6]那么论文是否能够对这些内容进行全面考评呢？答案是否定的。我们需要建立一种新型的考评方式来测量这些能力。通过一份效度和信度良好的试卷或者测验，学生必须要达到合格水平才可毕业。研究生输出质量是影响研究生生源质量的重要因素，高校培养的人才要接受社会的评估，所以毕业考评制度需要更加严格和规范。

参考文献：

[1] 王战军. 高等教育监测评估理论与方法[M]. 北京：科学出版社，2018：118-127.

[2] 秦国柱，孙志远. 改革开放 40 年来研究生招生选拔模式变革趋势、问题及对策[J]. 黑龙江高教研究，2019，37（05）：100-106.

[3] 黄德峰，刘猛，王本余. 美国研究生招生考试制度的比较与借鉴[J]. 现代大学教育，2003（01）：76-79

[4] 谢新伟. 硕士研究生招生调剂录取的问题分析与对策思考[J]. 黑龙江教育（高教研究与评估），2006（09）：20-21.

[5] 原长洲，侯林瑞，刘洋. 创新素养视角下透视地方高校研究生生源质量及优化策略[J]. 教育教学论坛，2019（25）：238-240.

[6] 中华人民共和国教育部. 关于切实加强和改进高等学校学风建设的实施意见[EB/OL].［2011-11-02］. http//www.moe.gov.cn/srcsite/A16/kjs-xfjs/201112202_172770.html.

［7］ 《学术型硕士研究生应具备的能力标准和测试体系研究》课题组. 学术型硕士研究生应具备的能力标准和测试体系研究［M］. 北京：高等教育出版社，2015：35-55.

专题 10：高校研究生培养质量保障体系研究

摘　要：研究生教育是高等教育的重要组成部分，伴随着高等教育大众化的发展，研究生教育也快速发展。研究生教育为我国迅速发展提供了大量高等专门人才，研究生教育可以说是我国高等教育发展的关键一环。目前来看，我国研究生教育规模虽然大幅度增加，但是培养质量难以得到保证。本文从研究生培养保障体系建设的重要性，招生环节包括生源的选取、学生的院校选择，培养环节包括导师的选择、课程内容的选择、课程结构的合理性、教学方法的使用、师生之间的沟通，评价环节包括评价的标准、评价方式的选择、评价方式的合理性等方面进行分析，希望能从以上方面提出关于研究生培养质量提高的有效建议，完善高校研究生培养保障体系。

关键词：高等学校；研究生培养；保障体系

高等学校是实施高等教育的场所，研究生教育是关键一环。办好研究生教育，质量是关键，质量保障是永恒的主题。研究生教育处于教育系统最高层次，不同于专科教育和本科教育，研究生教育应该更注重学生创造性和科研水平。当前我国研究生教育也已经进入了内涵式发展阶段，在这一阶段应该更加注重全面提高研究生培养质量。[1]

一、高校研究生培养质量现状

（一）各主体未树立正确的研究生培养质量观

教学质量保障体系与学校、教师和学生紧密联系在一起，与领导业绩和社会资源紧密联系在一起，与整个社会中学校的地位和影响力都有密切联系。所以提高研究生的培养质量离不开政府、学校、老师和学生的共同努力，共同建立一个健康的生态系统，以便有效地提高研究生培养质量。[2]另外，提高研究生培养质量不是一朝一夕的事情，这是一个长期的、需要不断坚持的事，体现在研究生招生、培养、评价的全过程。但是在实际培养的过程中，存在着主体之间合作欠缺的问题，政府、学校、教师、学生在研究生培养过程中各自做出自己的努力，并没有通力合作。目前各学校提高研究生素养的主要途径就是，政府或者社会其他评价主体对研究生的培养提出意见，然后学校、教师会根据政府政策或者外界反馈意见制定教学策略或者说改变课程内容或者培养方式。学校领导和老师没有深刻认识到学习先进科学教育理念、构建研究生培养质量保障体系的重要性，学生也并没有树立主人翁意识，把提高自身素质放在重要位置，没有很强的责任意识，学生没有正确认识评价的作用，在评价过程中也没有坚持实事求是的态度，实际反映出评价过程中的问题。[3]

（二）对于生源接收待遇未能做到一视同仁

各高等学校研究生招生过程中对于生源接收未能做到一视同仁，主要表现在两个方面：首先是对于第一志愿中"985""211"工程学校还有现在"双一流"建设学校生源更加偏重，这表现在复试过程中，对于所谓名校生源更加偏重，因此，这类学生相比普通院校学生在面试中会拥有更多的机会。其次还表现在对于调剂生源与第一志愿待遇上，这里不是指入学机会上的不平等，而是指入学后的待遇，比如在奖学金的申请上，有的学校会把学生是否为第一志愿作为奖学金的申请门槛。以上这两种情况实际上就是只重"头衔"忽视学生实际能力的一种表现，对于所谓优质生源和第一志愿赋分过高容易忽视普通院校学生实际分析和解决问题的能力，在招生环节就已经造成很大偏差，学生素质没有很好地得到保障。

（三）人才培养模式未能及时调整

各学校应该对自己的研究生培养模式有清晰的认知。起源于中世纪德国的师徒式的研究生培养模式，它主张师生之间是衣钵继承关系，导师对研究生培养工作的各方面负责，在师徒式的研究生培养模式下，学生和导师之间"不仅是学术指导关系，也是一种情感关系、人格关系"。[4]后来研究生教育传入美国后，改进了师徒式培养模式的弊端，最后经霍普金斯大学的发展，培养模式向专业式发展，不再是一对一模式，而是处于同一学科的所有研究生在相关院系导师团队的教育和指导下，集体进行课程的学习和研究能力的培养。我们国家研究生培养模式吸收了德国和美国的研究生培养模式，但是与之相比还是存在培养模式单一、过程相似、缺乏各学科协同培养、质量难以得到保障等问题。从学校来看，学科间的壁垒难以打破，即使在相似的学科之间，师生都很难深入交流沟通、资源共享，大多还是局限于学生和自己导师之间的沟通交流，所以根本谈不上为研究生提供更多平台、更多层次、更多学科的知识。另外从社会上我们可以看到，大学、企业或者科研机构是相互独立的，未能进行资源整合进行联合培养。[5]在这种僵化的、不变通的人才培养模式下就很难为研究生培养提供保障。

（四）导师学生未能存在良好的沟通

这个主要体现在两方面：首先，在研究生入学之后，一般来说第一件事就是选择自己的导师，但是在选择导师时学生和导师事先没有进行良好的沟通和了解，在导师选择前一般是学生去官网或者通过往届生去了解自己导师的研究方向或者性格特点，学生一般是根据导师的研究方向去选择自己感兴趣的导师，然后有的同学可能主动表达下自己的意愿，或者直接到选择导师那天去填写导师申请表。导师对于学生也只有学生简历上学科背景和曾经发表的论文或者参加的比赛表面上的了解，对于学生实际研究水平是难以了解的。其次，在选择导师结束后，学生和老师很少进行除论文和课题外的交流。真正良好的师生关系应该是像前面介绍的，不仅是学业上的沟通交流，也包括生活和情感上的交流，还有较高的职业支持。但是现在大学中研究生师生关系单薄，特别是理工科研究生与导师的交流仅限于课题，在师生关系上，教师占绝对主动地位，师生关系大多是命令和服从占主导地位的指导关系。[6]导师对于研究生学习以及生活、职业选择缺乏实际的指导，大多只是对于毕业课题的指导，对于毕业论文的指导，导师在研究生实际培养中缺位，必然会导致研究生培养过程中的问题，研究生缺少了导师的关心和指导，培养质量必然难以得到保障。

（五）课程设置未能及时做出改变

1. 课程安排有待优化

研究生课程学习是研究生学习过程中夯实专业基础，提高科研能力的重要途径，研究生入学之后根据其培养要求的不同都会选择不同的课程进行学习。合理的课程体系一方面可以为学生选择合适的研究问题、合适的研究方法，完整地完成学位论文打下坚实基础，另一方面可以帮助学生切实提高学术和科研水平，对研究生以后的继续学习、研究、工作都有着莫大的帮助。但是在实际研究生课程安排上存在很多问题，研究生课程设置过于专业化、口径窄，课程设置上强调专业性，虽然近几年开始逐渐向宽口径高层次人才培养过渡，但是力度仍然欠缺，交叉选修课和跨专业课程设置上仍然有待加强。课程的开设很大程度上取决于导师的主观认识、科研方向还有本系实际的师资能力，而不是学生的实际需要以及社会发展的实际需要。另外，有的学校还忽略了学术活动的重要性以及学生之间探讨的必要性，学校的研究方法类课程设置也缺失，这些影响了学生素养的提高和个性的发展。不少培养单位的课程设置不同程度地存在混乱现象。研究生课程设置的权力在各培养单位，而各培养单位由于学科专业水平、师资条件存在差异以及对专业理解不同等因素，出现了同一个专业的课程设置在不同的学校大相径庭的情况，使最终培养的人才在规格上缺乏基本同一性。[7]

2. 课程内容需要改进

课程教学内容的适合性主要体现为研究生教学内容要比本科教学内容更高深、更专业、更前沿、更新颖，但是尽管研究生教育比本科生教育层次更高，但是在实际课程内容的选择上，研究生课程内容却没有体现出更高的层次，课程本身大多是对本科内容的重复，不管是在教学内容上，还是在教学方法上。研究生课程"水课"比"金课"多，课程内容中偏重知识的灌输，但是忽视了学生的研究能力和创新性的培养，研究生课程的研究性和自主性特点体现模糊。不同培养层次、培养规格的研究生应当有不同的目标要求，但这种差异在研究生课程内容中常常难以得到充分的反映。课程内容的随意性还表现在有的培养单位混淆了专业学位和学术性学位的区别，课程设置雷同，不同类别和规格的研究生同堂上课，体现不出不同的培养规格应有的差异。[8]

（六）教学组织形式未能吸纳有益形式

其实不论在我国还是在国外，班级授课制都是最基本的组织形式，但是国外为了避免传统授课不利于学生个性发展，还另外采取了辅导课以及导师个别指导等方式来保障教学质量和学生个性的发展。相比之下，我们国家一般采取的就是导师主导的班级授课制，传统的教学模式难以改变。在学生的培养中没有发挥讲座或者辩论、研讨等学术活动的作用，教学组织形式单一。另外，导师的课堂组织形式也需要改变，在研究生课程阶段还会出现本科阶段都不会出现的满堂灌的现象。也有的教师在课堂讲授的基础上稍微改良，让学生上课，但是学生上课也存在敷衍了事或者学生没能及时了解同学上课内容的问题，所以收获并不大，这样的课堂也就没有意义。学生讨论比重有所增加，但是导师在中间没能起到引导作用，导致讨论重点偏移。导师最后也没有有效地把握讨论重点，总结概括大致结果，导致学生感觉收获较小，或者产生讨论无意义的想法，没能真正使讨论发挥作用，启发学生思维、提高学生多角度思考问题的能力。

（七）教学评价未能有效发挥其作用

1. 评价目的失去意义

所有的评价都是为了更好地反馈、矫正、调控教学和学习。外界制定的一系列考核评价标准归根结底都是为了学校更好地改进教学，保障研究生培养质量，但是在实际中，研究生的评价已经部分失去了原有意义。在教学评价目的上，目前存在重级别、评定和淘汰目的，轻反馈、矫正和调控目的的倾向。由于教学评价目的对教师的教学和学生的学习具有导引和调控的作用，因此，评价目的对个性化人才培养模式的影响是全局性的，它使教师的教学和学生的学习偏离个性化培养的理念和要求，导致一些个性化培养的理念与制度面临落空的危险。从具体层面来看，如将考试成绩和班级排名与学生评优评先、升学、入党、就业等紧密捆绑，使评价目的功利化，造成学生重考试分数轻能力素养，考试从检验学习效果的手段变成了学习的终极目的。另外，考试的反馈目的被忽视，考试结束后，教师通常只需将成绩报送就算完成任务，基本上不会对考试结果进行分析和研究，不注重考试信息的反馈，更未对学生做出个性化的评价和形成有针对性的评价报告，学生只是得到一纸成绩单或一个笼统的分数，考试对教学和学习的矫正调控作用发挥明显不足。学生也没能正确认识评价对于自身素质的作用，在评价时存在敷衍、评价虚高的现象。[9]

2. 评价方式仍然单一

在教学评价的范围上存在"重结果评价、轻过程评价"的问题，导致评价范围失衡。在评价依据上，考试分数依然是评价学生的主要依据，创造性思维、创新能力、实践能力等个性发展的重要素养未受到应有的重视。评价方法的选取需要综合考虑多种因素，采用不同的方法和形式、从不同的角度考查学生的真实水平和综合素质，是评价的基本要求。在评价方法上，目前闭卷理论考试仍然是最主要的方法，其他评价方法和形式运用得较少。评价方法的单一主要表现为：闭卷考试多，开卷考试少；笔试多，口试、讨论等其他方式少；终结性考试多，过程性考试少；理论知识考试多，实践操作等能力考试少；标准化考试多，综合性考试少等。

二、高校研究生培养质量问题的原因

（一）历史遗留传统的影响

学生的素质和个性发展是从基础教育就开始培养的，基础教育决定了学生的学习习惯和学习态度，决定了高等教育的培养质量，而其他类型的高等教育又为更高层次的研究生教育提供生源。我们都知道在基础教育中非常强调"德智体美劳"全面发展，其实这就是一种抹杀个性的行为，研究生教育阶段十分注重学生的个性发展和研究水平的提高，在许多教育者眼中，个性的显现是不利于全面发展的，学生从小学到初中、高中、大学都在强调这种全面发展，忽视了个性的发展和创造性观点的提出。长期以来，我国教育在指导思想上把全面发展和个性独

立对立起来，排斥受教育者独立个性的培养，在研究生发展阶段学生的个性发展
会受到进一步影响，创造性特点缺乏，那么必然会影响研究生阶段对于知识的
接收和运用，最后研究生研究素养提不上去，更不用提研究生培养保障体系的
建立。[10]

（二）外界评价过多，校内主体难以应对

研究生的培养并不是单主体的努力，在研究生培养过程中会有一个又一个主
体不断对学校、教师和学生进行评价，以保证学生的培养过程按照大方面政策要
求进行，运用到研究生阶段就是政府和外界不断对高校研究生培养过程进行评价，
发现问题并进行反馈，这样可以促使学校、教师、学生不断改进以提高研究生培
养质量。但是连续不断的评价使得学校为了迎合外界标准不断进行调整，学校改
变管理规定或者教学内容，迎合社会发展要求；教师改变教学重点或者教学方法、
教学组织形式；学生改变学习策略。评价是基于评价主体或者基于教育政策要求
做出的，有着统一的评价标准，但是每个学校的培养情况又是不同的，因此，政
府或者外界给出评价标准时，为了使学校的各方面更好地迎合评价就可能会随时
根据标准改变研究生培养过程中的某一环节，这必然会影响研究生培养保障体系。

（三）学校自身缺乏对质量保障体系的规划

学校对于自身要培养什么样的研究生应该是有严格要求的，自己学校的办学
定位在一开始就是确定好的，学校根据自己学校的定位确定研究生本身的培养目
标，从而制定培养方案，但是学校在研究生培养过程中，会很容易受各种各样因
素的影响：受社会培养人才要求的影响，可能会改变研究生的培养侧重点；在受
到评价影响时，学校可能会改变研究生培养模式和培养过程，这就体现了学校对
于研究生培养全过程缺乏必要的规划和体系。[11]

（四）教师素质影响培养质量

教师自身对于学生缺乏关心，在对学生的指导上一般都是仅限于学习，即使
是学习上的关心可能也只是与毕业论文相关。研究生入学之后，学习和心理都发
生了极大的变化，没有了班主任的概念，与自己最亲近的老师就是导师和辅导员，

在入学之后有的学生与导师的沟通明显缺乏，导师可能把更多的精力放到了自身研究课题或者其他方面，在学业上指导缺位，更别说关注学生心理上的落差感和职业发展规划了，导师责任感缺失。另外，在担任课堂教学的教师时，教师可能不会及时地根据教学内容变革教学形式，提高课堂效率，也不会采取多种教学形式来丰富课堂组织形式，提高研究生培养质量。

（五）学生本身对于培养目标缺乏清晰认知

进入研究生阶段，一些学生没有具体研究方向和规划，对于课堂作业敷衍了事、东拼西凑，在课堂讨论时难以提出自己的想法，甚至难以参与到课堂讨论中去，畏难情绪明显，在课题选择时也很少选择有难度的课题。这样学生就更加得不到锻炼，在日常学习中，查阅资料、分析整理资料的能力没有得到培养和锻炼，更谈不上深层次的规范写作和分析实验结果的能力了。学生不能用新方法、新思路去解决问题，挫败感明显，在回顾研究生课程时会觉得自己没有收获，因此对于研究生后期继续发展缺乏清晰的认知。

三、研究生培养质量提升路径和策略

（一）政府慎用权利，给学校更大的自主权

要培养个性化、有良好的学术素养的研究生，政府要明白自身定位，正视自己在高校研究生培养过程中的作用。政府简政放权已经提了很多年了，政府要侧重管理职能，简政放权，侧重宏观管理，放松对大学的管治。但是政府的权力并没有真正下放到学校，政府真正要做的并不是干涉学校对于研究生的培养，政府的宏观管理应该主要通过出台政策、制定法规、财政拨款等方式来引导高等学校研究生培养保障体系的改革发展。从西方教育发达国家高等教育管理体制来看，政策、法规和拨款是政府影响和引导高等教育发展的有效手段。对于我国现在的研究生个性化人才培养模式而言，要通过政府的宏观引导，使学校真正把研究生教育放到重要地位，真正实现学术自由、培养人自由。

（二）学校正视外部评价，制定正确培养保障体系

虽然外部对于学校的评价有利于学校发挥主动性、调整专业设置以及课程内容，教师改进教学方法、教学内容和课堂组织形式，学生积极主动地参与评价过程，但是，制定正确的培养保障体系，归根结底是学校应该做的事情。学校自己首先要制定出一个符合学校发展实际和定位的培养目标或是从招生到培养再到人才产出的标准以及评价体系，同时在面对外部评价时要正视外部评价的作用。外部评价只是对学校办学、教师教学、学生学习过程落实的一种反馈，反映的是对于高等教育平均水平的要求的一种评价，对于每个学校的具体发展来说，不同的学校因为有不同的定位和实际发展需要，各个指标也可能不会完全相同，学校管理人员要正确甄别，发现自己学校实际发展过程中存在的问题，并正确对待，正确认识外部评价，制定真正符合学校定位和实际发展状况的培养保障体系。

（三）学校改进专业设置，改进教学内容

1. 优化专业设置，迎合学生和社会需求

目前来说，我们国家高等学校专业发展的大趋势就是专业优化。对于我们国家来说，改进我国大学的专业设置模式，应该立足于我国大学现有专业模式，吸收国外一流大学专业设置模式的优点，形成适合我国国情和校情的专业设置模式。对于研究生教育来说，我们可以在调整专业实习时间、优化制度设置以及促进交叉学科专业发展等方面进行改进。对于研究生来说最重要就是要选择自己感兴趣的研究方向，这样才能更好地开展研究，可以在专业设置上综合考虑学生需要和社会需要，适当提高专业口径，让学生找到自己的兴趣，提高专业的适应性；另一方面，打破刚性的制度，增强制度设置的灵活性，让学生在兴趣和研究方向的选择上更加具有灵活性。[12]

2. 调整课程内容结构，提高研究生课程质量

研究生阶段学生应该更多地加强学习的专门性和专业性，为以后论文的写作以及研究的开展打好基础。研究生课程和本科生课程不一样，研究生课程需要专业的知识和方法，如何进行文章选题、如何查找文献、如何确定研究方法都是需要训练的，但是在实际的研究生教学中却存在与本科科目大部分重合的状况。研

究生课程和本科课程存在着质的区别，因此学校在选择课程和教材时，一定要选择针对性强的课程，并且合理安排必修课、选修课，使学生在有选择的情况下选择研究问题，确定研究方向。

（四）学校改变评价方式，正确运用评价作用

1. 正视对学生评价，正确运用评价

首先，在评价目的上，要将反馈、矫正与调控教学质量作为主要目的。教学评价的目的在于提高教学质量和人才培养质量。尤其对于个性化人才培养模式的研究生培养来说，教学评价更应成为促进素质教育和个性发展的有效手段，若将其目的定位于鉴别、选拔和淘汰，则很大程度上失去了促进教学的功能，加剧了唯考试、唯分数的应试教育倾向。目前教学评价的目的主要还是在于为学生排名、升学、评奖、就业等提供标准和依据。这种目的有存在的必要，但不应该点据主要地位。要使教学评价目的真正向反馈、矫正和调控教学质量转移，须提高对教学评价功能的认识，转变教学评价观，使教学评价发挥育人功能。

2. 重视过程评价及对学生创造性思维和实践能力的评价

在评价范围上，除了实施结果评价，要更加重视过程评价。过程评价是对学生学习一门课程的进程中，知识、能力、情感等发展水平的全程性评价和综合性评价，包括学生平时课堂上的表现，尤其是研讨课的发言讨论情况、课下个人阅读与研究的成果、与导师的交流情况、小组合作学习的成绩、测试成绩以及一些非智力素养的发展等。在评价课程成绩时，不应将期中、期末成绩简单相加，而应该将上述成绩综合而成，进一步提高过程评价的比重，使过程评价发挥对教学活动的良性推动力，引导学生主动学习、主动探索、主动研究，使学生的创新意识与创新能力得以养成和提高。在评价依据上，要减少对考试分数的过分倚重，重视对创造性思维和实践能力的考查。在设计试题、试卷时，要充分认识试题试卷对学生能力培养的导向作用，试题应该基于课程教学的内容，为学生展现运用知识能力和创新思维提供空间。理论性课程的考试，在考查学生理解知识的基础上，更侧重于考查学生运用知识的能力；实践性课程的考试，在强调实践操作技

能的同时，要更重视对学生运用理论知识创造性解决问题能力的考查。

（五）教师提高素质，加强对学生的关心

一方面要教师加强对自己学生心理健康和生活上的关心，切实履行好导师的职责。导师对于学生不仅仅是学习上的指导，目前我们实行的导师负责制，根本上是要导师参与学生培养的全过程，但是在实际培养中存在很多问题，因此教师必须不断地提高自身素质，加强对学生的关心，包括为学生心理健康和职业发展规划提供指导。另一方面，教师在教学上的专业素质也急需加强，在上课的组织形式和调动学生积极性方面的素质都急需加强。在教学中，教师的讲解和演示是必要的，但目的在于引导和示范，教师的活动不能代替学生自主的思维操作和行动操作，只有经过自己能动地、自主地思考和实践，学生才能灵活地掌握知识，养成良好的思维方式和行动方式，并将其内化为个性素质。所以教师在学生学习过程中的功能即使在研究生阶段也不能忽视。

（六）学生要主动自觉，参与保障体系建设

学生不论在哪个教育阶段都牢牢地占据主体地位。在研究生阶段，学生应该更加具有主动性和创造性。学生经历了初等教育后，更应该抓住研究生阶段个性发展的机会，要注重自己权益的表达和保障，在自我的教育和发展中能够发挥自主性和能动性，保障自己有多样化发展的权利和空间，在自己的发展权益受到损害时，有表达诉求的机制和渠道，同时也能使高等教育的政策制定者接收到受教育者的反馈，提高政策制定的科学性。[13]作为研究生，要自觉抓住机会表达自己的合理诉求，以及积极参与到评价反馈中来，切实运用好自己的权利，提高主人翁意识，以实际行动参与到学校人才培养保障机制的建设中来。

参考文献：

[1] 荣利颖，邓峰. 研究生教育质量保障与创新能力培养的实证分析——基于2017年全国研究生教育满意度调查[J]. 教育研究，2018，39（09）：95-102.

[2] 陈小丽. 地方高师院校研究生培养质量保障体系构建的研究与思考[J]. 教育

现代化，2019，6（52）：3-4+9.

[3] 田昕."以学生为中心"的高校教学质量保障体系构建[J].上海教育评估研究，2020，9（01）：13-17.

[4] 黄正夫，易连云.协同创新视野下研究生培养模式的转换[J].学位与研究生教育，2014（04）：7-10.

[5] 徐铭铭，房小红，赵亚琴."双一流"建设背景下高校教学质量保障体系的思考[J].教育教学论坛，2019（41）：3-5.

[6] 叶玉玲，刘佳林，袁锟.国外研究生培养质量保障体系分析及启示[J].教育教学论坛，2020（06）：48-49.

[7] 李海生，范国睿.硕士研究生课程设置存在的问题及思考[J].学位与研究生教育，2010（07）：59-63.

[8] 王小栋，王战军，蔺跟荣.中国研究生教育70年发展历程、路径与成效[J].中国高教研究，2019（10）：33-40.

[9] 丁红枫，孙连坤.关于研究生培养质量保障体系建设实践与思考[J].科教文汇（中旬刊），2019（06）：7-8.

[10] 郑秋.高校人才培养质量保障与监控体系的构建研究[J].吉林工程技术师范学院学报，2019，35（09）：32-34.

[11] 陈哲夫，陈端吕，彭保发."协同创新"背景下地方高校人才培养的保障体系构建[J].高教学刊，2019（19）：25-28.

[12] 田桂中，周宏根，李滨城，景旭文，管小燕.基于持续改进的研究生培养全程多元化考评体系研究[J].教育教学论坛，2019（49）：155-157.

[13] 白强.一流大学视角下一流研究生教育的思考[J].研究生教育研究，2017（02）：19-23.